Kompendium der
praktischen Betriebswirtschaft
Herausgeber Professor Klaus Olfert

www.kiehl.de

Lexikon Personalwirtschaft

Von
Prof. Dipl.-Kfm. Klaus Olfert

4., aktualisierte Auflage

kiehl

Herausgeber:

Prof. Klaus Olfert
Postfach 13 26
69141 Neckargemünd

ISBN 978-3-470-**59264**-0 · 4., aktualisierte Auflage 2012

Kiehl ist eine Marke des NWB Verlags

Satz: Röser Media GmbH & Co. KG, Karlsruhe
Druck: Beltz Druckpartner GmbH & Co. KG, Hemsbach

FSC www.fsc.org MIX Papier aus verantwortungsvollen Quellen FSC® C008492

Kompendium der praktischen Betriebswirtschaft

Das Kompendium der praktischen Betriebswirtschaft soll dazu dienen, das allgemein anerkannte und praktisch verwertbare Grundlagenwissen der modernen Betriebswirtschaftslehre praxisgerecht, übersichtlich und einprägsam zu vermitteln.

Dieser Zielsetzung gerecht zu werden, ist gemeinsames Anliegen des Herausgebers und der Autoren, die durch ihr Wirken an Hochschulen, als leitende Mitarbeiter von Unternehmen und in der betriebswirtschaftlichen Unternehmensberatung vielfältige Kenntnisse und Erfahrungen sammeln konnten.

Das Kompendium der praktischen Betriebswirtschaft umfasst zahlreiche Textbände, die einheitlich gestaltet sind und jeweils aus zwei Teilen bestehen:

- Dem Textteil, der systematisch gegliedert sowie mit vielen Beispielen und Abbildungen versehen ist, welche die Wissensvermittlung erleichtern. Zahlreiche Kontrollfragen mit Lösungshinweisen dienen der Wissensüberprüfung. Umfassende Literaturverzeichnisse zu jedem Kapitel verweisen auf die verwendete und weiterführende Literatur.
- Dem Übungsteil, der eine Vielzahl von Aufgaben und Fällen enthält, denen sich ausführliche Lösungen anschließen, die schrittweise und in verständlicher Form in die betriebswirtschaftlichen Fragestellungen einführen.

Als praxisorientierte Fachbuchreihe, die – wie hier – um einzelne Lexika ergänzt wird, wendet sich das Kompendium der praktischen Betriebswirtschaft vor allem an:

- Studierende der Fachhochschulen und Universitäten, Akademien und sonstigen Institutionen, denen eine systematische Einführung in die betriebswirtschaftlichen Teilgebiete vermittelt werden soll, die eine praktische Umsetzbarkeit gewährleistet.
- Praktiker in den Unternehmen, die sich innerhalb ihres Tätigkeitsfeldes weiterbilden, sich einen fundierten Einblick in benachbarte Bereiche verschaffen oder sich eines umfassenden betrieblichen Handbuches bedienen wollen.

Für Anregungen, die der weiteren Verbesserung der Fachbuchreihe dienen, bin ich dankbar.

Prof. Klaus Olfert
Herausgeber

VORWORT ZUR 4. AUFLAGE

Mit dem »Lexikon Personalwirtschaft«, das in der 4. Auflage durchgesehen, verbessert und aktualisiert wurde, möchte ich den Studierenden wie auch in der Fortbildung stehenden bzw. in der Praxis tätigen Leserinnen und Lesern eine hilfreiche Ergänzung zu meinem entsprechenden Titel »Personalwirtschaft« bieten. Es ist aber auch ohne Vorkenntnisse aus diesem Buch vorteilhaft einsetzbar.

Das »Lexikon Personalwirtschaft« baut auf den personalwirtschaftlichen Stichworten des »Lexikons der Betriebswirtschaftslehre« auf, die zahlreich überarbeitet bzw. zusätzlich ergänzt wurden. In 220 Hauptstichworten bezieht es sich auf alle wesentlichen Tatbestände, welche die Personalwirtschaft betreffen, z. B.:

- ▶ Grundlagen
- ▶ Personalabteilung/-politik
- ▶ Arbeitsrecht
- ▶ Personalplanung
- ▶ Personalbeschaffung
- ▶ Personaleinsatz
- ▶ Personalführung
- ▶ Personalentlohnung
- ▶ Personalentwicklung
- ▶ Personalfreistellung
- ▶ Personalverwaltung

Besondere **Gestaltungsmerkmale** des Lexikons »Personalwirtschaft« sind:

- ▶ Darstellung klar und systematisch; viele Abbildungen, Tabellen, Strukturen
- ▶ Leicht lesbar durch Aufbereitung, Textblöcke, Hervorhebungen
- ▶ Beschreibungen verständlich und praxisgerecht, auch durch zahlreiche Beispiele
- ▶ Umfangreicher Findex mit rund 1.400 Verweisen
- ▶ Etwa 900 Querverweise im lexikalischen Teil, z. B. [⇨ 117]
- ▶ Rund 1.000 Literaturhinweise zu den Hauptstichworten
- ▶ Umfangreiches Literaturverzeichnis mit etwa 400 Quellen

Das Lexikon »Personalwirtschaft« bietet all jenen, die sich auf Prüfungen in diesen Themenbereichen vorbereiten, die Möglichkeit, Wissen konzentriert aufzunehmen und zu repetieren. Insofern unterstützt es die Prüfungsvorbereitung vorteilhaft. Im Übrigen ist es als übersichtliches und auf das Wesentliche begrenztes Nachschlagewerk nutzbar, nicht nur für Praktiker.

Ich hoffe, dass Ihnen das »Lexikon Personalwirtschaft« den erwarteten Nutzen bringt. Gerne habe ich Anregungen und Hinweise der Leserinnen und Leser aufgenommen, für die ich auch weiterhin dankbar bin.

Neckargemünd, im August 2012 — Prof. Klaus Olfert

Aus Gründen der Praktikabilität und besseren Lesbarkeit wird darauf verzichtet, jeweils männliche *und* weibliche Personenbezeichnungen zu verwenden. So können z. B. Mitarbeiter, Arbeitnehmer, Vorgesetzte grundsätzlich sowohl männliche *als auch* weibliche Personen sein.

Lexikalischer Teil

Abgaben, *soziale*	*Conrad (2010); Jung (2008); Muckel (2009); Olfert (2012a, 2012c); Schönfeld (2010); Waltermann (2009)*	**001**

Soziale Abgaben muss der Arbeitgeber [⇨ 009] aufgrund entsprechender Regelungen des Sozialrechts [⇨ 197] leisten. Dies gilt für:

- Die **Sozialversicherung** als gesetzliche Zwangsversicherung, mit der eine Mindestversicherung garantiert wird. Sie dient der sozialen Sicherung des Arbeitnehmers [⇨ 010] und umfasst:

  - ▶ Die **Krankenversicherung**, bei der alle Arbeitnehmer bis zu einem bestimmten Entgelt einschließlich deren Familienangehörige ohne eigenes Einkommen als Arbeitnehmer zwangsversichert sind. Ihre Leistungen umfassen Unfall, Krankheit, Schwangerschaft, Entbindung, Gesundheitsvorsorge, Krankengeld.
  - ▶ Die **Pflegeversicherung**, die für alle gesetzlich und privat Krankenversicherten verpflichtend ist und als Leistungen die häusliche, teilstationäre und stationäre Pflege übernimmt.
  - ▶ Die **Arbeitslosenversicherung** als Pflichtversicherung für alle Arbeitnehmer, die bei Arbeitslosigkeit einen Anspruch auf Arbeitslosengeld (I für maximal 12 Monate, II danach) haben.
  - ▶ Die **Unfallversicherung**, der alle Arbeitnehmer unterliegen. Sie tritt bei Arbeitsunfällen, Wegeunfällen und Berufskrankheiten ein und zahlt u. a. Verletzten-/Hinterbliebenenrente, Sterbegeld.

  Die Beiträge für die Unfallversicherung hat ausschließlich der Arbeitgeber zu tragen. Zu den übrigen Versicherungen werden sowohl Arbeitgeber als auch Arbeitnehmer herangezogen.

- Die **Ausgleichsabgabe für unbesetzte Schwerbehindertenplätze**, die der Arbeitgeber zu tragen hat, wenn er über mindestens 20 Arbeitsplätze verfügt und weniger als 5 % seiner Arbeitsplätze mit Schwerbehinderten besetzt hat.

Abmahnung	*Beckerle (2008); Eichhorn/Steinmann (2004); Kleinebrink (2003); Olfert (2012a, 2012c)*	**002**

Mit der Abmahnung übt der Arbeitgeber [⇨ 009] ein **Rügerecht** aus. Er weist den Arbeitnehmer [⇨ 010] auf Verletzungen des Arbeitsvertrages [⇨ 028] hin und fordert von ihm für die Zukunft ein vertragsgemäßes Verhalten. **Gründe** für eine Abmahnung können z. B. sein:

- ▶ Alkoholgenuss während der Arbeitszeit trotz Alkoholverbotes
- ▶ Arbeitsverweigerung
- ▶ Störung des Betriebsfriedens
- ▶ Ungenügende Leistungen
- ▶ Unzulässige politische Betätigung im Unternehmen
- ▶ Wiederholte Unpünktlichkeit

Eine Abmahnung kann mündlich oder schriftlich erfolgen. Nicht nur aus Beweisgründen empfiehlt es sich, sie **schriftlich** vorzunehmen, sondern auch weil eine ordentliche verhaltensbezogene Kündigung [⇨ 114] i.d.R. nur dann rechtswirksam ist, wenn ihr eine schriftliche Abmahnung vorausging. Dabei sind als inhaltliche **Anforderungen** zu beachten:

- Das pflichtwidrige Verhalten [⇨ 208] ist unter der Angabe des Datums konkret zu beschreiben, z. B. auch unter Einbeziehung von Urkunden oder Zeugen.
- Der Arbeitnehmer ist aufzufordern, sich in Zukunft vertragsgemäß zu verhalten.
- Dem Arbeitnehmer sind Sanktionen für den Fall erneuter, gleichartiger Pflichtverletzungen anzudrohen, z. B. Versetzung oder Kündigung [⇨ 108].
- Dem Arbeitnehmer ist die Abmahnung bekanntzugeben sowie ggf. von ihm mit Angabe des Datums gegenzeichnen zu lassen.

Die Abmahnung ist in die **Personalakte** [⇨ 141] aufzunehmen, die bei der Personalabteilung [⇨ 140] geführt wird. Ebenfalls dort sollten als Beweismittel etwaige Stellungnahmen von Vorgesetzten und Arbeitskollegen aufgenommen werden.

Abwerbung	*Bröckermann (2009); Olfert (2012a, 2012c); Schmeding (2006); Stopp (2006)*	**003**

Ein Arbeitgeber [⇨ 009], der einen anderweitig beschäftigt en Arbeitnehmer [⇨ 010] dazu bewegt, die Arbeit [⇨ 008] bei ihm aufzunehmen, betreibt Abwerbung. Sie ist grundsätzlich **zulässig**, d. h. es steht jedem Arbeitgeber in einem marktwirtschaftlichen System frei, einem anderweitig beschäftigten Arbeitnehmer eine Arbeit anzubieten. Dem betreffenden Arbeitnehmer kann eine mögliche Nutzung der sich ihm bietenden Chancen nicht verwehrt werden.

Die Abwerbung kann aber auch rechtlich **unzulässig** sein. Die rechtliche Grundlage dazu bilden § 1 UWG und § 826 BGB. **Sittenwidrig** ist sie, wenn:

- Ein anderweitig beschäftigter Arbeitnehmer zum **Vertragsbruch** verleitet wird, z. B. indem auf ihn eingewirkt wird, seine Arbeit bei einem anderen Arbeitgeber nicht aufzunehmen oder sie einzustellen, obgleich er diesem Arbeitgeber zur Arbeitsleistung [⇨ 021] verpflichtet ist. Mitunter ersetzt der abwerbende Arbeitgeber zusätzlich noch den Arbeitnehmer wegen dieses Vertragsbruches treffende Nachteile, z. B. eine zu leistende Vertragsstrafe.
- Ein anderweitig beschäftigter Arbeitnehmer unter Verwendung **unlauterer Mittel** zur ordentlichen Beendigung seines Arbeitsverhältnisses verleitet wird, z. B. durch:
  - ► Irreführende Mitteilungen oder herabsetzende Äußerungen über den bisherigen Arbeitgeber
  - ► Planmäßige und systematische Abwerbung mehrerer Arbeitnehmer aus einem Unternehmen
  - ► Abwerbung mit dem Ziel [⇨ 216], einen Konkurrenten zu ruinieren oder dessen Geschäftsgeheimnisse kennen zu lernen.

Bei rechtlich unzulässiger Abwerbung ergibt sich für das geschädigte Unternehmen nach § 826 BGB ein Anspruch auf Ersatz des Schadens, nach § 1 UWG kann **Schadensersatz** oder **Unterlassung** geltend gemacht werden.

Akkordlohn	*Berthel/Becker (2010); Bühner (2004b); Olfert (2012a, 2012c); Schanz (2000)*	**004**

Der Akkordlohn ist eine Form der Personalentlohnung [⇨ 162], bei der die geleistete Arbeitsmenge entgolten wird. Er hat einen unmittelbaren Leistungsbezug. Seine **Verwendung** ist möglich, wenn:

- Der Arbeitsablauf bekannt, gleichartig, wiederkehrend, messbar ist.
- Der Arbeitsablauf mängelfrei und von der Arbeitskraft beherrschbar ist.
- Die Arbeitskraft die Leistungsmenge unmittelbar beeinflussen kann.

Der Akkordlohn besteht aus dem **Mindestlohn**, der tariflich garantiert ist, und dem **Akkordzuschlag**, der üblicherweise 15 % bis 25 % des Mindestlohnes beträgt. Mindestlohn und Akkordzuschlag zusammen werden als **Grundlohn** oder **Akkordrichtsatz** bezeichnet. Er stellt den Lohn einer Arbeitskraft bei Normalleistung dar. Zu unterscheiden sind:

- Der **Stück-** oder **Geldakkord**, bei dem der Arbeitskraft ein bestimmter Geldbetrag pro Stück vorgegeben bzw. gutgeschrieben wird. Bei **Tarifänderungen** muss diese Lohnvorgabe geändert werden.

$$\text{Akkordsatz} = \frac{\text{Akkordrichtsatz}}{\text{Leistungseinheiten bei Normalzeit}}$$

$$\text{Akkordrichtsatz} = \text{Akkordsatz} \cdot \text{Leistungsmenge}$$

- Der **Zeitakkord**, bei dem der Arbeitskraft eine bestimmte Zeit pro Stück vorgegeben bzw. gutgeschrieben wird. Bei Tarifänderungen wird lediglich der Minutenfaktor geändert.

$$\text{Akkordlohn} = \text{Leistungsmenge} \cdot \text{Minutenfaktor} \cdot \text{Vorgabezeit}$$

$$\text{Minutenfaktor} = \frac{\text{Akkordrichtsatz}}{60}$$

Der Akkordlohn kann als **Einzelakkord** oder **Gruppenakkord** gezahlt werden. Er basiert auf **Vorgabezeiten** [⇨ 210], mit denen die Normalzeit pro Leistungseinheit ermittelt wird.

Änderungskündigung	*Hanau/Adoneit (2006); Hromadka/Maschmann (2010); Olfert (2012a, 2012c); Pulte (2009)*	005

Eine Änderungskündigung liegt dann vor, wenn der Arbeitgeber [⇨ 009] das Arbeitsverhältnis kündigt und in Verbindung mit der Kündigung [⇨ 108] die Fortsetzung des Arbeitsverhältnisses zu geänderten Arbeitsbedingungen anbietet. Mit ihr sollen **Arbeitsbedingungen** verändert werden, sofern sie nicht durch Weisung [⇨ 213] bzw. einvernehmlich geschlossene Änderungsvereinbarung oder ein im Arbeitsvertrag [⇨ 028] enthaltenes Widerrufsrecht veränderbar sind.

Die Änderungskündigung hat nach BAG **Vorrang** vor der Beendigungskündigung. Sie kann sein:

- Eine **ordentliche Änderungskündigung,** die als personenbedingte Kündigung [⇨ 113], verhaltensbedingte Kündigung [⇨ 114] und betriebsbedingte Kündigung [⇨ 110] erfolgen kann.
- Eine **außerordentliche Änderungskündigung**, die eine außerordentliche Kündigung [⇨ 109] ist. Sie kommt in der Praxis recht selten vor.
- Eine **Massenänderungskündigung**, wenn eine Vielzahl von Änderungskündigungen mit gleichlautenden Inhalten ausgesprochen werden.

Der **Arbeitnehmer** [⇨ 010] hat drei **Möglichkeiten**, auf eine Änderungskündigung **zu reagieren**:

- Er kann das **Angebot** des Arbeitgebers **vorbehaltlos annehmen**.
- Er kann das **Angebot** des Arbeitgebers **ablehnen**, wodurch eine Beendigungskündigung entsteht. Eine Klage wegen **Sozialwidrigkeit** der Änderungskündigung ist zulässig.
- Er kann das **Angebot** des Arbeitgebers **unter** dem **Vorbehalt annehmen**, dass es nicht sozial ungerechtfertigt ist, und **Kündigungs- bzw. Änderungsschutzklage** erheben.

Ansätze, *personalwirtschaftliche*	*Drucker (2002); Rahn (2012); v. Rosenstiel (2007); Staehle (1999)*	006

In der Wissenschaft gibt es unterschiedliche Auffassungen darüber, welches Vorgehen des Managements für das Unternehmen erfolgversprechend ist. Im Rahmen der **Führungsforschung** ist eine Vielzahl von Ansätzen entwickelt worden. Dazu zählen:

- Das **Scientific Management**, das 1911 von *Taylor* entwickelt wurd e. Danach wird die Führung vor allem durch den rationellen Einsatz von Menschen und Maschinen im Produktionsprozess geprägt. **Merkmale** des Taylorismus sind z. B. Leistungs- und Effizienzdenken, systematische Arbeitszeitstudien, Streben nach Produktivität und Wirtschaftlichkeit.
- Das **Bürokratie-Management**, das von *M. Weber* (1864-1920) als »reinste Form legaler Herrschaft« beschrieben wurde. **Merkmale** sind ein streng hierarchischer Aufbau, eine Amtsführung durch Beamte und eine Aktenmäßigkeit der Verwaltung.
- Die **Psychotechnik**, die 1900 von *Stern* dargestellt und 1912 von *Münsterberg* weiterentwickelt wurde. Sie geht von der Erkenntnis aus, dass eine Maximalleistung nicht permanent möglich ist, sondern auch physiologische, psychologische und ergonomische Faktoren die Arbeitsleistung [⇨ 021] beeinflussen. Das Streben nach Wirtschaftlichkeit wird durch Humanität ergänzt.
- Der **Human-Relations-Ansatz** [⇨ 093], der auf Forschungsarbeiten (1927-1932) von *Mayo, Roethlisberger, Dickson, Whitehead* in den Hawthorne Werken beruht. Er zeigt, dass weniger die technisch geänderten Arbeitsbedingungen, sondern mehr das Sozialverhalten gegenüber den Arbeitern zur Arbeitsproduktivität führt (Hawthorne-Effekt). Außerdem wurde die Rolle der informellen Gruppe [⇨ 090] bzw. diejenige des informellen Gruppenführers erkannt.

Die heutige Führungslehre wird vor allem vom Human-Relations-Ansatz geprägt. Zu den personalwirtschaftlichen Ansätzen werden vielfach auch z. B. die XY-Theorie [⇨ 214], die Zwei-Faktoren-Theorie [⇨ 220] und die Führungstechniken [⇨ 088] gezählt.

Altersversorgung	*Doetsch u. a. (2009); Gelhausen (2008); Klemm (2009); Olfert (2012c); Rohde/Küsters (2007)*	007

Die Altersversorgung der Mitarbeiter [⇨ 128] kann vorgenommen werden durch:

- **Pensionszusagen**, die auch als **Ruhegeldverpflichtungen** oder **Direktzusagen** bezeichnet werden. Dabei ist das Unternehmen unmittelbarer Träger der Versorgungsleistung, wozu es steuerrechtlich wirksame Pensionsrückstellungen in die Bilanz einstellt. Für die Mitarbeiter besteht bei einer Pensionszusage ein verbindlicher Versorgungsanspruch gegenüber ihrem Arbeitgeber [⇨ 009].
- **Pensionskassen**, die in Form von Versicherungsvereinen auf Gegenseitigkeit betrieben werden. Sie können von einem oder gemeinsam von mehreren Unternehmen gegründet und getragen werden. Die Mitarbeiter erwerben dort ebenfalls einen verbindlichen Versorgungsanspruch. Dabei sind Eigenleistungen der Berechtigten zulässig.
- **Unterstützungskassen**, die neben Versorgungsleistungen im Altersfall auch Hilfe in Notfällen gewähren. Wesentlich für die Mitarbeiter ist, dass sie keinen Rechtsanspruch auf Versorgungsleistungen haben. Die Zuwendungen einer Unterstützungskasse an Mitarbeiter erfolgen auf freiwilliger Basis.
- **Direktversicherungen**, bei denen private Lebensversicherungen die Träger der Versorgungsleistungen sind. Der Arbeitgeber zahlt dabei die Versicherungsbeiträge entweder vollständig oder zum Teil.

Durch das »Gesetz zur Verbesserung der betrieblichen Altersversorgung« (BetrAVG) wurden die Bedingungen für die Altersversorgung wesentlich verbessert. Für die Altersversorgung der Angestellten und Arbeiter im öffentlichen Dienst gibt es **Versorgungskassen**.

Als **Gründe** für die betriebliche Altersversorgung sind zu nennen:

- ► Minderung der Fluktuation [⇨ 070]
- ► Werbung neuer Arbeitskräfte
- ► Verbesserung des Betriebsklimas [⇨ 049]
- ► Erhöhung der Mitarbeiterleistung
- ► Verbesserung der materiellen Lage der Mitarbeiter
- ► Reduzierung der Steuerlast
- ► Vermögenswirksame Leistung

Arbeit	*Berthel/Becker (2010); Jung (2008); Oechsler (2006); Olfert (2012a, 2012c)*	008

Die Arbeit ist die Tätigkeit eines Menschen, die der Erfüllung einer Aufgabe dient. In der Betriebswirtschaftslehre ist die Arbeit ein elementarer **Produktionsfaktor**. *REFA* bezeichnet die Arbeit im ergonomischen Sinne als »die Summe von Energie und Informationen, die bei der Erfüllung von Arbeitsaufgaben durch den Menschen umgesetzt bzw. verarbeitet wird«. **Arten** der Arbeit können sein:

- Die **geistige Arbeit**, die alle Fähigkeiten umfasst, die gekennzeichnet sind durch selbstständiges:
  - ► Geistiges Erfassen von Zusammenhängen
  - ► Geistiges Durchdringen von Zusammenhängen
  - ► Vergleichen von betrieblichen Tatbeständen
  - ► Beurteilen von betrieblichen Zusammenhängen
  - ► Ableiten von Schlüssen zu komplexen Tatbeständen
  - ► Ableiten von Urteilen über betriebliche Zusammenhänge.

  Mit geistiger Arbeit sind immer auch (unterschiedlich hohe) Anteile muskelmäßiger Arbeit verbunden.

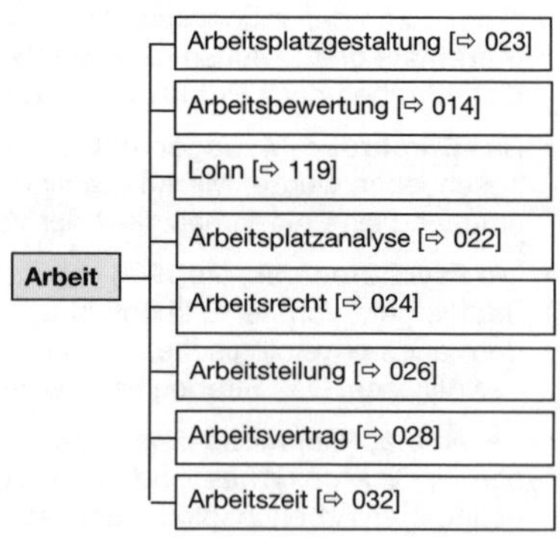

- Die **muskelmäßige Arbeit**, die durch den Einsatz vieler Muskeln und durch Bewegungen des Gesamtkörpers sowie seiner Gliedmaßen gekennzeichnet ist. Sie kann sein:
  - ► **Statische Muskelarbeit** als über längere Zeit unverminderte Beanspruchung der Muskeln.
  - ► **Dynamische Muskelarbeit** mit ständiger Beanspruchung/Entlastung der Muskeln.

Arbeitgeber	*Däubler (2010); Hauptmann (2007); Oechsler (2004a); Olfert (2012c)*	**009**

Arbeitgeber kann eine **natürliche** oder eine **juristische Person** sein, aber auch ein nicht **rechtsfähiger Personenverband** wie die GdbR, OHG und KG, der mindestens einen Arbeitnehmer [⇨ 010] beschäftigt. Die Arbeitgeberstellung kann sich auch kraft **gesetzlicher Fiktion** ergeben, z. B. wird ein Entleiher nach dem AÜG Arbeitgeber des Leiharbeitnehmers, wenn der Verleiher nicht über die erforderliche Erlaubnis zur Arbeitnehmerüberlassung [⇨ 011] verfügt.

Der Arbeitgeber ist zum einen **Vertragspartner** des Arbeitnehmers, zum anderen **Organ der Betriebsverfassung** [⇨ 052]. Er kann **Unternehmer** sein, muss es aber nicht und umgekehrt: Ein Handwerksmeister ohne Arbeitnehmer ist Unternehmer, jedoch kein Arbeitgeber. Eine Hausfrau, die eine Hausgehilfin beschäftigt, ist Arbeitgeber, aber nicht notwendigerweise Unternehmer. Dem Arbeitgeber obliegen:

- **Rechte** des Arbeitgebers
  - ► Organisation des Arbeitsablaufes
  - ► Erteilung von Weisungen [⇨ 213] an Arbeitnehmer (Direktionsrecht)
- **Pflichten** des Arbeitgebers
  - ► Lohnzahlungspflicht als Hauptpflicht (§ 611 BGB)
  - ► Fürsorgepflicht als Wahrung schutzwürdiger Interessen des Arbeitnehmers
  - ► Beschäftigungspflicht des eingestellten Arbeitnehmers
  - ► Gleichbehandlungspflicht (§ 75 Abs. 1 BetrVG)
  - ► Urlaubsgewährungspflicht (§ 1 BUrlG)
  - ► Zeugniserteilungspflicht über die Tätigkeit des Arbeitnehmers

Der Arbeitgeber hat die Lohnsteuerkarte (entfällt ab 2012) des Arbeitnehmers aufzubewahren, die Lohnsteuer- bzw. Versicherungsbeiträge ordnungsgemäß zu berechnen und abzuführen.

Arbeitnehmer	*Hauptmann (2007); Krell (2004); Oechsler (2004a); Olfert (2012c); Scholz (2000)*	**010**

Der Arbeitnehmer erbringt bei einem Arbeitgeber [⇨ 009] aufgrund eines Arbeitsvertrages [⇨ 028] fremdbestimmte Arbeitsleistungen [⇨ 021]. Er kann sein: **Arbeiter**, der überwiegend körperlich-mechanisch tätig ist. **Angestellter**, der überwiegend geistig-gedanklich tätig ist. **Leitender Angestellter**, der mit der Wahrnehmung von Arbeitgeberfunktionen betraut ist. Arbeitnehmer haben:

- **Rechte** auf:
  - ► **Lohnzahlung**, d. h. einen Anspruch auf das vereinbarte Entgelt
  - ► **Fürsorge**, d. h. das Recht auf Wahrung schutzwürdiger Interessen
  - ► **Beschäftigung**, wenn sie eingestellt sind
  - ► **Gleichbehandlung** durch den Arbeitgeber
  - ► **Urlaubsgewährung** gemäß rechtlicher Vorschriften
  - ► **Zeugniserteilung** über die abgeleistete Tätigkeit
- **Pflichten** als:
  - ► **Arbeitspflicht**, d. h. sie haben die vereinbarte Arbeitsleistung zu erbringen.
  - ► **Treuepflicht**, d. h. die Interessen des Arbeitgebers sind von ihnen zu berücksichtigen.
  - ► **Haftungspflicht** bei Vorsatz und grober Fahrlässigkeit

Die Gesamtheit der Arbeitnehmer wird auch als **Personal** bezeichnet. Selbstständige und Beamte sind z. B. **keine Arbeitnehmer**. In der **Personalführung** [⇨ 169] wird von **Mitarbeitern** [⇨ 128] gesprochen. **Typen** von Mitarbeitern [⇨ 129] können sein:

- **Weibliche** oder **männliche Mitarbeiter**, die in gleicher Weise zu behandeln sind.
- **Jugendliche Mitarbeiter** zwischen dem 14. Lebensjahr und dem 18. Lebensjahr.
- **Behinderte Mitarbeiter** mit nicht nur vorübergehender Funktionsbeeinträchtigung.
- **Ältere Mitarbeiter**, die über etwa fünfzig Jahre alt sind.
- **Ausländische Mitarbeiter**, die nicht die deutsche Staatsangehörigkeit besitzen.

Arbeitnehmerüberlassung	*Berthel/Becker (2010); Bröckermann (2009); Oechsler (2006); Olfert (2012c); Stopp (2006)*	**011**

Bei der Arbeitnehmerüberlassung stellt ein selbstständiger Unternehmer als Verleiher einen Arbeitnehmer, mit dem er einen Arbeitsvertrag geschlossen hat, einem Dritten als Entleiher, befristet zwecks Erbringung von Arbeitsleistungen, zur Verfügung. Als **Beziehungen** ergeben sich bei der Arbeitnehmerüberlassung:

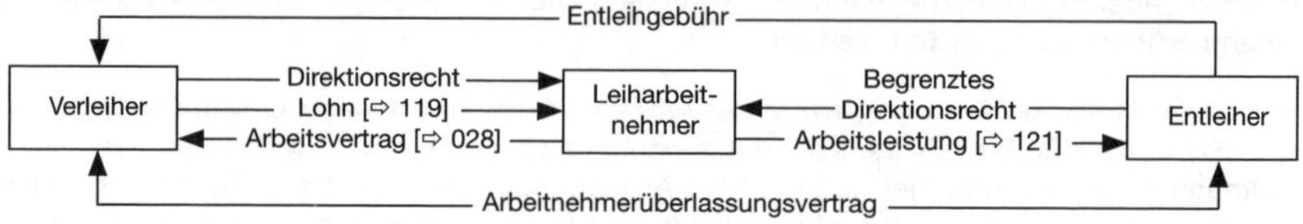

Die Arbeitnehmerüberlassung wird auch als **Personalleasing, Leiharbeit** bzw. **Zeitarbeit** bezeichnet. Seit 2011 wurde sie im Arbeitnehmerüberlassungsgesetz (AÜG) z. T. neu geregelt. Seitdem ist sie eine „vorübergehende Arbeitnehmerüberlassung im Rahmen wirtschaftlicher Tätigkeit". Sie liegt inzwischen nicht nur vor, wenn Arbeitnehmer aus der Absicht, Gewinn zu erzielen, überlassen werden, sondern auch wenn sie z. B. auf Selbstkostenbasis, aus karitativen Gründen oder konzernintern erfolgt.

Mit der Neufassung wird im Rahmen der AÜG-geregelten Arbeitnehmerüberlassung wesentlich weiter gefasst als früher, wo sie sich nur auf gewerbsmäßige und damit gewinnorientierte Verleihungen bezog. Somit soll das AÜG den **Missbrauch** der Arbeitnehmerüberlassung verhindern. Deshalb bedürfen Arbeitgeber, die als Verleiher gewerbsmäßig Arbeitnehmer an Dritte im Rahmen wirtschaftlicher Tätigkeit überlassen wollen, einer Erlaubnis durch die zuständige Regionaldirektion (früher Landesarbeitsamt).

Nach § 3a AÜG ist seit 2011 geregelt, dass unter bestimmten Bedingungen von Gewerkschaften und Vereinigungen der Arbeitgeber bundesweit tarifliche **Mindeststundenentgelte** vereinbart werden können.

Arbeitsaufnahme	*Albert (2009); Jung (2008); Olfert (2012a, 2012c); Weibler (2001)*	**012**

Der Personaleinsatz [⇨ 160] beginnt mit der Aufnahme der Arbeit [⇨ 008] durch den Mitarbeiter [⇨ 128]. Mit ihr sind fachliche, rechtliche und soziale Problemstellungen verbunden. Die Aufnahme der Arbeit kann für den Mitarbeiter erfolgen:

- **Neu im Unternehmen**, also in einer völlig neuen Umwelt für ihn
- **Neu am Arbeitsplatz**, also im gleichen ihm bereits bekannten Unternehmen.

Die Arbeitsaufnahme umfasst:

- Die **Einführung** des Mitarbeiters, die in jedem Falle bei neu in das Unternehmen eintretenden Mitarbeitern erforderlich wird. Mit ihr sollen sie einen **ersten Eindruck** vom Unternehmen, dem Vorgesetzten und den Kollegen erhalten. Ist dieser Eindruck negativ, können sich rasch Unzufriedenheit, Demotivation und der Wunsch entwickeln, das Unternehmen rasch wieder verlassen zu wollen.

  Es bietet sich an, den neuen Mitarbeitern eine **Checkliste** für den Arbeitsbeginn, eine **Einführungsbroschüre** und ggf. ein **Welcome Package** zur Verfügung zu stellen. Eine **Einführungsveranstaltung** durchzuführen ist möglich, wenn mehrere Mitarbeiter gleichzeitig oder zeitnah neu eingestellt werden. Mitunter wird dem neuen Mitarbeiter ein **Pate** oder **Mentor** an die Seite gestellt.

  Mit der Aufnahme der Tätigkeit muss der neue Mitarbeiter sich mit seinen eigenen Vorstellungen und der tatsächlich gegebenen Situation auseinander setzen, die mitunter voneinander abweichen und einen **Praxis-** oder **Realitätsschock** auslösen können.

- Die **Einarbeitung** [⇨ 064] des Mitarbeiters, die systematisch zu erfolgen hat. Dabei ist es auch wichtig, den neuen Mitarbeiter sozial zu integrieren.

Arbeitsbereicherung	*Oechsler (2006); Olfert (2012c); v. Rosenstiel (2007); Weinert (2004); Wenchel (2005)*	**013**

Mit der Aufgabenbereicherung erfolgt eine **qualitative Vergrößerung** des Arbeitsfeldes. Weil die zusätzlich übertragenen Aufgaben zuvor auf einer höheren Hierarchieebene erfüllt wurden, stellt sie eine **vertikale Ausweitung** des Arbeitsinhaltes dar.
Als Arbeitsbereicherung gibt es:

- Das **Job enrichment**, bei dem den bestehenden Aufgaben neue qualitativ höherwertige Aufgaben hinzugefügt werden, wodurch der Dispositionsspielraum des Mitarbeiters [⇨ 128] verbessert wird. Eine damit verbundene Höherqualifizierung kann angestrebt, aber auch vorausgesetzt werden.

  Die Monotonie kann beim Mitarbeiter vermindert, die Arbeitszufriedenheit [⇨ 038] erhöht werden. Seine Aufgaben werden interessanter, und er kann sich weiterentwickeln. Andererseits kann er überfordert werden, woraus sich Unzufriedenheit ergeben kann. Eine vermehrte Fortbildung [⇨ 072] ist ggf. erforderlich.

- **Teilautonome Arbeitsgruppen**, die Kleingruppen darstellen, in denen mehrere Mitarbeiter gemeinsam weitgehend in sich abgeschlossene Arbeitsaufgaben selbstständig erfüllen. Dabei kann der Autonomiegrad der teilautonomen Gruppen verschieden hoch sein.

  Durch solche Arbeitsgruppen können Arbeitszufriedenheit, Motivation [⇨ 133], Qualifikation [⇨ 192], Flexibilität sowie soziale Fähigkeiten der Mitarbeiter verbessert und einseitige Belastungen abgebaut werden. Möglich ist aber auch, dass die Selbstkontrolle der Gruppen [⇨ 090] erheblich bis überzogen ist und ggf. interne Bestrafungen erfolgen. Probleme bei der Entlohnung [⇨ 162] können sich ergeben.

Arbeitsbewertung	*Bühner (2004b); Oechsler (2006); Olfert (2012a, 2012c); Ridder (2004, 2009); Stopp (2006)*	**014**

Die Arbeitsbewertung umfasst die Erfassung, Messung und Beurteilung von Schwierigkeiten der **Arbeit** [⇨ 008] auf der Grundlage von qualitativen Arbeitsanalysen. Dabei werden die Arbeiten innerhalb eines Unternehmens untersucht und beschrieben, um deren Verhältnis zueinander nach dem Arbeitsinhalt oder den Arbeitsanforderungen festzulegen.

Den Arbeiten wird eine **Normalleistung** zu Grunde gelegt. Sie ist die menschliche Arbeitsleistung [⇨ 021], welche von jedem hinreichend geeigneten Arbeitnehmer [⇨ 010] bei voller Übung und Einarbeitung ohne Gesundheitsschädigung auf Dauer im Durchschnitt mindestens erreicht und erwartet werden kann, wenn er die in der Vorgabe enthaltenen richtigen Verteilzeiten und Erholungszeiten beachtet.

Das Ergebnis der Bewertung ist keine absolute Lohnbestimmungsgröße, sondern als Zahlensymbol für die Höhe der Arbeitsschwierigkeit ein **Arbeitswert**. Er dient sowohl der Lohndifferenzierung als auch der Personalauswahl [⇨ 142] und dem Personaleinsatz [⇨ 160]. **Arten** der Arbeitsbewertung sind:

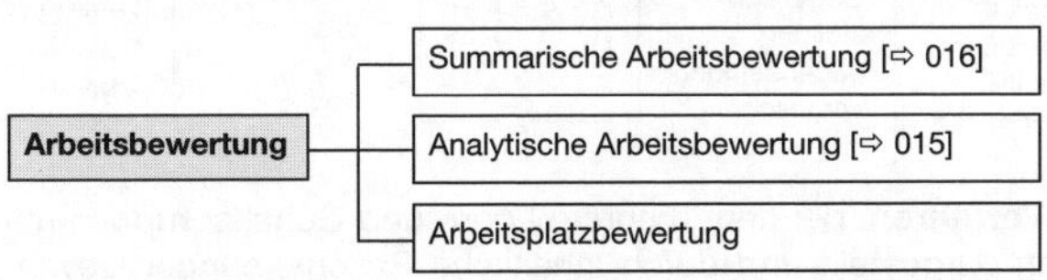

Die **Arbeitsplatzbewertung** wird üblicherweise von einem Bewertungsausschuss auf der Grundlage von Stellen- oder Arbeitsplatzbeschreibungen vorgenommen. Sie erfolgt mithilfe vereinbarter Bewertungskriterien, die zusätzlich auch gewichtet werden können.

Die Arbeitsbewertung kann tarifvertraglich [⇨ 200] geregelt werden (§ 77 Abs. 3 BetrVG). Der Betriebsrat [⇨ 050] hat bei ihrer Durchführung ein Recht auf Mitbestimmung [⇨ 130].

Arbeitsbewertung, *analytische*

Jung (2008); Hentze/Kammel (2001); Oechsler (2006); Olfert (2012a, 2012c)

015

Bei der analytischen Arbeitsbewertung wird **für jede einzelne Anforderungsart** ein Arbeitswert ermittelt. Die Gesamtbeanspruchung ergibt sich aus der Summe der Einzelbeurteilungen. Mögliche **Anforderungsarten** sind:

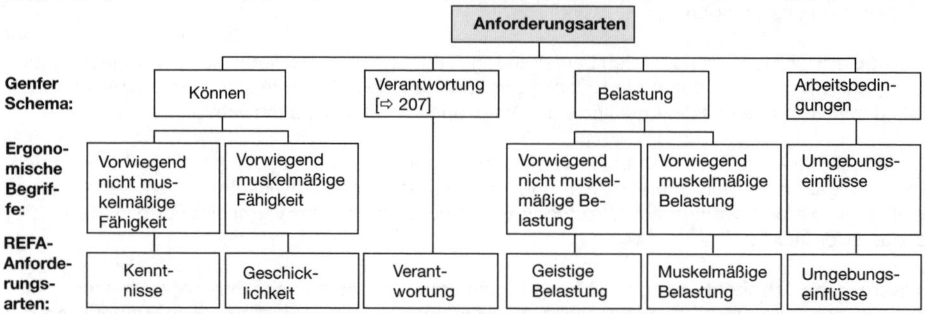

- Beim **Rangreihen-Verfahren** wird für jede Anforderungsart getrennt eine Einordnung von der einfachsten zur schwierigsten Verrichtung vorgenommen wird. Die Gewichtung jeder Anforderungsart kann getrennt erfolgen oder gebunden, d. h. ohne extra Gewichtungsfaktoren. Die Stellung einer bestimmten Tätigkeit in der Rangreihe wird in % ausgedrückt (0 % bis 100 %).
- Beim **Stufenwertzahl-Verfahren** wird für jede einzelne Anforderungsart eine Punktwert-Reihe erstellt. Jede Bewertungsstufe ist definiert und durch Beispiele erläutert. Auch hier gibt es getrennte oder gebundene Gewichtung. Es ist das am ehesten objektive Verfahren der Arbeitsbewertung [⇨ 014].

Arbeitsbewertung, *summarische*

Bühner (2004b); Hentze/Kammel (2001); Oechsler (2006); Olfert (2012a, 2012c)

016

Die summarische Arbeitsbewertung betrachtet den Gegenstand der Bewertung als geschlossene Einheit. Es erfolgt eine **Gesamtbeurteilung der Arbeitsanforderungen.**

Verfahren der summarischen Arbeitsbewertung sind:

- Das **Rangfolge-Verfahren**, bei dem alle anfallenden Arbeiten [⇨ 008] aufgrund der Arbeitsbeschreibungen zunächst aufgelistet und daraufhin nach Maßgabe ihrer Arbeitsschwierigkeit durch **paarweise Gegenüberstellung** oder **gegenseitigen Vergleich** in eine Rangfolge gebracht werden.

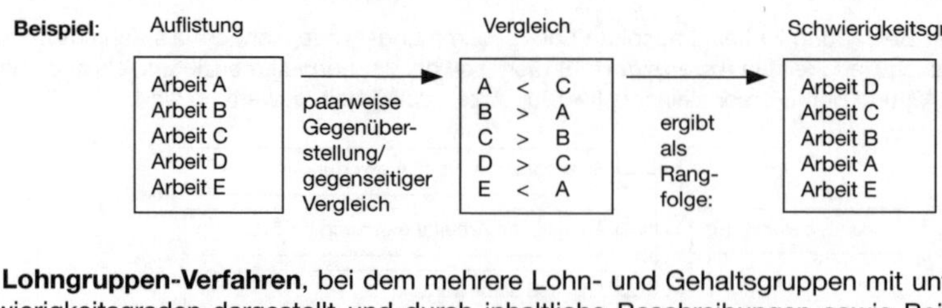

- Das **Lohngruppen-Verfahren**, bei dem mehrere Lohn- und Gehaltsgruppen mit unterschiedlichen Schwierigkeitsgraden dargestellt und durch inhaltliche Beschreibungen sowie Beispiele erläutert werden. Es wird auch **Katalogverfahren** genannt und häufig in Tarifverträgen [⇨ 200] verwendet.

Beide Verfahren der summarischen Arbeitsbewertung sind einfach handhabbar, kostengünstig und leicht verständlich. Beim Rangfolge-Verfahren ist die Bewertung aber subjektiv, die Anforderungsarten sind ungewichtet und die Rangabstände unbekannt. Das Lohngruppen-Verfahren berücksichtigt seinerseits individuelle Gegebenheiten und technische Entwicklungen ungenügend.

Arbeitsdirektor	*Blessing/Otto (2004); Hentze/Kammel (2001); Jung (2008); Olfert (2012a, 2012c)*	017

Der Arbeitsdirektor ist ein für das Personal- und Sozialwesen zuständiges, gegenüber anderen Geschäftsleitern eines Unternehmens gleichberechtigtes Vorstandsmitglied in paritätisch mitbestimmten Unternehmen. Wesentliche **Tätigkeitsgebiete** eines Arbeitsdirektors sind:

- Personalwesen
- Sozialwesen
- Ausbildung [⇨ 042] und Fortbildung [⇨ 072]
- Arbeitssicherheit und Arbeitsgestaltung
- Betriebsärztlicher Dienst.

Die Institution des Arbeitsdirektors wurde in Deutschland erstmalig im **Montan-Mitbestimmungsgesetz** 1951 (betrifft den Bereich von Bergbau, Eisen- und Stahlindustrie) verankert.

Ein Arbeitsdirektor ist in der AG und der GmbH mit jeweils regelmäßig mehr als 2.000 Arbeitnehmern [⇨ 010] zu bestellen (§ 33 Abs. 1 MitbestG). Für die Unternehmen bis 2.000 Arbeitnehmer ist ein Arbeitsdirektor gesetzlich nicht vorgeschrieben.

Der Arbeitsdirektor wird als **Vorstandsmitglied** einer AG nach § 84 Abs. 1 AktG durch den Aufsichtsrat bestellt. Nach § 13 Abs. 1 des MontanMitbestG kann der Arbeitsdirektor nicht gegen die Mehrheit der Stimmen der Arbeitnehmervertreter im Aufsichtsrat bestellt oder abberufen werden.

Der Arbeitsdirektor hat eine Eigenverantwortlichkeit für sein Ressort. Da er als Vorstandsmitglied einerseits die Interessen des Unternehmens, andererseits aber auch die Interessen der Arbeitnehmerseite zu vertreten hat, kann daraus ein **Loyalitätskonflikt** entstehen.

Arbeitserweiterung	*Oechsler (2006); Olfert (2012c); v. Rosenstiel (2007); Weinert (2004); Wenchel (2005)*	018

Bei der Aufgabenerweiterung erfolgt eine **quantitative Vergrößerung** des Arbeitsfeldes. Die zusätzlich übertragenen Aufgaben wurden zuvor überwiegend bereits auf der gleichen Ebene erledigt, weshalb sie eine **horizontale Erweiterung** ist. Es gibt:

- Das **Job enlargement**, bei dem neue qualitativ gleich- oder ähnlichwertige Aufgaben den bisher vom Mitarbeiter [⇨ 128] am bestehenden Arbeitsplatz ausgeführten Aufgaben hinzugefügt werden. Es ist eine Aufgabenerweiterung im engeren Sinne.

  Mit ihm kann die Monotonie beim Mitarbeiter gesenkt und seine Arbeitszufriedenheit [⇨ 038] gesteigert werden, Kostensenkungen und ein Anstieg von Arbeitsquantität und Arbeitsqualität sind möglich. Die Leistungsfähigkeit des Mitarbeiters kann beim Job enlargement aber an ihre Grenzen stoßen, vermehrte Fortbildung [⇨ 092] wird ggf. erforderlich.

- Die **Job rotation**, bei der die erweiterten Aufgaben nacheinander folgend an einem oder mehreren anderen Arbeitsplätzen wahrgenommen werden. Dies erfolgte in der Vergangenheit plangemäß, inzwischen aber auch spontan. Eine besondere Form der Job rotation ist das **Springerprinzip**.

  Mit der Job rotation können einseitige Belastungen abgebaut und das Interesse an den Arbeitsaufgaben gesteigert werden. Arbeitszufriedenheit, Anpassungsfähigkeit und soziale Integration werden gefördert. Andererseits erhöht sich jedoch der Planungsaufwand, und es kann zu Stockungen, Verzögerungen und Integrationsproblemen kommen.

  Zur wünschenswerten Individualisierung und Flexibilisierung der Arbeitsorganisation trägt die Arbeitserweiterung nur in geringerem Umfang bei.

Arbeitskampf(recht)	*Hromadka/Maschmann (2010); Jung (2008); Kissel (2002); Oechsler (2006); Olfert (2012c)*	**019**

Der Arbeitskampf ist eine kollektive Auseinandersetzung der Arbeitgeber- bzw. Arbeitnehmerseite hinsichtlich der jeweiligen Arbeitsbedingungen, um ein bestimmtes Ziel [⇨ 216] zu erreichen. Grundlage ist das **Arbeitskampfrecht**, das auf Richterrecht beruht. Zu unterscheiden sind:

- Den **Streik**, der die planmäßige Arbeitsniederlegung einer größeren Zahl von Arbeitnehmern [⇨ 010] zur Durchsetzung tarifvertraglich regelbarer Forderungen darstellt. Anlass für einen Streik kann insbesondere die Verbesserung bestehender Lohn- und Arbeitsbedingungen sein. Zulässig sind lediglich Streiks, die von einer Gewerkschaft geführt bzw. organisiert werden und die Friedenspflicht während der Laufzeit eines Tarifvertrages [⇨ 200] nicht verletzen. **Warnstreiks** sind als kurzfristige Arbeitsniederlegungen nur im Zusammenhang mit Tarifverhandlungen erlaubt.

  Der **politische Streik** ist ebenso unzulässig wie der **»wilde« Streik** als von der Gewerkschaft nicht gebilligter Streik. Die Ausrufung eines Streiks erfordert die Zustimmung von 75 % der gewerkschaftlich organisierten Arbeitnehmer im Rahmen der **Urabstimmung**.

- Die **Aussperrung**, die eine planmäßige, durch einen Arbeitgeber [⇨ 009] ausgelöste Nichtzulassung mehrerer Arbeitnehmer zur Arbeit [⇨ 008] ist. Sie kann alle Arbeitnehmer eines Unternehmens oder nur die streikenden Arbeitnehmer betreffen. Es gibt:

Abwehr-aussperrung	Der Arbeitgeber kann mit einer Abwehraussperrung auf einen Streik reagieren. Sie hat sich am Prinzip der Verhältnismäßigkeit zu orientieren.
Angriffs-aussperrung	Durch eine Angriffsaussperrung eröffnet der Arbeitgeber den Arbeitskampf. Sie wird als rechtswidrig angesehen.

Die rechtmäßige Aussperrung hat wie der Streik die Suspendierung des Arbeitsverhältnisses zur Folge, bei der unrechtmäßigen Aussperrung macht sich der Arbeitgeber schadensersatzpflichtig.

Arbeitsleistung	*Hentzel/Kammel (2001); Olfert (2012a, 2012c); Rahn (2008b); Schanz (2000)*	**020**

Die Arbeitsleistung ist das bewertete Ergebnis, das innerhalb eines bestimmten Zeitraums aus menschlicher Arbeit [⇨ 008] resultiert. Sie hängt vor allem von **Leistungsfaktoren** ab als:

- **Innere Faktoren**, die im Potenzial des Mitarbeiters [⇨ 128] liegen. Zu unterscheiden sind:

Leistungs-fähigkeit	Sie wird durch **aufgabenbezogene Elemente**, z. B. Ausbildung [⇨ 042], Wissen, Fähigkeiten, Fertigkeiten und Erfahrungen und **persönlichkeitsbezogene Elemente**, z. B. physische und psychische Gesundheit, Grad der Ermüdung, Belastbarkeit, Resistenz, Anpassungs- und Team-, Koordinations-, Konflikt- und Durchsetzungsfähigkeit beeinflusst.
Leistungs-bereitschaft	Sie hängt z. B. von Initiative, innerer Motivation [⇨ 133], Leistungswillen, Grad der Selbstverpflichtung, aber auch von **äußeren Leistungsfaktoren** ab, wie nachfolgend beschrieben.

- **Äußere Faktoren**, die zum Umfeld der Mitarbeiter zählen und bedeutsam sind:

Arbeitssituation	Arbeitsanforderungen, Betriebsmittel, Arbeitsaufgaben, Arbeitsverfahren, Arbeitsplatz usw.
Gruppensituation	Struktur, Mitgliederzahl, Bewusstsein, Verhalten [⇨ 208], Zusammenhalt der Gruppe [⇨ 090] usw.
Unternehmens-situation	Betriebsklima [⇨ 049], Auftragslage, Organisationsstruktur, finanzielle Situation, Kostensituation, Ertragssituation, Stand der Technik usw.
Umfeldsituation	Konjunktur, Konkurrenz, Kunden, Preise, Einkommen, Stand der Technik, private Einflüsse usw.

Die inneren und äußeren Faktoren wirken zusammen und beeinflussen die Arbeitsleistung. Sie lässt sich aber auch bei Kenntnis dieser Faktoren nicht ohne Weiteres prognostizieren. Unbeschadet dessen ist eine gründliche **Analyse** der Leistungsfaktoren dennoch zu empfehlen, vor allem insbesondere dann, wenn die Leistungen eines Mitarbeiters nicht den Erwartungen entsprechen.

Arbeitsmarktforschung	*Bühner (2004b); Drumm (2008); Oechsler (2006); Olfert (2012c); Scherm (2004)*	**021**

Der Arbeitsmarkt ist das Zusammentreffen von Angebot und Nachfrage von Arbeitskräften. Der Personalbereich hat sein Augenmerk auf den Arbeitsmarkt zu lenken, um ihn einschätzen und beeinflussen zu können. Die Erkundung des Arbeitsmarktes geschieht im Rahmen der Arbeitsmarktforschung, die auch als **Personalmarktforschung** bezeichnet wird. Ihr stellen sich insbesondere zwei **Aufgaben**:

- Die **Analyse der heutigen und zukünftigen Situation** des Arbeitsangebots und der Arbeitsnachfrage. Die zukünftige Arbeitsmarktentwicklung ist nach einer Untersuchung des *Instituts für Arbeitsmarkt- und Berufsforschung (IAB)* dadurch gekennzeichnet, dass sich Deutschland zunehmend zur Dienstleistungsgesellschaft entwickelt und die Anforderung an die Qualifikation [⇨ 192] der Beschäftigten in den Unternehmen steigen.

- Die **Fundierung personalwirtschaftlicher Maßnahmen** im Hinblick auf das betriebliche Beschaffungspotenzial. Darunter ist der Teil des Angebotes an Arbeitskräften zu verstehen, der zur Besetzung gegenwärtig oder zukünftig freier Positionen in Betracht kommt. Das **Beschaffungspotenzial** kann sein:

Offenes Arbeitsmarkt-potenzial	Dazu zählen Arbeitslose, die arbeitssuchend sind ebenso wie Beschäftigte, die einen neuen Arbeitsplatz suchen und ausländische Arbeitskräfte ohne Arbeit sowie jüngere Arbeitssuchende, die in das Arbeitsleben eintreten.
Latentes Arbeitsmarkt-potenzial	Es tritt nicht offen auf, z. B. als Hausfrauen, die früher im Arbeitsprozess standen. Das latente Potenzial kann durch Arbeitskräfte, die von anderen Unternehmen abgeworben werden bzw. durch die Erhöhung der Erwerbstätigkeit bei bestimmten Bevölkerungsgruppen ausgeschöpft werden.

Der Arbeitsmarkt kann ein **innerbetrieblicher** oder ein **außerbetrieblicher** Arbeitsmarkt sein.

Arbeitsplatzanalyse	*Berthel/Becker (2010); Olfert/Rahn (2010); Schanz (2000); Scholz (2000); Olfert (2012f)*	**022**

Die Arbeitsplatzanalyse ist ein Teil der **Arbeitsanalyse**, die eine systematische Gliederung einer Arbeit [⇨ 008] in ihre Einzelteile darstellt, z. B. zur Ordnung der Arbeitsorganisation und des Arbeitsablaufes. Dabei werden Zweck, Gliederung, Ablauf, Arbeitsmittel, erforderliche und gegebene Kenntnisse, Fähigkeiten und Verantwortungen [⇨ 207] dokumentiert. Die Arbeitsplatzanalyse bezieht sich auf die Gewinnung von Informationen [⇨ 094] über die Arbeitsbedingungen, die an einem Arbeitsplatz vorherrschen.

Als **Arbeitsplatz** wird ein zweckmäßig eingerichteter räumlicher Bereich verstanden, an dem Mitarbeiter [⇨ 128] als Aufgabenträger mithilfe von Einrichtungen und Arbeitsmitteln Aufgaben erfüllen. Er ist die kleinste räumliche Organisationseinheit eines Unternehmens. Vielfach wird er mit der **Stelle** gleichgesetzt, was jedoch unzutreffend sein kann, da mit der Stelle keine räumliche Aussage verbunden sein muss. Die Arbeitsplatzanalyse umfasst:

- Die **Analyse von Arbeitsmitteln**, die sich z. B. auf die Oberflächengestaltung, Standfestigkeit oder die Höhe von Tischen, den Griffbereich und das Gesichtsfeld des Mitarbeiters am Arbeitsplatz beziehen kann. Sie dient dem Zweck, den Arbeitsplatz einschließlich der Griffe anthropometrisch zu gestalten, d. h. unter Berücksichtigung der menschlichen Körpermaße.

- Die **Analyse der Umweltbedingungen**, die sich z. B. auf Farbe, Licht, Klima, Lärm, Staub, Lüftung und Farbgebung beziehen kann. Sie erfolgt, um den Arbeitsplatz physiologisch in geeigneter Weise zu gestalten, d. h. die Umgebungseinflüsse sind für die Mitarbeiter so vorteilhaft wie möglich zu beeinflussen.

Die Ergebnisse der Arbeitsplatzanalyse können nicht nur für die **Arbeitsplatzgestaltung** [⇨ 023], sondern auch für die **Arbeitsbewertung** [⇨ 014] als Grundlage der Entgeltgestaltung [⇨ 162] verwendet werden. Außerdem bietet die Arbeitsplatzanalyse eine gute Grundlage für die sachgerechte Besetzung des Arbeitsplatzes und für die notwendige Unterweisung [⇨ 206] der Mitarbeiter.

Arbeitsplatzgestaltung	*Berthel/Becker (2010); Jung (2008); Hacker (2005); Olfert (2012c)*	**023**

Die Arbeitsplatzgestaltung bezieht sich auf die **Arbeitsaufgabe**, den **Arbeitsplatz** und seine **Umgebung**. Sie hat Auswirkungen auf das Verhalten [⇨ 208], die Motivation [⇨ 133] und die Zufriedenheit der Mitarbeiter [⇨ 128]. Insofern beeinflusst sie auf diese Weise deren Leistungsbereitschaft. Die Arbeitsplatzgestaltung kann erfolgen:

- **Anthropometrisch,** indem der Arbeitsplatz (z. B. Höhe des Arbeitsplatzes, Griffbereich, Gesichtsfeld) und die Arbeitsmittel (z. B. Handgriffe, Schalter, Pedale, Drehknöpfe) an die menschlichen Körpermaße angepasst werden.
- **Physiologisch**, indem der Wirkungsgrad menschlicher Arbeit [⇨ 008] verbessert und die Umgebungseinflüsse an den menschlichen Körper angepasst werden, z. B. Licht, Klima, Lärm, Lüftung, Staub.
- **Psychologisch**, wobei dem Menschen eine angenehme Umwelt geschaffen wird, z. B. durch Farbgestaltung, Musik, Pflanzen am Arbeitsplatz. Warme Farben aktivieren oder stimulieren, kalte Farben beruhigen oder distanzieren.
- **Organisatorisch**, indem die Aufgabenstellung und die zeitliche Bindung des Mitarbeiters in geeigneter Weise an den Arbeitsablauf angepasst werden.
- **Informationstechnisch,** indem die vom Mitarbeiter durch Sehen (z. B. richtiger Sehabstand), Hören (z. B. Warnsignale) und Tasten aufzunehmenden Informationen [⇨ 094] gestaltet werden.
- **Sicherheitstechnisch,** wobei alle Maßnahmen ergriffen werden, die helfen sollen, Unfälle zu verhindern, z. B. als Betriebsmittel-, Brand-, Explosions-, allgemeiner Gefahrenschutz.

Mit der Arbeitsplatzgestaltung befasst sich die **Ergonomie** als die Lehre von der menschlichen Arbeit. Sie vermittelt Erkenntnisse über den menschlichen Organismus, um die Arbeit, den Arbeitsplatz und die Umwelt den menschlichen Erfordernissen entsprechend zu gestalten.

Arbeitsrecht	*Däubler (2010); Hromadka/Maschmann (2008, 2010); Junker (2010); Olfert (2012c)*	**024**

Das Arbeitsrecht betrifft die Arbeitnehmer [⇨ 010] und Arbeitgeber [⇨ 009]. Es stellt die Gesamtheit der Normen dar, welche die Beziehungen der an einem Arbeitsverhältnis beteiligten Personen regelt. Zu unterscheiden sind:

- Das **individuelle Arbeitsrecht**, das die Einzelbeziehungen zwischen Arbeitnehmern und Arbeitgebern regelt. Es wird auf die Arbeitsverhältnisse angewandt und umfasst:
  - ▶ Das **Arbeitsvertragsrecht**, für das die Gewerbeordnung (GewO), das Handelsgesetzbuch (HGB) und das Bürgerliche Gesetzbuch (BGB) maßgeblich sind. Der Arbeitsvertrag [⇨ 028] ist im rechtlichen Sinne ein Unterfall des Dienstvertrag. Er wird zwischen einem Arbeitnehmer und einem Arbeitgeber geschlossen.
  - ▶ Das **Arbeitsschutzrecht** [⇨ 025], das alle Normen enthält, die dem Arbeitgeber öffentlich-rechtliche Pflichten auferlegt, um die für den Arbeitnehmer von der Arbeit ausgehenden Gefahren zu beseitigen oder zu mindern.
- Das **kollektive Arbeitsrecht**, das die Rechtsverhältnisse zwischen den Sozialpartnern regelt. Seine Grundlage ist die Koalitionsfreiheit (Art. 9, 10, 79 Grundgesetz). Es umfasst:
  - ▶ Tarifvertragsrecht [⇨ 200]
  - ▶ Betriebsverfassungsrecht [⇨ 052]
  - ▶ Arbeitskampfrecht [⇨ 019]

  Der **Betriebsrat** [⇨ 050] ist das zuständige Vertretungsorgan der Arbeitnehmer in einem Unternehmen.

Als **Unternehmen** wird arbeitsrechtlich die organisatorische Einheit verstanden, die durch den wirtschaftlichen oder ideellen Zweck bestimmt wird. In ihm werden ein oder mehrere **Betriebe** als konkrete Arbeitsorganisation zusammengefasst.

Arbeitsschutzrecht

Brox u.a. (2007); Kreizberg (2009); Olfert (2012a, 2012c); Schanz (2000)

025

Das Arbeitsschutzrecht i. S. eines Arbeit*nehmer*schutzrechtes enthält Normen, die dem Arbeitgeber [⇨ 009] öffentlich-rechtliche Pflichten auferlegen, um die von der Arbeit [⇨ 008] für den Arbeitnehmer [⇨ 010] ausgehenden Gefahren zu beseitigen oder zu mindern. Zu unterscheiden sind:

- **Allgemeine Schutzvorschriften**, die für alle Arbeitnehmer bzw. Arbeitgeber gelten:

Allgemeines Gleichbehandlungsgesetz (AGG)	Es verbietet die Diskriminierung, z. B. wegen Geschlecht, Rasse, Religion, Alter, Behinderung.
Arbeitssicherheitsgesetz (ArbSichG)	Es enthält Regelungen für Betriebsärzte, Sicherheitsingenieure und Fachkräfte, die Arbeitgeber und Arbeitnehmer unterstützen sollen.
Arbeitsschutzgesetz (ArbSchG)	Regelungen über Belüftung, Beheizung, Beleuchtung der Arbeitsstätten.
Arbeitszeitgesetz (ArbZG)	Es dient zur Sicherheit und Gesundheitsschutz der Arbeitnehmer.
Kündigungsschutzgesetz (KSchG)	Regelungen zum allgemeinen und speziellen Kündigungsschutz [⇨ 115].
Entgeltfortzahlungsgesetz (EFZG)	Es regelt Ansprüche auf Entgelt bei Krankheit des Arbeitnehmers.

- **Spezielle Schutzvorschriften**, die für einzelne Gruppen von Arbeitnehmern gültig sind:

Berufsbildungsgesetz (BBiG)	Es regelt Aus-[⇨ 042] und Fortbildung [⇨ 072] bzw. die Umschulung [⇨ 205].
Heimarbeitsgesetz (HAG)	Es enthält Regelungen für Heimarbeiter und Hausgewerbetreibende.
Jugendarbeitsschutzgesetz (JArbSchG)	Es umfasst den Arbeitsschutz für Kinder und Jugendliche.
Mutterschutzgesetz (MuSchG)	Es sichert die Rechte werdender und stillender Mütter.
Sozialgesetzbuch (SGB IX)	Es regelt den Schutz Schwerbehinderter und der ihnen gleichgestellten Personen und dient der Rehabilitation und Teilhabe behinderter Menschen.

Arbeitsteilung

Alewell (2004a); Frese (2010); Olfert (2012a, 2012c); Schanz (2000)

026

Die Arbeitsteilung ist die **Zerlegung** einer Gesamtaufgabe **in Teilaufgaben**. Sie kann sein:

- Eine **Mengenteilung**, bei der die gesamte Arbeitsmenge auf verschiedene Mitarbeiter [⇨ 128] aufgetoilt wird, dio jowoilo allo Toilloiotungon orbringon, woloho für dio Erotollung dor Gooamtloiotung orfor derlich sind. So fertigt jeder Mitarbeiter z. B. ein komplettes Produkt. Die Mengenteilung wird auch als **horizontale Arbeitsteilung** bezeichnet.

- Eine **Artteilung**, bei welcher der Arbeitsprozess im Hinblick auf ein Produkt oder einen Arbeitsvorgang zerlegt wird, z. B. in Leitungs- und Ausführungsaufgaben, in unterschiedliche Verrichtungsaufgaben oder in Planung [⇨ 188], Durchführung, Kontrolle [⇨ 104]. Jeder Mitarbeiter führt in ständiger Wiederholung denselben Arbeitsgang an allen Teilen der Gesamtmenge aus, d. h. es erfolgt eine **vertikale Arbeitsteilung**. Sie wird häufig auch als **Spezialisierung** bezeichnet und dient einer Erhöhung der Produktivität der Mitarbeiter.

Vorteile	Nachteile
► Steigerung des Ertrages durch Spezialisierung ► Erhöhung der Geschicklichkeit bei gleichartigen Handgriffen ► Ansteigen der Leistung pro Zeiteinheit ► Bestmögliche Maschinenausnutzung ► Nutzung von Standortvorteilen ► Verwertung spezieller Fähigkeiten	► Eintönige Tätigkeit bei gleichartigen Handgriffen ► Entfremdung durch Stumpfsinn bei monotoner Arbeit ► Krankheiten durch einseitige Betätigung ► Mangelnde Flexibilität durch Spezialisierung ► Kein innerer Bezug des Arbeitenden zur Gesamtleistung

Die Nachteile der vertikalen Arbeitsteilung haben zu Konzepten der **Humanisierung** geführt, bei denen die Arbeit [⇨ 008] inhaltlich angereichert oder erweitert wird.

Arbeitsvermittlung	*Berthel/Becker (2010); Bröckermann (2009); Fröhlich/Holländer (2004); Olfert (2012c)*	027

Die Vermittlung von Arbeitskräften kann auf zwei **Wegen** erfolgen:

- Als **öffentliche Arbeitsvermittlung** durch die Bundesagentur für Arbeit (BA) in Nürnberg mit ihren 10 Regioanldirektionen und die zugehörenden Einrichtungen, die unter anderem die Aufgabe und das Recht haben, Arbeitsvermittlung vorzunehmen. Dies geschieht durch **mehrere Institutionen**:

  ▶ Den 178 **Agenturen für Arbeit (AA)** über 600 Geschäftsstellen, die mit regionaler Zuständigkeit vermitteln. In der Vergangenheit galt dies eher für Tätigkeiten ausführender Art, inzwischen hat sich das Bild aber gewandelt.

  ▶ Die **Zentrale Auslands- und Fachvermittlung (ZAV)**, die als Leistungsbereiche die Fachvermittlung von Führungskräften, die Künstlervermittlung, die Auslandsvermittlung und die Arbeitsmarktzulassung umfasst.

  Neuere Leistungsbereiche der Bundesagentur für Arbeit sind u. a. die **Jobbörse** im Internet und die **Personal-Service-Agenturen (PSA)**, deren Aufgabe es ist, eine Arbeitnehmerüberlassung [⇨ 011] zur Vermittlung von Arbeitslosen in Arbeit durchzuführen sowie diesen Personenkreis in verleihfreien Zeiten zu qualifizieren und fortzubilden [⇨ 072].

- Als **private Arbeitsvermittlung**, die seit 2002 erlaubnisfrei ist. Dabei führen private Arbeitsvermittler Arbeitssuchende mit Arbeitgebern zur Begründung von Arbeitsverhältnissen zusammen.

  Private Arbeitsvermittler dürfen grundsätzlich nur vom Arbeitgeber [⇨ 009] eine **Vergütung** verlangen, die je nach Dauer des vermittelten Arbeitsverhältnisses auf maximal 12 bzw. 15 % des Entgeltes [⇨ 162] begrenzt ist.

Arbeitsvertrag	*Göbbels (2009); Hromadka/Maschmann (2008); Kaufmann (2008); Olfert (2012c); Preis (2008)*	028

Der Arbeitsvertrag ist ein privatrechtlicher Vertrag, in dem sich der Arbeitnehmer [⇨ 010] zur Leistung von Diensten und der Arbeitgeber [⇨ 009] zur Beschäftigung verpflichtet. Er ist durch die **persönliche Abhängigkeit** des Arbeitnehmers vom Arbeitgeber gekennzeichnet. Zu betrachten sind:

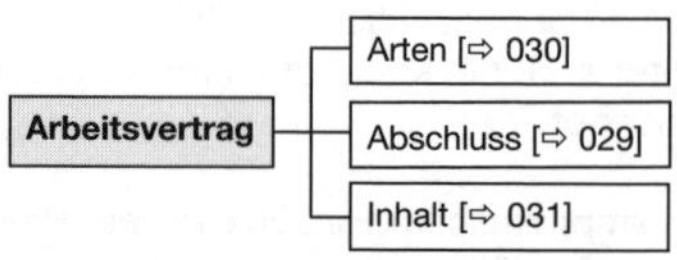

Aus dem Arbeitsvertrag erwachsen Pflichten und Rechte:

	Pflicht zu ...	Recht auf ...
Arbeitgeber:	Lohnzahlung Fürsorge Beschäftigung Gleichbehandlung Urlaubsgewährung Zeugniserteilung	Organisation Weisungsverteilung
Arbeitnehmer:	Arbeitsleistung Treue Haftung	Lohnzahlung Fürsorge Gleichbehandlung Urlaubsgewährung Zeugniserteilung

Rechtliche Grundlagen des Arbeitsvertrages sind:

- Gesetze (z. B. §§ 611 - 630 BGB)
- Tarifverträge [⇨ 200]
- Betriebsvereinbarungen [⇨ 051]
- Rechtsprechung (durch die Arbeitsgerichte)

Zunehmend gibt es auch europäische Rechtsvorschriften.

Arbeitsvertrag, *Abschluss*	*Olfert (2012a, 2012c); Preis (2008); Schaub (2009); Wetter (2008)*	**029**

Für den Arbeitsvertrag [⇨ 028] gilt grundsätzlich die **Formfreiheit**. Er kann demnach auf schriftlichen, mündlichen oder schlüssigen Willenserklärungen der Vertragspartner beruhen, sofern Gesetze, Tarifverträge [⇨ 200] oder Betriebsvereinbarungen [⇨ 051] nicht die **Schriftform** vorschreiben. Aus Gründen der Rechtssicherheit empfiehlt sich die Schriftform ohnehin. Befristete Arbeitsverträge bedürfen stets der Schriftform.

Nach **§ 2 NachweisG** muss der Arbeitgeber dem Arbeitnehmer spätestens einen Monat nach Beginn des Arbeitsverhältnisses eine schriftliche Fassung der wesentlichen Vertragsbedingungen aushändigen.

Für ein vertraglich vereinbartes **Wettbewerbsverbot** ist nach § 74 Abs. 1 HGB ebenfalls die Schriftform vorgeschrieben, doch nur in Bezug auf diese Vereinbarung, nicht auf den gesamten Arbeitsvertrag.

Der Arbeitsvertrag kann bei seinem Abschluss bereits mit **Mängeln** behaftet sein, die jedoch nicht zu seiner Nichtigkeit führen, wenn bereits Arbeit geleistet wurde. Möglich sind;

- **Verstoß gegen ein gesetzliches Verbot**, z. B. die Beschäftigung von Kindern, Jugendlichen, Frauen und Ausländern in besonderen Fällen.
- **Willensmängel** bei Vertragsabschluss, z. B. bei Irrtum (§ 119 BGB), arglistiger Täuschung (§ 123 BGB), widerrechtlicher Drohung (§ 123 BGB).
- **Verstoß gegen die guten Sitten**, z. B. wenn ein Vertragspartner die Notlage eines anderen ausnutzt (§ 138 BGB).

Mängel im Inhalt des Arbeitsvertrages können keine Nichtigkeit oder Anfechtbarkeit des gesamten Vertrages bewirken.

Arbeitsvertrag, *Arten*	*Hromadka/Maschmann (2008); Meyer (2009); Olfert (2012c); Schaub (2009)*	**030**

Der Arbeitsvertrag [⇨ 028] kann als schriftlicher und mündlicher Arbeitsvertrag geschlossen werden. Außerdem kann er im Hinblick auf den **Zeitrahmen** seines Abschlusses sein:

- Ein **unbefristeter Arbeitsvertrag**, der beendet werden kann durch:

  ► Einseitige Erklärung (**Kündigung** [⇨ 108]) des Arbeitgebers [⇨ 009] oder des Arbeitnehmers [⇨ 010]
  ► Vertragliche Vereinbarung im Rahmen eines **Aufhebungsvertrages** [⇨ 040] zwischen Arbeitgeber und Arbeitnehmer

- Ein **befristeter Arbeitsvertrag**, der ohne diesbezügliche Erklärungen oder Vereinbarungen endet, da er von vornherein für eine bestimmte begrenzte Zeitdauer geschlossen wurde, die **unmittelbar** vereinbart (z. B. 31.12.2012) oder **mittelbar** festgelegt wurde (z. B. mit Projektende).

Nach **§ 14 des Teilzeit- und Befristungsgesetzes** (TzBfG) darf ein befristeter Arbeitsvertrag grundsätzlich nur abgeschlossen werden, wenn für die Befristung ein **sachlicher Grund** gegeben ist, z. B. wenn der betriebliche Bedarf an der Arbeitsleistung [⇨ 021] nur vorübergehend besteht, die Befristung zur Erprobung erfolgt oder ein anderer Arbeitnehmer damit vertreten wird.

Die kalendermäßige Befristung eines Arbeitsvertrages **ohne Vorliegen** eines sachlichen Grundes ist nach § 14 Abs. 2 bzw. 2a TzBfG zulässig:

► Bis zur Dauer von 2 Jahren (wobei weitere Regelungen zu beachten sind),
► In den ersten 4 Jahren nach der Gründung eines Unternehmens bis zur Dauer von 4 Jahren

Die Befristung eines Arbeitsvertrages bedarf zu ihrer Wirksamkeit der **Schriftform**. Klagen auf Feststellung der **Unwirksamkeit einer Befristung** sind innerhalb von drei Wochen beim Arbeitsgericht geltend zu machen.

Arbeitsvertrag, *Inhalt*

Hoyningen-Huene (2004); Olfert (2012c); Preis (2008, 2009a); Schaub (2009), Wetter (2008) **031**

Bei der inhaltlichen Gestaltung des Arbeitsvertrages [⇨ 028] sind Arbeitgeber [⇨ 009] und Arbeitnehmer [⇨ 010] grundsätzlich frei. Sie haben aber bestehende Vorschriften von Gesetzen, Tarifverträgen [⇨ 200] bzw. Betriebsvereinbarungen [⇨ 051] zu beachten, wenn diese auf das Arbeitsverhältnis anzuwenden sind. Der Inhalt des Arbeitsvertrages kann z. B. umfassen:

Arbeitgeber	Es sind Firma, Rechtsform und Sitz des Unternehmens anzugeben.
Arbeitnehmer	Vorname, Zuname, Anschrift sind zu nennen.
Vertragsbeginn	Er ist genau zu bezeichnen, gegebenenfalls auch das Vertragsende.
Tätigkeitsbezeichnung	Sie sollte möglichst genau sein, z. B. Bilanzbuchhalter.
Tätigkeitsbeschreibung	Sie sollte präzise sein und z. B. auch Vollmachten enthalten.
Vergütung	Sie ist in Art, Höhe, Steigerung, Fälligkeit, Auszahlungsweise auszuweisen.
Sozialleistungen	Die Sozialleistungen sollten im Einzelnen genannt werden.
Arbeitszeit	Die Arbeitszeit [⇨ 032] ist als regelmäßige Arbeitszeit anzugeben.
Urlaub	Er ist insbesondere aufzuführen, wenn er über bestehende Regelungen hinausgeht.
Arbeitsverhinderung	Fälle der unverschuldeten Arbeitsverhinderung, z. B. Hochzeit, Umzug.
Wettbewerbsverbot	Arbeitnehmer dürfen ohne Einwilligung des Arbeitgebers in dessen Handelszweig keine eigenen Geschäfte betreiben.
Probezeit	Die Länge der Probezeit [⇨ 191] sollte im Arbeitsvertrag genannt werden.
Kündigungsfrist	Die Kündigungsfrist ist gesetzlich geregelt, ggf. auch tarifvertraglich [⇨ 200] festgelegt.

Werden Teile des Inhaltes bereits gesetzlich, tarifvertraglich oder durch Betriebsvereinbarung geregelt bzw. ergeben sie sich aus der betrieblichen Übung, sind sie im Arbeitsvertrag ggf. entbehrlich, wenn das Unternehmen dem Arbeitnehmer nicht weitergehende Rechte einräumen will.

Arbeitszeit

Buschmann/Ulber (2008); Drumm (2008); Jung (2008); Olfert (2012c); Schliemann (2008) **032**

Die Arbeitszeit ist die Zeit von Beginn zum Ende der Arbeit ohne die Ruhepausen. Sie darf werktäglich 8 Stunden nicht überschreiten, jedoch auf 10 Stunden verlängert werden, wenn innerhalb von 6 Monaten oder 24 Wochen durchschnitlich werktäglich 8 Stunden nicht überschritten werden (§ 3 ArbZG).

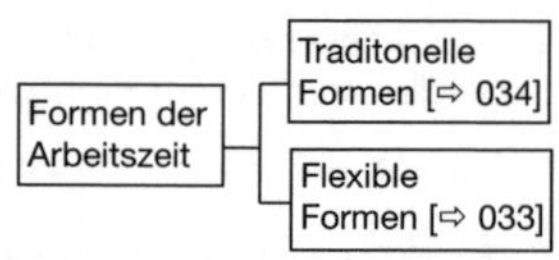

Zu unterscheiden sind nach ArbZG z. B.:

Ruhepausen (§ 4 ArbZG)	Die Arbeit ist durch im Voraus feststehende Ruhepausen von mindestens 30 Minuten bei einer Arbeitszeit von mehr als 6 Stunden bis zu 9 Stunden und 45 Minuten bei einer Arbeitszeit von mehr als 9 Stunden zu unterbrechen. Sie können in Zeitabschnitten von jeweils mindestens 15 Minuten aufgeteilt werden. Länger als 6 Stunden hintereinander ist eine Beschäftigung ohne Pause nicht zulässig.
Ruhezeit (§ 5 ArbZG)	Die Arbeitnehmer müssen nach Beendigung der täglichen Arbeitszeit eine ununterbrochene Ruhezeit von mindestens 11 Stunden haben. Hiervon gibt es z B. für Krankenhäuser Ausnahmen.
Nachtarbeit (§ 6 ArbZG)	Sie umfasst mehr als zwei Stunden der Nachtzeit (23 Uhr – 6 Uhr). Die werktägliche Arbeitszeit der Nachtarbeitnehmer darf 8 Stunden nicht überschreiten. Sie kann auf bis zu 10 Stunden nur verlängert werden, wenn innerhalb von einem Kalendermonat oder innerhalb von 4 Wochen im Durchschnitt 8 Stunden werktäglich nicht überschritten werden.
Sonn-/Feiertagsarbeit (§ 9 ArbZG)	Arbeitnehmer dürfen an Sonn- und gesetzlichen Feiertagen von 0 bis 24 Uhr grundsätzlich nicht beschäftigt werden. Sofern die Arbeiten nicht an Werktagen vorgenommen werden können, dürfen Arbeitnehmer an Sonn- und Feiertagen in bestimmten Einrichtungen beschäftigt werden sowie mit Produktionsarbeiten, wenn die infolge der Unterbrechung der Produktion zulässigen Arbeiten den Einsatz von mehr Arbeitnehmern als bei durchgehender Produktion erfordern. Mindestens 15 Sonntage im Jahr müssen beschäftigungsfrei bleiben (§ 11 ArbZG).

In Tarifverträgen [⇨ 200] bzw. Betriebsvereinbarungen [⇨ 051] können z. T. abweichende arbeitszeitrechtliche Regelungen erfolgen (§§ 7, 12 ArbZG).

Arbeitszeit, *flexible Formen*	*Berthel/Becker (2010); Egermann (2008); Marr (2001); Olfert (2012a, 2012c); Rohde (2008)*	**033**

Flexible Formen der Arbeitszeit [⇨ 032] werden immer bedeutsamer. Mit ihnen können die **Lage** bzw,. **Dauer** der täglichen Arbeitszeit einzeln oder gemeinsam variiert werden. Es gibt:

- Die **Teilzeitarbeit** [⇨ 201], bei der die vom einzelnen Arbeitnehmer zu erbringende Wochenarbeitszeit gegenüber der betrieblichen Arbeitszeit vergleichbar vollzeitbeschäftigter Arbeitnehmer verkürzt ist.
- Die **gleitende Arbeitszeit**, bei der Arbeitnehmer innerhalb eines vereinbarten Rahmens über Beginn und Ende ihrer Arbeitszeit frei bestimmen können. Sie ist:

  ▶ **Gleitzeit ohne Zeitausgleich:** Die Dauer der täglichen Arbeitszeit wird vom Arbeitgeber festgelegt, ihr Beginn einmalig vom Arbeitnehmer für eine bestimmte Zeit selbst bestimmt (= **Grundform**). Der Beginn ist aber auch täglich vom Arbeitnehmer bestimmbar.

  ▶ **Gleitzeit mit Zeitausgleich:** Der Arbeitnehmer kann sowohl den Beginn als auch die Dauer der Arbeitszeit (unter Einhaltung der Kernzeit) selbst bestimmen. Ein mögliches Zeitguthaben bzw. Zeitschulden sind innerhalb eines Ausgleichszeitraumes auszugleichen oder sie können übertragen werden.

- Die **kapazitätsorientierte variable Arbeitszeit** als Arbeit auf Abruf, bei der die Lage und Dauer der Arbeitszeit vom Arbeitgeber [⇨ 009] an den Arbeitsanfall angepasst werden. Der Abruf muss mindestens vier volle Tage im Voraus erfolgen, der Arbeitnehmer [⇨ 010] ist täglich vier aufeinander folgende Stunden bzw. wöchentlich zehn Stunden zu beschäftigen, sofern keine vertragliche Regelung getroffen wurde.

Weiterhin gibt es noch die **Jahresarbeitszeit** (Festlegung der Gesamtarbeitszeit eines Kalenderjahres) und die **Vertrauensarbeitszeit**, bei der auf eine (elektronische) Zeiterfassung und deren Auswertung verzichtet wird. Den Mitarbeitern wird bei der Erbringung ihrer vertraglich vereinbarten Arbeitszeit so weit wie möglich Gestaltungsfreiheit eingeräumt.

Arbeitszeit, *traditonelle Formen*	*Berthel/Becker (2010); Bregnard (2006); Jung (2008); Marr (2001); Olfert (2012a, 2012c)*	**034**

Traditionelle Formen der Arbeitszeit zeichnen sich durch eine sehr **begrenzte Flexibilität** und **Individualität** aus, im Gegensatz zu den flexiblen Formen der Arbeitszeit [⇨ 032]. Zu unterscheiden sind:

- **Mehrarbeit**, welche die Möglichkeit bietet, die Kapazität des Unternehmens zu erhöhen, ohne zusätzliches Personal beschaffen zu müssen. Sie umfasst **Überstunden**, die gegeben sind, wenn der Arbeitgeber [⇨ 009] sie angeordnet oder gedultet bzw. Arbeit [⇨ 008] zugewiesen hat, die nur unter Überschreiten der betrieblichen Arbeitszeit geleistet werden kann, sowie eine zusätzliche **Sonn- und Feiertagsarbeit**.

  Dabei fallen i. d. R. **Zuschläge** an, die tariflich geregelt sind. Die Vorschriften des Arbeitszeitgesetzes müssen bei Mehrarbeit beachtet werden. Der Betriebsrat [⇨ 050] kann bei vorübergehender Verlängerung der betrieblichen Arbeitszeit ein **Mitbestimmungsrecht** [⇨ 130] haben (§ 87 Abs. 1 BetrVG).

- **Schichtarbeit**, die auch **Wechselschichtarbeit** genannt wird und gesetzlich nicht definiert ist. Sie soll vor allem der besseren Auslastung kostenintensiver Anlagen dienen und kann erfolgen:

  ▶ **Vollkontinuierlich** (täglich 24 Stunden)
  ▶ **Teilkontinuierlich** (z. B. Montag bis Freitag)
  ▶ **Zweischichtig** (z. B. Früh-/Spätschicht)
  ▶ **Dreischichtig** (täglich insgesamt 24 Stunden)

  Für den Personaleinsatz [⇨ 160] müssen **Schichtpläne** erstellt werden. Der Betriebsrat hat bei der Einführung, Änderung und dem Abbau von Schichtarbeit ein **Mitbestimmungsrecht**, ebenso bei der Aufstellung und Änderung von Schichtplänen.

- **Kurzarbeit** [⇨ 116], die eine vorübergehende Herabsetzung der betriebsüblichen regelmäßigen Arbeitszeit für das gesamte Unternehmen bzw. für einzelne Abteilungen mit der Folge von Entgeltminderungen ist.

Arbeitszeugnis	*Backer (2008); Lucas (2001); Olfert (2012a, 2012c); Schleßmann (2009); Weuster/Scheer (2010)*	**035**

Jeder Arbeitnehmer [⇨ 010] kann bei Beendigung des Arbeitsverhältnisses vom Arbeitgeber [⇨ 009] ein Arbeitszeugnis verlangen. **Rechtsgrundlagen** sind § 630 BGB allgemein für alle Arbeitnehmer, § 109 GewO für gewerbliche Arbeitnehmer und § 16 BBiG für Auszubildende. Das Arbeitszeugnis darf nicht wegen Ansprüchen gegenüber dem Arbeitnehmer zurückgehalten werden. Es dient:

- Der **Unterrichtung eines neuen Arbeitgebers**, weshalb das Arbeitszeugnis der Wahrheit entsprechen muss, da es das Interesse des künftigen Arbeitgebers zu berücksichtigen hat.
- Dem **beruflichen Fortkommen des Arbeitnehmers**, weshalb es von Wohlwollen getragen sein soll. Die Wohlwollenspflicht basiert auf der Fürsorgepflicht des Arbeitgebers.

Das Arbeitszeugnis kann verlangt werden, wenn aufgrund Kündigung [⇨ 108], Ablauf der Befristung oder eines Aufhebungsvertrages [⇨ 040] die Beendigung des Arbeitsverhältnisses absehbar ist. Seine äußere Form und die Wortwahl sollen angemessen sein. Es ist auf einem Firmenbogen auszustellen, wenn dessen Verwendung üblich ist. **Mindestinhalte** sind:

- ▶ **Überschrift »Zeugnis«**
- ▶ **Angaben zur Person des Arbeitnehmers:** Name, Vorname, ggf. Geburtsname, Titel/Geburtsdatum bei Verwechslungsgefahr/Geburtsort bei Verwechslungsgefahr/Dauer des Beschäftigungsverhältnisses/Berufs- bzw. Positionsbezeichnung
- ▶ **Beschreibung der ausgeführten Tätigkeiten:** Aufgaben, Verantwortung [⇨ 207], Kompetenzen [⇨ 101] Werdegang im Unternehmen/ausgeübte Sonderaufgaben/längere Unterbrechungen
- ▶ **Beendigung des Arbeitsverhältnisses:** Austrittstermin, falls nicht oben genannt/Beendigungsmodalitäten nur auf Arbeitnehmerwunsch
- ▶ **Schlussfloskel:** Dank, Bedauern/Zukunftswünsche
- ▶ **Ausstellungsdatum und Unterschrift**

Arbeitszeugnis, *Arten*	*Bröckermann (2009); Drumm (2008); Olfert (2012c); Schleßmann (2009); Wank (2004)*	**036**

Die Arten der Arbeitszeugnisse [⇨ 035] können nach verschiedenen **Kriterien** unterschieden werden:

- Nach dem **Bezugszeitraum** des Arbeitszeugnisses:

Vorläufiges Arbeitszeugnis	Es ist ein Arbeitszeugnis, das vor dem Ausscheiden des Arbeitnehmers [⇨ 010] aus dem Unternehmen erstellt wird und sich deshalb nicht auf den gesamten Zeitraum des Arbeitsverhältnisses bezieht.
»Endgültiges« Arbeitszeugnis	Es ist ein Arbeitszeugnis, das sich auf den gesamten Zeitraum des Arbeitsverhältnisses erstreckt und zu seinem Abschluss erstellt wird. Ihm kann ein vorläufiges Zeugnis vorausgehen, dessen Formulierungen jedoch nicht übernommen werden müssen.

Das vorläufige Zeugnis wird vielfach mit dem **Zwischenzeugnis** gleichgesetzt, was unzutreffend ist, da dieses bei einem ungekündigten, weiter anhaltenden Arbeitsverhältnis ausgestellt wird, z. B. bei einer Versetzung des Arbeitnehmers oder beim Wechsel des Vorgesetzten.

- Nach dem **Inhalt** des Arbeitszeugnisses:

Einfaches Arbeitszeugnis	Es stellt lediglich eine Bestätigung des Arbeitgebers [⇨ 009] über die Art und Dauer der Beschäftigung ohne Angaben über die Leistung und Führung [⇨ 169] dar. Über den Grund und die Modalität der Beendigung dürfen Aussagen nur getroffen werden, wenn der Arbeitnehmer es wünscht. Im Übrigen umfasst es den bereits beschriebenen Mindestinhalt [⇨ 035].
Qualifiziertes Arbeitszeugnis	Es ist auf Verlangen des Arbeitnehmers auszustellen und umfasst über das einfache Zeugnis hinaus die Leistung und Führung des Arbeitnehmers (§ 630 BGB; § 109 GewO; § 16 BBiG), d. h. außer dem Mindestinhalt kommen dementsprechend hinzu: ▶ **Beurteilung der Arbeitsleistung** [⇨ 021]: Leistungsbereitschaft / Fachliches Können, ggf. Fortbildung [⇨ 072] /Arbeitserfolg/Arbeitsweise. ▶ **Beurteilung des Sozialverhaltens**: Verhalten [⇨ 208] gegenüber Vorgesetzten und Mitarbeitern / ggf. Führungsverhalten / Verhalten gegenüber Dritten, z. B. Kunden. Die Beurteilung erfolgt vielfach mithilfe spezieller Formulierungen [⇨ 037].

Arbeitszeugnis, *Formulierungen*	*Backer (2008); Frey/Wörl (2008); Hesse/Schrader (2008); Olfert (2012c); Weuster/Scheer (2010)*	**037**

Die Formulierungen eines Arbeitszeugnisses [⇨ 035] können sich beziehen auf:

- Den **Grund des Ausscheidens** des Arbeitnehmers [⇨ 010]. Sie sind z. B.:

... auf eigenen Wunsch ...	Weniger aussagekräftig, da dem Arbeitnehmer bei Problemen häufig Gelegenheit gegeben wird, selbst zu kündigen.
... im beiderseitigen Einverständnis ...	Kann auf Probleme hindeuten, weshalb gegebenenfalls Nachforschungen angestellt werden sollten.
... aus organisatorischen Gründen/ wegen interner Reorganisation ...	Können vorgeschobene oder wahrheitsgemäße Gründe sein, weshalb gegebenenfalls nachgeforscht werden sollte.

- Die **Leistungen** des Arbeitnehmers. Als Formulierungen gelten z. B.:

... stets/ständig vollste Zufriedenheit ...	Sehr gute Leistungen
... stets/ständig volle Zufriedenheit ...	Gute Leistungen
... volle Zufriedenheit ...	Befriedigende Leistungen
... Zufriedenheit ...	Ausreichende Leistungen
... im Großen und Ganzen zur Zufriedenheit ...	Mangelhafte Leistungen
... hat sich bemüht ...	Sehr mangelhafte Leistungen

- Mitunter werden auch **»Spezialformulierungen«** verwendet, die positiv klingen sollen, jedoch nichts Positives über das Arbeitsergebnis aussagen, z. B. »*... erledigte alle Arbeiten mit großem Fleiß und Interesse*« oder »*... hat sich im Rahmen seiner Fähigkeiten eingesetzt ...*«.

Arbeitszufriedenheit	*Berthel/Becker (2010); Mertel (2007); Olfert (2012c); Rahn (2008a); v. Rosenstiel (2007)*	**038**

Die Arbeitszufriedenheit ist der positive Eindruck, den ein Mitarbeiter [⇨ 128] insgesamt aus der subjektiven Beurteilung der eigenen Arbeit [⇨ 008] und der unmittelbar auf ihn wirkenden Arbeitsbedingungen gewinnt. Sie wird mitunter auch **Arbeitsklima** genannt.

Die **Messung der Arbeitszufriedenheit**, die genau jedoch nicht verlässlich möglich ist, soll offen legen, inwieweit die Bedürfnisse [⇨ 045] des jeweiligen Mitarbeiters durch die Führung befriedigt werden.

Faktoren, die sich **positiv** auf die Arbeitszufriedenheit **auswirken** können, sind:

- Herausfordernde Arbeitsaufgaben bzw. angemessene Ausstattung des Arbeitsplatzes
- Einhaltung der Sicherheitsbestimmungen am Arbeitsplatz
- Erfolgserlebnisse bei der Arbeit bzw. am Arbeitsplatz
- Anwendbarkeit und Weiterentwicklung von Wissen und Können
- Hohe Mitarbeiterorientierung im Führungsstil [⇨ 082] des Vorgesetzten
- Angemessenes und relativ gerechtes Anreizsystem einschließlich des Lohnes [⇨ 119]
- Förderung von Selbstvertrauen, Selbstverantwortung und Eigeninitiative.

Bedeutsame Erkenntnisse zur Erforschung der Arbeitszufriedenheit gehen von der **Zwei-Faktoren-Theorie** [⇨ 220] aus.

Die Arbeitszufriedenheit des Mitarbeiters kann das Erreichen seiner **Leistungsziele** vorteilhaft beeinflussen. Deshalb sollten Führungskräfte [⇨ 079] die Arbeitszufriedenheit [⇨ 038] des Mitarbeiters als ein **Führungsziel** anstreben.

Leistung bedingt Zufriedenheit und umgekehrt. Ebenso bestehen Einflüsse der Arbeitszufriedenheit auf Fehlzeiten [⇨ 069], Fluktuation [⇨ 070] und Unfallhäufigkeit.

Assessment Center	*Hagmann/Hagmann (2009); Hesse/Schrader (2002); Kleinmann (2003); Olfert (2012c)*	039

Das Assessment Center ist ein systematisches Verfahren der **Personalbeurteilung** [⇨ 153]. In verschiedenen praxisbezogenen Leistungssituationen werden vielfach 6 bis 12 Personen gleichzeitig durch mehrere Beobachter anhand vorgegebener Beurteilungskriterien über einen Tag oder mehrere Tage hinweg beurteilt, um **Verhaltensleistungen** und **Verhaltensdefizite** von Personen zu erkennen.

In ihrem **Aufbau** können sich die Assessment Center unterscheiden. So können sie Beobachtungen, Befragungen und psychologische Tests [⇨ 062] enthalten, die sich nach Möglichkeit an den Anforderungen des Tätigkeitsfeldes orientieren sollen, welche die Teilnehmer ausüben oder ausüben sollen. Die Beobachter, denen die Beurteilung der Teilnehmer obliegt, müssen für diese Aufgabe geschult werden. **Ablauf** und **Inhalte** des Assessment Centers können sein:

Ablauf des Assessment Centers

- ▶ Bestimmung der Ziele [⇨ 216] und der Zielgruppe
- ▶ Auswahl der Beobachter
- ▶ Erstellung des Anforderungsprofils
- ▶ Zusammenstellung der Übungen
- ▶ Organisatorische Vorbereitung
- ▶ Schulung der Beobachter
- ▶ Bearbeitung der Aufgaben durch die Teilnehmer
- ▶ Beobachtung und Bewertung
- ▶ Abstimmung der Bewertungen
- ▶ Anfertigung von Gutachten/Endauswahl
- ▶ Information der Teilnehmer

Übungen des Assessment Centers

- ▶ Einzelinterviews mit den Teilnehmern
- ▶ Gruppendiskussion der Teilnehmer
- ▶ Bearbeitung einer Fallstudie [⇨ 068]
- ▶ Postkorbübung als Einzelaufgabe
- ▶ Rollenspiele der Teilnehmer
- ▶ Präsentation eines Problems
- ▶ Vortrag des Teilnehmers
- ▶ Bearbeitung eines Fragebogens
- ▶ Analyse von Unternehmensproblemen
- ▶ Einstufung der anderen Teilnehmer
- ▶ Selbsteinstufung am Ende

Das Assessment Center wird sowohl im Rahmen der Personalbeschaffung [⇨ 147] als auch der Personalentwicklung [⇨ 163] eingesetzt.

Aufhebungsvertrag	*Bauer (2007); Hanau/Adomeit (2006); Hromadka/Maschmann (2008); Hjort (2007); Olfert (2012c)*	040

Bei einem Aufhebungsvertrag einigen sich Arbeitgeber [⇨ 009] und Arbeitnehmer [⇨ 010], das bestehende Arbeitsverhältnis zu einem bestimmten in der Zukunft liegenden Zeitpunkt zu beenden. Er bedarf seit 2000 der **Schriftform** (§ 623 BGB).

Der Arbeitgeber sollte mit dem Angebot eines Aufhebungsvertrages keinen Druck auf den Arbeitnehmer ausüben, ggf. kann dieser ansonsten wegen **widerrechtlicher Drohung** klagen. Insbesondere ist zu empfehlen, dass der Arbeitnehmer eine Bedenkzeit eingeräumt bekommt, in der er den Vertragstext prüfen kann. Dies sollte auch geschehen, wenn er diese nicht fordert, obwohl er dazu berechtigt ist.

Wenn der Aufhebungsvertrag auf Veranlassung des Arbeitgebers geschlossen wird, hat dieser eine **Auskunftspflicht**, z. B. über mögliche Folgen beim Anspruch auf das Arbeitslosengeld. Liegt die Initiative beim Arbeitnehmer, besteht diese Auskunftspflicht grundsätzlich nicht. Kommt der Arbeitgeber seiner ihm obliegenden Auskunftspflicht nicht nach, kann der Aufhebungsvertrag wegen **arglistiger Täuschung** angefochten werden.

Bei der Vereinbarung einer **Abfindung** i. V. m. dem Aufhebungsvertrag bestehen für den Arbeitgeber und Arbeitnehmer keine Einschränkungen. In der Praxis wird die Abfindung oft nach der Formel von einem halben bis einem Monatsgehalt pro Beschäftigungsjahr berechnet. Häufig wird auch der Höchstbetrag im Falle einer gerichtlichen Auflösung des Arbeitsverhältnisses gemäß § 10 KSchG zu Grunde gelegt.

Für das Unternehmen ist der Aufhebungsvertrag vorteilhaft, da Vorschriften des Kündigungsschutzes [⇨ 115] unberücksichtigt bleiben und lange arbeitsrechtliche Auseinandersetzungen vermieden werden können sowie keine Mitbestimmungsrechte [⇨ 130] des Betriebsrates [⇨ 050] gegeben sind. Der Arbeitnehmer seinerseits bleibt ungekündigt, was für ihn hilfreich sein kann.

Auftragszeit	*Ebel (2008b); Jung (2008); Olfert (2012c); REFA (2000)*	**041**

Die Auftragszeit ist die **Vorgabezeit** [⇨ 210], die für Mitarbeiter [⇨ 128] gilt, die an einem Produktionsprozess direkt beteiligt sind. Nach *REFA* wird sie unterteilt:

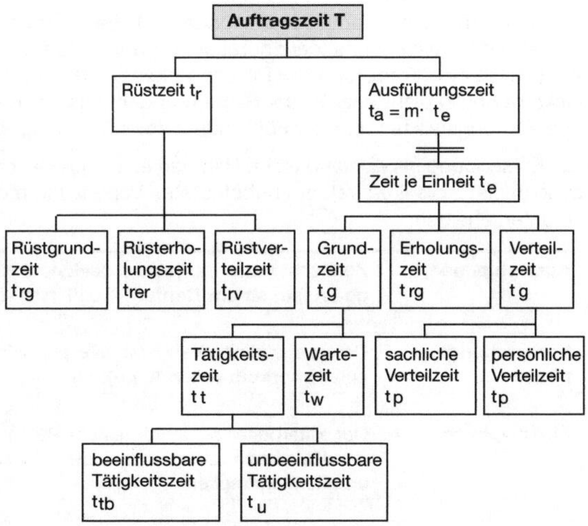

- Die **Rüstgrundzeit** ist die Zeit, während der ein Betriebsmittel vom Menschen gerüstet wird.
- Die **Grundzeit** betrifft die Zeit, die zum Ausführen einer Mengeneinheit durch den Menschen erforderlich ist.
- Die **Rüsterholungszeit** ist die beim Rüsten nötige Zeit, um die Ermüdung abzubauen, die durch das Rüsten eintrat.
- Die **Erholungszeit** bezieht sich auf eine Mengeneinheit. Ihre Länge orientiert sich an den Anforderungen, die an den Menschen gestellt werden. Bedeutsam ist, dass der Mitarbeiter seine Erholungszeit kennt, damit er sich darauf einstellen kann.
- Die **Rüstverteilzeit** entsteht beim Rüsten zusätzlich unplanmäßig durch den Menschen.
- Die **Verteilzeit** ist zusätzlich zur planmäßigen Ausführung eines Ablaufes durch den Menschen erforderlich. Sie bezieht sich auf eine Mengeneinheit und wird in der betrieblichen Praxis häufig als prozentualer Zuschlag zur Grundzeit angegeben.

Ausbildung	*Eiling/Schlotthauer (2009); Olfert (2012c); Rahn (2001); Ruschel u. a. (2009)*	**042**

Die Ausbildung ist eine berufliche **Erstausbildung**, die in einem anerkannten Ausbildungsberuf erfolgt. Sie ist im Berufsbildungsrecht [⇨ 047] geregelt. Im Berufsbildungsgesetz (BBiG) wird von **Berufsausbildung** gesprochen. Sie ist der Personalentwicklung [⇨ 163] zuzurechnen und kann sich beziehen auf:

- **Ausbildungsberufe ohne Spezialisierung**, die für alle Auszubildenden ein einheitliches Berufsbild ohne Differenzierungen enthalten.
- **Ausbildungsberufe mit Spezialisierung**, z. B. Kraftfahrzeugmechatroniker mit Fachrichtung Fahrzeugkommunikationstechnik, Nutzfahrzeugtechnik u. a.
- **Gestufte Ausbildungen** mit zwei Stufen der Ausbildung (mit Abschluss nach 2. und 3. Jahr), z. B. Bauten- oder Objektbeschichter (2 Jahre) ⇨ Maler und Lackierer (3 Jahre).

An der Ausbildung sind Ausbildende, Ausbilder und Auszubildende beteiligt. Sie ist geregelt in:

- **Ausbildungsberufsbildern**, worin die Ausbildungsinhalte festgelegt sind.
- **Ausbildungsordnungen**, die für jedes Berufsbild die Ausbildungsdauer, Kenntnisse und Fertigkeiten, sachliche und zeitliche Gliederung und Prüfungsanforderungen enthalten.
- **Ausbildungsrahmenplänen**, die ausführlich den Inhalt und Umfang der Lehrstoffe des Ausbildungsberufsbildes und die zeitliche Gestaltung der Ausbildung ausweisen.
- Die **Prüfungsordnungen** mit den für die Abschlussprüfungen notwendigen Regelungen.

In Deutschland erfolgt die Ausbildung üblicherweise im **»dualen System«**, d. h. im Unternehmen und in der Berufsschule mit wochentäglichem oder Blockunterricht. Es gibt aber auch **überbetriebliche Ausbildungsstätten**, in denen der berufspraktische Teil der Ausbildung erfolgt.

Auslandseinsatz	*Burghaus (2006); DGFP (1995); Horsch (1995); Kühlmann (2004); Mauer (2003); Olfert (2012c)*	043

Ein Auslandseinsatz kommt insbesondere für **Fach- und Führungskräfte** [⇨ 079] in Betracht, die z. B. verbesserte Aufstiegschancen, herausfordernde Aufgaben, mehr Selbstständigkeit und Verantwortung [⇨ 207] sowie eine Förderung der Persönlichkeit [⇨ 186] und Qualifikation [⇨ 192] damit anstreben. Für die **Unternehmen** dient er z. B. der Sicherung der Unternehmensinteressen vor Ort, dem Transfer von Fach- und Führungswissen und der Führungskräfteentwicklung.

Die Entsendung ins Ausland ist im Rahmen einer Delegation [⇨ 060] (3 bis 12 Monate), befristeten Versetzung (meist 3 bis 4 Jahre) und unbefristeten Versetzung möglich. Als **Phasen** des Auslandseinsatzes sind zu unterscheiden:

Auswahlphase	Zunächst muss der jeweils geeignete Kandidat gefunden werden, wozu **Interviews** und ggf. **Assessment Center** [⇨ 039] hilfreich sind.
	⇩
Vorbereitungsphase	Der ausgewählte Kandidat wird auf seine neue Aufgabe vorbereitet, insbesondere auch unter **interkulturellen Aspekten**.
	⇩
Einsatzphase	Der Mitarbeiter sollte von einem Paten betreut werden, zu Hause und im Gastland, um den **Kulturschock** zu überwinden. Die Betreuung sollte sich auch auf die Familie des Mitarbeiters erstrecken.
	⇩
Wiedereingliederungsphase	Sie schließt den Auslandseinsatz ab und muss sowohl beruflich als auch sozial erfolgen. Es kann zu einem **zweiten Kulturschock** kommen.

Da deutsche Unternehmen verstärkt im Ausland investieren, wird die Entsendung von Mitarbeitern [⇨ 128] ins Ausland immer bedeutsamer. **Probleme** können sich bei der Entlohnung [⇨ 162] und sozialen Sicherung der Mitarbeiter ergeben.

Autorität	*Bröckermann (2000); Neuberger (2002); Olfert (2012c); Rahn (2008b)*	044

Autorität ist durch Macht [⇨ 126] oder Können erworbenes **Ansehen** einer Führungskraft [⇨ 082]. Der Begriff kann auch eine soziale Einflussbeziehung beschreiben, die sich als wechselseitiges Beziehungsverhältnis zwischen Personen zeigt.

Formen der Autorität können sein:

- Die **formale Autorität**, die vorwiegend aus der Unternehmensverfassung und der Formalstruktur der Organisation abgeleitet wird. Sie erwächst kraft Amtes aus der Tätigkeit selbst heraus und wird aufgrund von Entscheidungs- bzw. Weisungsbefugnissen [⇨ 213] ausgeübt. Die formale Autorität stellt damit eine **positionale Autorität** dar.
- Die **personale Autorität**, die in den persönlichen Eigenschaften der Führungskraft begründet ist, z. B. in Ausstrahlungskraft, Reife, Wertschöpfungsverhalten, persönlicher Integrität, Erfahrung, Charisma, Zugänglichkeit. Sie begründet den Einfluss einer Person, auch wenn diese über keine formale Autorität verfügt.
- Die **fachliche Autorität** resultiert direkt aus der gegebenen Qualifikation [⇨ 192] der Führungskraft, d. h. sie betrifft das Wissen und Können einer Person auf einem bestimmten Gebiet. Die fachliche Autorität wird deshalb auch als **Fachautorität**, **Expertenautorität** oder **Sachautorität** bezeichnet.

  Eine Sonderform der fachlichen Autorität ist die **koordinative Autorität**, die sich in der Eignung der Führungskraft zeigt, sachliche und soziale Prozesse zu lenken und zu koordinieren.

Im Hinblick auf den **Führungserfolg** [⇨ 077] von Mitarbeitern sind vor allem die personale und die funktionale Autorität bedeutsam. Hat ein Vorgesetzter zwar gute Fachkenntnisse, ist aber menschlich nicht zugänglich, kann seine Autorität gefährdet sein. Dies gilt ebenfalls, wenn eine Führungskraft zwar Ausstrahlung hat, ihr aber die fachliche Qualifikation fehlt.

Bedürfnisse	*Olfert/Rahn (2010); Rahn (2008b); Olfert (2012a); v. Rosenstiel (2009); Weinert (2004)*	**045**

Ein Bedürfnis ist das Gefühl eines Mangels, den eine Person empfindet mit dem Streben, diesen zu beseitigen. Es stellt einen Beweggrund für menschliches Handeln dar. Die Bedürfnisse der Menschen sind praktisch unbegrenzt, die Mittel zu ihrer Befriedigung aber knapp. Die Summe der ökonomischen Bedürfnisse bilden den **Bedarf**, dem die **Bedarfsdeckung** gegenübersteht.

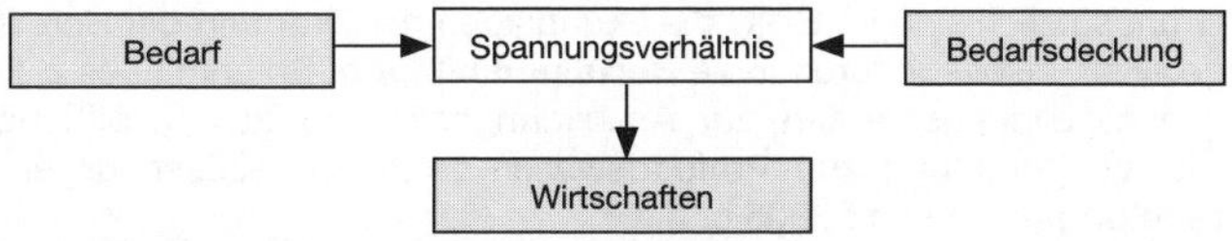

Das Spannungsverhältnis zwischen dem Bedarf und seinen Deckungsmöglichkeiten zwingt den Menschen zum **Wirtschaften**, z. B. nach dem ökonomischen Prinzip. Er muss die knappen Mittel zur Befriedigung der Bedürfnisse zielgerecht einsetzen. Die Unternehmen haben die Aufgabe, die Bedürfnisse zu decken und wecken, indem sie innerbetrieblich mitarbeiterbezogene Anreize schaffen sowie außerbetrieblich Güter und Dienstleistungen am Markt anbieten.

Die Bedürfnisse können vielfältiger **Art** sein. Es lassen sich z. B. unterscheiden:

- **Soziale Bedürfnisse**, die sich auf das Zusammenwirken von Menschen beziehen:

► Kontaktbedürfnisse	► Selbstaktualisierungsbedürfnisse
► Profilierungsbedürfnisse	► Bequemlichkeitsbedürfnisse
► Egoistische Bedürfnisse	► Geltungsbedürfnisse

- **Ökonomische Bedürfnisse**, die sich auf wirtschaftliche Gegebenheiten beziehen, z. B. Kaufbedürfnisse, Bedürfnisse nach Kosteneinsparung.

Bedürfnispyramide	*Bröckermann (2009); Olfert (2012a, 2012c); Rahn (2008b); Schanz (2000); Weibler (2001)*	**046**

Die Bedürfnispyramide von *Maslow* stellt eine hierarchische Ordnung der menschlichen Bedürfnisse [⇨ 045] dar. Dabei wird davon ausgegangen, dass ein nächsthöheres Bedürfnis erst dann aktualisiert wird, wenn das hierarchisch darunterliegende Bedürfnis befriedigt ist.

Die unteren vier Kategorien bezeichnet *Maslow* als **Defizitbedürfnisse**, die Selbstverwirklichungsbedürfnisse als **Wachstumsbedürfnisse**, die nur latente Bedürfnisse darstellen, solange die Defizitbedürfnisse nicht weitgehend befriedigt sind.

Beispiele für die einzelnen Bedürfnisse sind:

Selbstverwirklichungs-bedürfnisse	Eigene Fähigkeiten zur Geltung bringen; eigene Ideen durchsetzen; Macht [⇨ 126] ausüben; neue herausfordernde Aufgaben; Verstehen; Erfolge haben.
Anerkennungs-bedürfnisse	Anerkennung durch Förderung, Lob, Würdigung, Selbsteinschätzung; positives Selbstbild; Vertrauen in eigene Fähigkeiten; eine bestimmte Rolle, Rang, Status [⇨ 198].
Soziale Bedürfnisse	Gute Beziehungen zu Vorgesetzten, Kollegen, Mitarbeitern; Identifikation mit Organisationszielen; Zugehörigkeit zu einer sozialen Einheit.
Sicherheits-bedürfnisse	Sicherheit vor Verlust von Vorteilen und Möglichkeiten; Übersichtlichkeit von Gesetzen und Regeln; Wirkungsfähigkeit unentbehrlicher Mittel und Werkzeuge.
Physiologische Bedürfnisse	Essen, Trinken, Schlafen, Kleidung als Grundbedürfnisse; Licht, Klima, Sauberkeit als Milieubedürfnisse.

Berufsbildung(srecht)	*Nehls (2009); Olfert (2012c); Schellhöh/Weber (2006); Söhner (2008); Wurster (2005)*	047

Die Berufsbildung ist im Berufsbildungsgesetz (BBiG) rechtlich geregelt. Es bezieht sich auf die Berufsausbildungsvorbereitung, die berufliche Ausbildung [⇨ 042], die berufliche Fortbildung [⇨ 072] und die Umschulung [⇨ 205]. Bei der Durchführung der Berufsbildung wirken Unternehmen, berufsbildende Schulen und sonstige Berufsbildungseinrichtungen zusammen.

Grundsätzlich sind im BBiG die Grundlagen der Ordnung der Berufsbildung für alle Wirtschaftszweige geregelt, insbesondere für die **Berufsausbildung**. So enthält es z. B. Bestimmungen zur Anerkennung von Ausbildungsberufen, zur Ausbildungsordnung, zur Ausbildungszeit, zum Berufsausbildungsvertrag, zur Vergütung, zum Prüfungswesen, zu Prüfungsausschüssen und zu Bußgeldvorschriften. **Neuregelungen** sind seit 2005 u. a.:

- **Auslandsaufenthalte** können bis zu 25 % der gesamten Ausbildungsdauer ausmachen (§ 2 Abs. 3 BBiG).
- Die Berufsausbildung kann als **Stufenausbildung** geregelt werden.
- Nach **Ausbildungsordnung** kann die erste Prüfung nach 2 Jahren, die zweite Prüfung am Ausbildungsende erfolgen.
- Im Falle dieser Regelung entfällt die **Zwischenprüfung**.
- Die **Anrechnung** beruflicher Vorbildung auf die Ausbildungszeit wird von den Regierungen der Länder geregelt.
- Die tägliche und wöchentliche **Ausbildungzeit** kann in Ausnahmefällen verkürzt werden (Antrag bei IHK nötig).
- Der **Ausbildungsverbund** mehrerer Unternehmen ist möglich.
- Die maximale **Probezeit** beträgt vier Monate.
- Die **Eignung der Ausbilder** (früher 24 Jahre) ist nicht mehr vom Alter abhängig.

Besprechung	*Lipp/Will/Weidenmann u. a. (2008); Olfert (2012a, 2012c); Rahn (2008b); Seifert (2009)*	048

Die Besprechung ist eine Form der **Kommunikation** [⇨ 098], an der mehr als zwei Gesprächspartner (bis zu höchstens 15 Personen) teilnehmen. Sie sind ein bedeutsames Führungsmittel [⇨ 080], das vom Gespräch [⇨ 089] und der Konferenz [⇨ 102] abzugrenzen ist. **Arten** der Besprechung sind:

- Die **Mitarbeiterbesprechung**, die zwischen dem Vorgesetzten als Gesprächsleiter und mehreren Mitarbeitern [⇨ 128] geführt wird. Sie kann der Information [⇨ 094], Meinungsbildung und Beratung dienen. Die Mitarbeiter sind gleichberechtigte Gesprächspartner. Der Vorgesetzte will damit z. B. die Zusammengehörigkeit und den Bestand der Gruppe [⇨ 090] sichern.

- Die **Dienstbesprechung**, bei welcher der Vorgesetzte mehreren Mitarbeitern in Führungsfunktion gegenübertritt, indem er entscheidet, anordnet, kontrolliert, Mängel klärt, Lob oder Tadel auspricht. Er strebt an, die Gruppe zum Erreichen gesetzter Ziele [⇨ 216] zu bringen.

- Die **Expertenbesprechung**, an der mehrere Mitarbeiter beliebiger Ebenen als Sachverständige für ihr Sachgebiet teilnehmen. Sie beschäftigen sich mit der Analyse von anstehenden Problemen und Entscheidungen.

Für die Besprechung sind verschiedene **Regeln** zu beachten, wenn sie erfolgreich sein soll:

- Bei der **Vorbereitung** ist darauf zu achten, dass sie an einem ruhigen Gesprächsort, möglichst innerhalb der Arbeitszeit [⇨ 032] und außerhalb der Pausen, ohne Zeitdruck und rechtzeitig angekündigt stattfindet.

- Bei der **Durchführung** ist auf einen ausgewogenen Dialog, die Bereitschaft zum Zuhören, eine verständliche Sprache und auf Sachlichkeit zu achten.

Betriebsklima	*Hentze/Graf (2005); Olfert (2012c); Rahn (2008b); v. Rosenstiel (2007); Weinert (2004)*	**049**

Das Betriebsklima ist die allgemeine Stimmungslage, die von Mitarbeitern [⇨ 128] eines Unternehmens erlebt wird und als gut oder schlecht empfunden werden kann, wobei die Qualität der zwischenmenschlichen Beziehungen und der Zusammenarbeit dabei besonders bedeutsam ist. Einzelne **Einflussfaktoren** des Betriebsklimas können sein:

- Das **Vorgesetztenverhalten**, z. B. der Führungsstil [⇨ 082] des Abteilungsleiters
- Die **Mitarbeiterbeziehung**, z. B. die gegenseitige Akzeptanz der Gruppenmitglieder [⇨ 091]
- Die **Informationsmöglichkeiten**, z. B. die Gelegenheit, Fragen stellen zu können
- Die **Mitwirkungsmöglichkeiten**, z. B. der Handlungsspielraum der Mitarbeiter
- Die **Arbeitsorganisation**, z. B. die Art des Aufbaus bzw. Ablaufs der Arbeit [⇨ 008]
- Die **Unternehmensbeiträge**, z. B. Lohn, Sozialleistungen
- Die **äußeren Arbeitsbedingungen**, z. B. das Ausmaß der Belastung, die Pausen.

Das Betriebsklima beeinflusst die **Mitarbeiter** vor allem im Hinblick auf ihre:

- **Arbeitszufriedenheit** [⇨ 038], z. B. in der Beurteilung der Arbeitsbedingungen
- **Leistungsbereitschaft**, z. B. in der Einstellung zur Mehrleistung
- **Identifikation**, z. B. in der inneren Bindung an das Unternehmen.

In der Organisationspsychologie wird anstelle vom Betriebsklima vom **Organisationsklima** gesprochen. Es bezieht sich wie dieses auf Unternehmen, jedoch auch auf andere Organisationen, z. B. Schulen, Krankenhäuser.

Die Einschätzung des Betriebsklimas durch die Mitarbeiter ist für das Unternehmen von großer Bedeutung. Sie lässt sich durch Gespräche [⇨ 089], Besprechungen [⇨ 048] sowie Fragenbogenerhebungen herausfinden.

Betriebsrat	*Kotthoff (2004); Oechsler (2006); Olfert (2012a, 2012c); Schaub/Kreft (2006); Schoof (2007)*	**050**

Der Betriebsrat ist nach der Betriebsverfassung [⇨ 052] das zuständige Vertretungsorgan der Arbeitnehmer [⇨ 010] in einem Unternehmen, das mindestens fünf Arbeitnehmer ständig beschäftigt. Er ist im **Betriebsverfassungsgesetz** (BetrVG) geregelt:

- Die allgemeinen **Aufgaben** des Betriebsrates umfassen nach § 80 BetrVG:

  - ► Überwachung bei der Durchführung geltender Gesetze, Verordnungen und Vorschriften
  - ► Wahrnehmung von Antragsrechten beim Arbeitgeber [⇨ 009]
  - ► Entgegennahme von Anregungen der Arbeitnehmer
  - ► Förderung der Eingliederung Schwerbehinderter
  - ► Vorbereitung und Durchführung der Wahl der Jugendvertretung
  - ► Förderung der Beschäftigung älterer Arbeitnehmer im Unternehmen
  - ► Förderung der Eingliederung ausländischer Arbeitnehmer

  Der Betriebsrat kann bei der Durchführung seiner Aufgaben nach Vereinbarung mit dem Arbeitgeber Sachverständige hinzuziehen, so weit dies zur Erfüllung seiner Aufgaben nötig ist.

- Die **Einwirkungsmöglichkeiten** des Betriebsrates sind nach §§ 87, 88, 96-105 BetrVG:

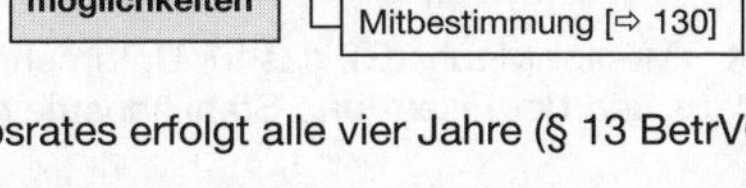

- **Die Wahl** des Betriebsrates erfolgt alle vier Jahre (§ 13 BetrVG).

Als **Gesamtbetriebsrat** vertritt der Betriebsrat die Gesamtinteressen der Arbeitnehmer mehrerer Betriebe eines Unternehmens (§ 47 ff. BetrVG). Es gibt auch den **Europäischen Betriebsrat**.

Betriebsvereinbarung	*Eichhorn/Hickler (2006); Heilmann (2008); Oechsler (2006); Olfert (2012a, 2012c)*	**051**

Die Betriebsvereinbarung ist ein **Vertrag** zwischen einem **Arbeitgeber** [⇨ 009] und dem **Betriebsrat** [⇨ 050], in dem alle Fragen geregelt werden können, die im Zuständigkeitsbereich des Betriebsrates liegen. Sie ist ohne Rücksicht auf den Inhalt von Arbeitsverträgen [⇨ 028] und Kenntnis der Vertragsparteien von den Inhalten der Betriebsvereinbarung wirksam (§ 77 Abs. 4 BetrVG).

Die Betriebsvereinbarung gilt für alle im Unternehmen tätigen Arbeitnehmer [⇨ 010]. Sie ist vom Arbeitgeber an geeigneter Stelle auszulegen (§ 77 Abs. 2 BetrVG). Ihre **Kündigung** ist, wenn nichts anderes vereinbart ist, mit einer Frist von drei Monaten möglich.

In einer **freiwilligen Betriebsvereinbarung** können nach § 88 BetrVG insbesondere **geregelt** werden:

- Zusätzliche Maßnahmen zur **Verhütung von Arbeitsunfällen** und **Gesundheitsschädigungen**.
- Die **Errichtung von Sozialeinrichtungen**, deren Wirkungsbereich auf den Betrieb, das Unternehmen oder den Konzern beschränkt ist.
- Maßnahmen zur **Förderung der Vermögensbildung**.

Spezielle Betriebsvereinbarungen können z. B. Datenschutzregelungen, Urlaubspläne, Beschlüsse über das Alkoholverbot, Regelungen zur Altersversorgung enthalten.

Die **Zulässigkeit** von Betriebsvereinbarungen wird durch § 77 Abs. 3 BetrVG eingeschränkt. Danach können Arbeitsentgelte und sonstige Arbeitsbedingungen, die durch Tarifvertrag [⇨ 200] geregelt sind oder üblicherweise geregelt werden, nicht Gegenstand von Betriebsvereinbarungen sein, es sei denn, dass ein Tarifvertrag dies ausdrücklich zulässt.

Betriebsverfassung(srecht)	*Besgen (2010); Fitting u. a. (2010); Gerum (2004); Hoyningen-Huene (2007); Olfert (2012c)*	**052**

Die Betriebsverfassung ist die arbeitsrechtliche Grundordnung, welche die Zusammenarbeit zwischen Arbeitgeber [⇨ 009] und Arbeitnehmern [⇨ 010] eines konkreten Unternehmens regelt. Es gibt:

- Das **Betriebsverfassungsgesetz** (BetrVG), in dem die Mitwirkungsmöglichkeiten der Arbeitnehmer geregelt werden. Wesentlicher Teil des BetrVG sind die Rechte auf Mitwirkung [⇨ 131] und Mitbestimmung [⇨ 130] des **Betriebsrats** [⇨ 050], die vor allem betreffen:

  - ▶ Soziale Angelegenheiten, z. B. Regelung von Arbeitspausen und Arbeitsabläufen.
  - ▶ Arbeitsplatzbezogene Angelegenheiten, z. B. Änderungen im Arbeitsbereich, Lärmbelästigung
  - ▶ Personelle Angelegenheiten, z. B. Einstellungen, Versetzungen und Kündigungen [⇨ 108] von Arbeitnehmern.
  - ▶ Wirtschaftliche Angelegenheiten, z. B. Informationen [⇨ 094] über die wirtschaftliche Lage des Unternehmens.

  Das BetrVG enthält auch Regelungen zum **Gesamt**- bzw. **Konzernbetriebsrat**, über **Betriebsversammlungen** und den **Wirtschaftsausschuss**. Es gilt für Unternehmen mit mindestens fünf regelmäßig beschäftigten Arbeitnehmern.

- Das **Mitbestimmungsgesetz** (MitbestG), das u. a. die Mitbestimmung der Arbeitnehmer im Aufsichtsrat von Kapitalgesellschaften mit mehr als 2.000 Arbeitnehmern regelt. Es enthält auch Regelungen bezüglich des **Arbeitsdirektors** [⇨ 017].

- Das **Montan-Mitbestimmungsgesetz** (MontanMitbestG), das für Unternehmen mit mehr als 1.000 Arbeitnehmern im Bereich des Bergbaus und der Eisen- und Stahlindustrie gilt.

Für öffentlich-rechtliche Unternehmen, karitative und erzieherische Einrichtungen der Religionsgemeinschaften gilt das **Personalvertretungsgesetz** (PerVG).

Bewerbung, *online*	*Hesse (2007); Hofert (2009, 2010); Jantzen (2008); Kipp (2010); Olfert (2012a, 2012c); Spona (2007)*	**053**

Für die Bewerbung unter Verwendung des Internets gibt es als Möglichkeiten:

- Die **E-Mail-Bewerbung**, die am häufigsten praktiziert wird. Wenn ein Unternehmen eine solche Bewerbung akzeptiert oder wünscht, sollte es darauf hinweisen und eine Kontaktadresse bereitstellen. Die Bewerbung kann erfolgen als:

  ► **Kurzbewerbung**, die wie ein traditionelles Anschreiben [⇨ 055] eine kurze Vorstellung des Bewerberprofils enthalten sollte, auf welches das Unternehmen interessiert reagieren kann.

  ► **Bewerbung als Anhang zur E-Mail**, bei der die Bewerbungsunterlagen [⇨ 056] als Dateianhänge übermittelt werden. Problematisch dabei können Kompatibilitätsprobleme sowie möglicherweise übertragene Viren sein.

- Das **stukturierte Formular**, das auf der Homepage des Unternehmens hinterlegt ist. Der Bewerber kann es abrufen, vollständig ausfüllen und direkt an den Server des Unternehmens senden. Da hier die vom Unternehmen erwartete Information [⇨ 094] vorstrukturiert ist, erweist sich diese Verfahrensweise im Hinbick auf den Bewerbungsprozess für das Unternehmen als sehr effizient.

- Die **Bewerber-Homepage**, die vom Stellensuchenden eingerichtet wird. Sie dient der Präsentation des Bewerbers, ist aber nicht stellenspezifisch ausgerichtet. Um an die erforderlichen Informationen zu gelangen, muss das Unternehmen jedoch erst einmal Kenntnis von der Existenz der Bewerber-Homepage erlangen.

  Dies kann geschehen, indem sich der Bewerber mit einer **E-Mail-Kurzbewerbung** an das Unternehmen wendet, in der auf die Bewerber-Homepage hingewiesen wird, auf welche das Unternehmen daraufhin zugreifen kann.

Bewerbung, *traditonelle*	*Hesse/Schrader (2008a); Olfert (2012a, 2012c); Püttjer/Schnierda (2010); Rohrschneider/Lorenz (2009)*	**054**

Die Bewerbung ist ein Vorgang, bei dem eine Person einem Unternehmen ihre Arbeitskraft anbietet. Sie kann schriftlich, mündlich oder – zunehmend – online [⇨ 053] geschehen. **Arten** der traditionellen schriftlichen Bewerbung können sein:

- Die **Vollbewerbung**, die bei einem Unternehmen aufgrund seines Stellenangebotes, z. B. in einer Stellenanzeige [⇨ 190], üblicherweise vorgenommen wird. Sie umfasst als Bewerbungsunterlagen [⇨ 056] das Bewerbungsschreiben [⇨ 055], ein Bewerberfoto, einen Lebenslauf [⇨ 118], Schulzeugnisse [⇨ 035], ggf. auch Referenzen und Arbeitsproben.

- Die **Kurzbewerbung**, die einem Unternehmen unaufgefordert – als »Blindbewerbung« – zugeschickt bzw. von einem Unternehmen als Erstinformation zunächst angefordert wird. Sie besteht vielfach aus dem Bewerbungsschreiben und dem Lebenslauf, ggf. dem letzten (Arbeits)zeugnis.

Im Hinblick auf die eingegangenen Bewerbungsunterlagen hat das Unternehmen mehrere **Pflichten**:

- Die sorgfältige und sichere Aufbewahrung der Bewerbungsunterlagen.
- Das Verbot, die Bewerbungsunterlagen beliebigen Mitarbeitern [⇨ 128] zugänglich zu machen.
- Das Verbot, die Bewerbungsunterlagen an ein anderes Unternehmen zu geben.
- Die unverzügliche Rücksendung der Bewerbungsunterlagen in ordnungsgemäßem Zustand, jedoch ohne das Bewerbungsschreiben und ohne den ggf. inzwischen ausgefüllten Personal(frage)bogen [⇨158], die im Unternehmen verbleiben.

Die **Auswertung** der Bewerbungsunterlagen geschieht üblicherweise im Zusammenwirken der Personalabteilung und der Fachabteilung. Vielfach werden dabei standardisierte Auswertungsbögen verwendet, welche die Arbeit vereinfachen.

Bewerbungsschreiben	*Coelius (2006); Hesse/Schrader (2008a); Olfert (2012c); Westerwelle/Westerwelle (2005)*	**055**

Das Bewerbungsschreiben dient dem Bewerber dazu, sein Interesse an der zu besetzenden Stelle darzulegen und sich selbst zu präsentieren. Es sollte eine Seite nicht überschreiten. Seine **Analyse** erfolgt nach mehreren Gesichtspunkten:

- Dem **Aussehen**, das über die Persönlichkeit des Bewerbers und die Ernsthaftigkeit seiner Bewerbung informieren sollte. Insbesondere werden eine klare Gliederung und ordentliche Gestaltung erwartet.
- Dem **Inhalt**, mit dem der Bewerber sich stellenspezifisch vorstellen sollte. Dabei hat er auf die z. B. in einer Stellenanzeige [⇨ 096, 190] deutlich gemachten Informationserwartungen des Unternehmens angemessen einzugehen. Zum Inhalt zählen z. B.:

  ► Grund der Bewerbung
  ► Gekündigtes/ungekündigtes Arbeitsverhältnis
  ► (Letzter) Arbeitgeber
  ► Ohne Arbeitsverhältnis
  ► Besondere Fähigkeiten/Kenntnisse
  ► Bisherige Aufgaben/Kompetenzen
  ► Letztes Einkommen
  ► Einkommenserwartung
  ► Frühester Eintrittstermin

- Dem **Stil** des Bewerbungsschreibens, der eine Einschätzung des Bewerbers ermöglicht, z. B. unter Betrachtung von:

  ► Ausdruck, der vorwiegend verbal und aktiv sein sollte.
  ► Satzbau, der sich einfach und unverschachtelt darstellen sollte.
  ► Satzverbindungen, die flüssig erfolgen sollten.
  ► Wortumfang, welcher der Position bzw. Aufgabe angemessen sein sollte.

Bewerbungsunterlagen	*Hesse/Schrader (2008a); Olfert (2012a, 2012c); Rohrschneider/Lorenz (2009); Püttjer/Schnierda (2010)*	**056**

Die schriftliche Bewerbung besteht als **Vollbewerbung** üblicherweise aus folgenden Unterlagen:

- Dem **Bewerbungsschreiben** [⇨ 055], das stellenspezifisch, klar gegliedert, ansprechend gestaltet und stilistisch einwandfrei sein soll. Es gibt einen ersten Eindruck über den Bewerber.
- Dem **Bewerberfoto**, das ein Fotografen-Foto neueren Datums, etwa in der Größe eines Passfotos sein soll. Es ermöglicht, äußere Auffälligkeiten beim Bewerber zu erkennen. Ggf. wird seine Bedeutung/Zulässigkeit aufgrund des **Gleichbehandlungsgesetzes** schwinden bzw. enden, wie dies z. B. in den USA (unzulässig) bzw. England (unüblich) ist.
- Dem **Lebenslauf** [⇨ 118], der in meist tabellarischer Form die Entwicklung des Bewerbers lückenlos zeigen soll. Er gibt insbesondere Aufschluss über Art und Zeiten der Beschäftigung, Zeiten ohne Beschäftigung, Arbeitsplatzwechsel und beruflichen Auf- oder Abstieg.
- Den **Schulzeugnissen**, die eher bei jüngeren Bewerbern über deren Eignung informieren sollen. Noten vermitteln kein objektives Bild, geben aber Anhaltspunkte für Begabungs- bzw. Leistungsschwerpunkte.
- Den **Arbeitszeugnissen** [⇨ 035], die lückenlos vorliegen sollen. Sie liefern Aufschlüsse über die bisherigen Tätigkeiten und deren Bewertung.

Weitere, nicht in jedem Falle einzureichende Unterlagen können sein:

- **Arbeitsproben**, z. B. Veröffentlichungen, die zusätzliche Informationen vermitteln.
- **Referenzen**, die praktisch Beurteilungen durch Nicht-Arbeitgeber sind und zusätzliche Angaben über die Person des Bewerbers enthalten. Ihr Nutzen ist umstritten.

Bildungskontrolle	*Becker (2005); Kijek u. a. (2006); Meier (2005); Olfert (2012c); Riekhof (2006); Tippelt (2010)*	**057**

Die Kontrolle der Personalbildung [⇨ 157] als Investition des Unternehmens ist unerlässlich. Zu unterscheiden sind:

- Die **ökonomische Kontrolle**, die eine quantitative Kontrolle ist, der Kosten und Erträge zu Grunde liegen. Während sich die Kosten von Bildungsmaßnahmen relativ einfach ermitteln lassen, sind die Erträge – und damit der Wert – dieser Maßnahmen im Sinne des erzielten Nutzens vielfach nur sehr schwer feststellbar. Es gibt:

  ▶ Eine Kostenkontrolle, mit der ergründet werden soll, inwieweit die Personalbildung dem Wirtschaftlichkeitsprinzip genügt. Dies geschieht durch den Vergleich von Sollkosten und Istkosten.

  ▶ Eine **Rentabilitätskontrolle**, in welche der Wert und die Kosten der Bildungsmaßnahme eingehen. Sie ist in folgender Weise möglich:

  $$\text{Rentabilität} = \frac{\text{Wert der Bildungsmaßnahme} - \text{Entstandene Kosten}}{\text{Entstandene Kosten}} \cdot 100$$

- Die **Erfolgskontrolle** mit der herausgefunden werden soll, inwieweit die Bildungsmaßnahme ihren Zweck erfüllt hat. Sie ist eine qualitative Kontrolle und häufig ähnlich schwierig wie die ökonomische Kontrolle. Es gibt:

  ▶ Die **Lernerfolgskontrolle**, die auf der Grundlage der vorgegebenen Lernziele erfolgt. Sie kann im Verlaufe oder zu Ende der Bildungsmaßnahme in Form von Befragungen, Prüfungen oder Tests [⇨ 062] geschehen.

  ▶ Die **Anwendungserfolgskontrolle**, bei der überprüft wird, inwieweit es gelungen ist, die durch die Bildungsmaßnahme vermittelten Kenntnisse und Fertigkeiten für die auszuführende Arbeitsaufgabe nutzbar zu machen, z. B. mithilfe von Befragungen, Beobachtungen am Arbeitsplatz und Personalbeurteilungen [⇨ 153].

Coaching	*Becker (2005); Fischer-Epe (2007); Migge (2007); Olfert (2012a, 2012c)*	**058**

Coaching ist eine Kombination aus individueller Beratung und persönlichem Feedback. Der Coach eines Mitarbeiters [⇨ 128] ist als Vorgesetzter oder als externer Berater ein Gesprächs- und Interaktionspartner, der die Persönlichkeit seines Coachee im Rahmen der Personalförderung [⇨ 165] weiterentwickeln soll. Es gibt:

- Die **amerikanische Auffassung** als ursprüngliche Form, bei welcher der Vorgesetzte als Coach fungiert und dem Mitarbeiter durch »Hilfe zur Selbsthilfe« Unterstützung zur besseren Bewältigung seiner täglichen Aufgaben gibt. Coaching ist damit ein Service für die Mitarbeiter zur Erhöhung ihres beruflichen Reifegrades.

  Es baut auf Vertrauen und partnerschaftlicher Beziehung zwischen dem Vorgesetzten und dem Mitarbeiter auf, wobei die Delegation [⇨ 060] von Verantwortung [⇨ 207] sowie ehrliches Feedback wesentliche Führungsinstrumente [⇨ 078] darstellen. Der Vorgesetzte unterstützt die Leistungsoptimierung des Mitarbeiters und hilft ihm, in seinem Arbeitsfeld koordinierter und erfolgreicher zu agieren. Dabei können neben arbeits- und karrierebezogenen Fragen auch private und persönliche Belange des Mitarbeiters in die Beratung einbezogen werden.

- Nach **deutscher Auffassung** stellt Coaching eine Betreuung von Führungskräften [⇨ 079] dar, die von einem außenstehenden Berater unter Verwendung psychologischer Methoden durchgeführt wird. Sie kann für einzelnen Führungskräfte, aber auch für Gruppen [⇨ 090] davon erfolgen.

  Ein Hauptinstrument des Coaching ist das **Gespräch** [⇨ 089], das sich auf Sachfragen, Reaktionen im sozialen Umfald, Verhalten [⇨ 207], Gefühle und Einstellungen der Führungskraft, Ziele [⇨ 216], Strategien, Konflikte [⇨ 103] und Widerstände beziehen kann. Dabei wird auf verborgene Gedanken, tabuisierte und schwierig fassbarer Überlegungen eingegangen, und Handlungsalternativen werden gemeinsam reflektiert.

Datenschutz	*Holey/Welter/Wiedemann (2007); Stahlknecht/ Hasenkamp (2004); Taeger/Gabel (2010)*	**059**

Der Datenschutz ist die Summe aller betrieblichen Vorkehrungen, die geeignet und erforderlich sind, die Persönlichkeitssphäre der Menschen zu schützen. Er ist im »Gesetz zum Schutz vor Missbrauch personenbezogener Daten bei der Datenverarbeitung« geregelt, das auch als **Bundesdatenschutzgesetz** (BDSG) bezeichnet wird.

Gegenstand des Gesetzes sind **personenbezogene Daten**, die in Dateien verarbeitet werden, worunter i. S. des Gesetzes gleichartig aufgebaute Sammlungen von Daten zu verstehen sind, die nach bestimmten Merkmalen erfasst und geordnet sind, und die maschinell sortiert und ausgewertet werden können.

Zielgruppen sind auch natürliche und juristische Personen oder andere Personenvereinigungen des Privatrechts. Als **Datenschutzmaßnahmen** sind nach § 6 Abs. 1 BDSG die Kontrolle von Informationen [⇨ 094] im Rahmen des Zugangs, Abgangs, Zugriffs und der Speicherung, Benutzung, und Übermittlung zu nennen. Bestimmte Unternehmen, die für eigene Zwecke Datenverarbeitung betreiben, müssen nach § 28 BDSG bis spätestens einen Monat nach Aufnahme ihrer Tätigkeit einen **Datenschutzbeauftragten** schriftlich bestellen, der u. a. folgende Aufgaben hat:

- Beratung beim Datenschutz
- Erstellung eines Dateninventars
- Erstellung eines Geschäftszweckverzeichnisses
- Erstellung einer Übersicht über die regelmäßigen Empfänger personenbezogener Daten
- Ausarbeitung und Kontrolle [⇨ 104] der Datensicherungsmaßnahmen
- Erarbeitung von Datenschutzberichten für die Unternehmensleitung.

Alle Beschäftigten, die mit Personaldaten umgehen, sind auf das **Datengeheimnis** zu verpflichten.

Delegation	*Bea/Göbel (2010); Olfert (2012a, 2012c); Rahn (2012); Wunderer (2009)*	**060**

Die Delegation ist die **Übertragung** klar umrissener **Aufgaben**, zugehöriger **Kompetenzen** [⇨ 101] und **Verantwortung** [⇨ 207] auf hierarchisch nachgeordnete Organisationseinheiten. Ein Vorgesetzter, der Sachaufgaben delegiert, hat im Rahmen seiner Führungsverantwortung die Folgen der Delegation zu tragen.

- **Vorteile** der Delegation können sein:

  - ► Zielorientierung tritt an Stelle von Verfahrensorientierung
  - ► Entlastung des Vorgesetzten, da weniger Routinearbeit erfolgt
  - ► Vertrauensbildung beim Mitarbeiter [⇨ 128], weil er mehr einbezogen wird
  - ► Positionsvorbereitung, wenn der Mitarbeiter geeignet ist
  - ► Motivation [⇨ 133] des Mitarbeiters, wenn er herausgefordert wird
  - ► Befriedigung des Bedürfnisses [⇨ 045] nach Persönlichkeitsentfaltung
  - ► Freisetzung von kreativem Potenzial durch stärkere Identifikation

- **Schwierigkeiten** können auftreten bei:

  - ► Überlastung des Mitarbeiters
  - ► Überforderung des Mitarbeiters
  - ► Leistungsschwäche des Mitarbeiters
  - ► Mangelndem Einverständnis des Mitarbeiters
  - ► Fehlerhafter Information [⇨ 094] des Mitarbeiters
  - ► Rückdelegation durch den Mitarbeiter
  - ► Unzulässiger Delegation an Mitarbeiter

Nicht alle Aufgaben, die ein Vorgesetzter zu bewältigen hat, lassen sich delegieren, z. B. schwierige Entscheidungen bzw. Beurteilungen und Erfolgskontrolle der direkt Unterstellten. Diese Funktionen müssen stets beim Vorgesetzten verbleiben. Auf der Delegation beruhende **Führungstechniken** [⇨ 088] sind das Management by Delegation und Management by Exception.

Drei-D-Konzept	*Hentze/Kammel/Lindert (2005); Olfert (2012c); Rahn (2012); Reddin (1981); Wunderer (2009)*	**061**

Das 3-D-Konzept von Reddin baut auf dem Verhaltensgitter [⇨ 209] auf und ergänzt dieses um eine weitere Dimension. Es umfasst damit:

- **Aufgabenorientierung** (hoch oder niedrig)
- **Beziehungsorientierung** (hoch oder niedrig)
- **Effektivität** (hoch oder niedrig).

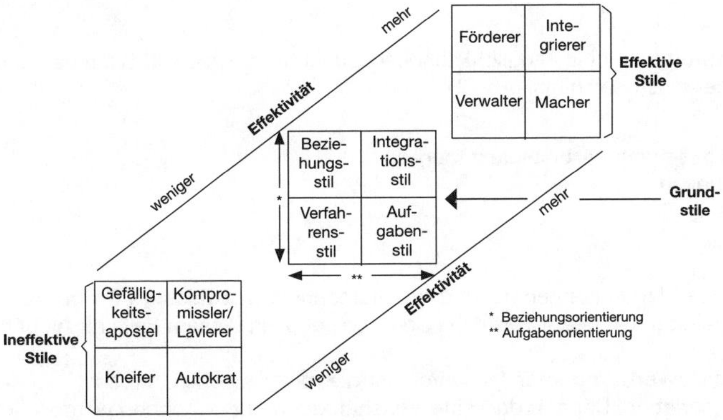

Auf diese Weise wird die **Situation** der Führung durch die Elemente Arbeitsweise und Anforderungen, Mitarbeiter [⇨ 128], Kollegen, Vorgesetzte und Organisationsstruktur bzw. Organisationsklima beschrieben. *Reddin* unterscheidet **Grundstile, ineffektive Führungsstile** und **effektive Führungsstile** [⇨ 082].

Eignungstest	*Hentze/Kammel (2001); Oechsler (2006); Olfert (2012c); Rauchfleisch (2008); Stopp (2006)*	**062**

Eignungstests sind **psychologische Untersuchungsverfahren**, die unter standardisierten Bedingungen zur Prüfung der Qualifikation [⇨ 192] für eine bestimmte Tätigkeit oder für einen Beruf durchgeführt werden. Sie lassen sich bei der Personalbeschaffung [⇨ 147] und Personalentwicklung [⇨ 163] einsetzen. Als Anforderungen gelten außer der **Objektivität** auch die **Reliabilität** als Zuverlässigkeit bei Wiederholungen und die **Validität**, d. h. Wertigkeit des Tests für die Zukunft.

Arten von Eignungstests sind:

- **Persönlichkeitstest**, mit deren Hilfe vor allem Interessen, innere Einstellungen und soziale Verhaltensweisen [⇨ 208] festgestellt werden sollen, z. B. als Formdeutetests und Farbtests.
- **Fähigkeitstest**, zu denen zählen:

Allgemeiner Leistungstest	Er versucht, die geistigen Leistungsmerkmale des Probanden zu erfassen und kann sich auf Konzentration, Aufmerksamkeit und Willenseinsatz beziehen.
Intelligenztest	Er untersucht die allgemeine Intelligenz, indem er sich auf das gesamte Urteils- und Denkvermögen des Probanden bezieht oder auf eine spezielle Intelligenz, z. B. Sprachbeherrschung, Rechengewandtheit, Denkfähigkeit.
Spezieller Begabungstest	Er versucht, z. B. die technische Begabung, Fingerfertigkeit und Geschicklichkeit festzustellen, wie es bei einer Drahtbiegeprobe möglich ist.
Spezieller Leistungstest	Er untersucht das Verhalten [⇨ 208] im Rahmen von Übungen unter Zeitdruck, z. B. die motorischen Funktionen.

Eignungstests sollten nur von Experten durchgeführt werden. Die Aussagekraft vereinzelter Tests ist begrenzt. Mehrere zusammenhängende Eignungstests werden als **Testbatterien** bezeichnet.

Eignungsuntersuchung, *ärztliche*	*Hentze/Kammel (2001); Kitter-Ohlms (2009); Olfert (2012a, 2012c); Schanz (2000)*	**063**

Die ärztliche Eignungsuntersuchung erfolgt vielfach bei der **Personalbeschaffung** [⇨ 147], um festzustellen, ob der Bewerber für einen bestimmten Arbeitsplatz infrage kommt. Mit ihrer Hilfe soll herausgefunden werden, inwieweit ein Bewerber den physischen Belastungen seiner künftigen Tätigkeit gewachsen ist. Sie hat damit **arbeitsplatz-** und **anforderungsspezifisch** zu erfolgen. Soweit vorhanden, ist im Unternehmen der Betriebsarzt für die Durchführung ärztlicher Eignungsuntersuchungen zuständig.

Über die **Tauglichkeit** wird eine Tauglichkeitsbescheinigung ausgestellt. Sie muss darauf beschränkt sein, den Bewerber einzustufen als:

- Tauglich
- Nur für den vorgesehenen Arbeitsplatz tauglich
- Anderweitig tauglich
- Zurzeit nicht tauglich
- Untauglich.

Enthält die ärztliche Eignungsuntersuchung arbeitsrechtlich **unzulässige Fragestellungen**, müssen diese nicht wahrheitsgemäß beantwortet werden. Sie gelten in diesem Falle als nicht beantwortet.

Bei **jugendlichen Bewerbern** (unter 18 Jahren) ist die medizinische Untersuchung nach § 32 Abs. 1 JArbSchG vorgeschrieben. Danach darf eine Beschäftigung nur begonnen werden, wenn der Bewerber innerhalb der letzten 14 Monate von einem Arzt untersucht worden ist und eine entsprechende Tauglichkeitsbescheinigung vorliegt.

Die ärztliche Eignungsuntersuchung bildet vielfach den **Abschluss der Personalauswahl** [⇨ 142].

Einarbeitung	*Drees (2009); Jung (2008); Olfert (2012a, 2012c); Ströker (2007); Weibler (2001)*	**064**

Die Einarbeitung von Mitarbeitern [⇨ 128], die im Unternehmen, ggf. aber auch lediglich in einem Unternehmensbereich bzw. einer Abteilung neu sind, sollte sorgfältig vorbereitet werden. Sie geschieht i.d.R. unter Verwendung eines **Einarbeitungsplanes** und umfasst mehrere Aktivitäten:

- Vorstellung bei den Mitarbeitern, mit denen sie regelmäßig zusammenarbeiten werden.
- Durchführung von Informationsgesprächen mit Stelleninhabern, die für sie wichtig sind.
- Präsentation des Arbeitsplatzes, Erläuterung und Unterweisung [⇨ 206] in die Aufgaben.
- Teilnahme an Besprechungen [⇨ 048] und Konferenzen [⇨ 102], die mit der Aufgabe zusammenhängen.
- Teilnahme an Betriebsbesichtigungen, Schulungen und Trainingsmaßnahmen.
- Zuordnung von Paten/Mentoren, um die Integration der neuen Mitarbeiter zu beschleunigen.

Die Fachabteilung führt die Einarbeitung als Ein- bzw. Unterweisung neuer Mitarbeiter durch, z. B. nach der **Vier-Stufen-Methode**. Sie soll planvoll und systematisch erfolgen, ohne die neuen Mitarbeiter gleich zu Beginn ihrer neuen Tätigkeit zu über- oder zu unterfordern, wie dies bei verbreitet vorzufindenen **Negativ-Strategien** erfolgt:

- Der **»Schonungs-Strategie«**, bei der Neulinge unterfordert und vom Vorgesetzten nicht auf ihre Fehler hingewiesen werden, sodass sich Fehler verfestigen können.
- Der **»Wirf-ins-kalte-Wasser-Strategie«**, bei der Neulinge mit ihrer Arbeit [⇨ 008] allein gelassen werden, was zu Misserfolgserlebnissen oder gar zu einem Schock führen kann.
- Der **»Entwurzelungs-Strategie«**, bei der eine bewusste Überforderung von Neulingen erfolgt, was zunehmend Fehlerhäufigkeit und Demotivation zur Folge haben kann.

Eine zentrale Rolle im Einarbeitungsprozess spielt das **Feedback**. Die Einarbeitung endet mit der **Integration** der neuen Mitarbeiter in das Unternehmen.

E-Learning	*Bendel/Hauske (2004); Häfele/Häfele (2008); Seufert/Euler (2004); Wilbers (2005)*	065

Das E-Learning ist das durch den Einsatz von Informations- und Kommunikationstechnologien unterstützte Lernen. Die hohen Qualifikationsanforderungen an Führungskräfte [⇨ 079] und Mitarbeiter [⇨ 128] in den Unternehmen sind in der zunehmenden Globalisierung, in der Wissensvermittlung bzw. Wissensaktualisierung und der Schnelllebigkeit der Märkte begründet.

Die **Personalentwicklung** [⇨ 163] muss sich heute auf die rasche technologische Entwicklung bzw. eine verstärkte Markt- bzw. Kundenorientierung einstellen. Dazu dienen z. B.:

- Das **Computer Based Training** (CBT), das **Lernprogramme** (z. B. auf CD, DVD oder über das Internet) bezeichnet, die vom Lernenden im Selbststudium zeitlich und räumlich flexibel nutzbar sind. Dabei stehen die Lernenden in der Regel nicht in Kontakt mit Lehrkräften oder Lernenden.
- Das **Autorensystem**, das Instrumente für die Erstellung digitaler Lernangebote liefert. Es hat den Zweck, Inhalte für ein Lernangebot zu erstellen bzw. aufzubereiten und bietet z. B. Dozenten die Möglichkeit der Entwicklung von Inhaltsunterlagen für das Internet, für eine CD-ROM oder für den Unterricht bzw. die Vorlesung, z. B. Bilder, Übungen, Abbildungen.
- Die **Videokonferenz**, die virtuelle Hörsäle hervorbringt, indem sie räumlich weit getrennte Dozenten bzw. Lernende direkt miteinander kommunizieren lässt. Es wird dabei auch von **Teleteaching** gesprochen. Die zunehmende Verbreitung der Internet-Verbindungen eröffnet dabei weitere Möglichkeiten, z. B. Audiokonferenzen mit installierter Videokamera.
- Das **Learning-Management-System** (LMS) unterstützt den gesamten Workflow des Veranstaltungsmanagements von Buchungs-, Lehr- und Lernprozessen bis hin zur Verwaltung von Online-Kursangeboten, z. B. Planung von Kursen/Seminaren, Erstellung von Lehrplänen.
- Das **Learning Content Management System** (LCMS) erstellt und liefert **Lerninhalte** (Content). Es hilft dem Lernenden beim Wiederverwenden, Auffinden und Nachbearbeiten dieser Inhalte. Dabei werden verschiedenen Experten Zugriffsmöglichkeiten auf das System eröffnet.

Entgeltteile, *sonstige*	*Brandt (2007); Berthel/Becker (2010); Hentze/Graf (2005); Olfert (2012c); Witt/Witt (2010)*	066

Neben dem Grundlohn – meist als **tariflicher Mindestlohn** – und ggf. ergänzenden Löhnen, insbesondere in Form von **Prämien**, **Zuschlägen** und **Gratifikationen**, können weitere Entgeltteile treten:

- **Erfindervergütungen**, die sich beziehen können auf:

  ▶ **Diensterfindungen** als während der Dauer des Arbeitsverhältnisses gemachte Erfindungen, die entweder aus der dem Arbeitnehmer [⇨ 010] obliegenden Tätigkeit entstanden sind oder maßgeblich auf den Erfahrungen oder Arbeiten des Unternehmens beruhen.

  ▶ **Freie Erfindungen** als all jene Erfindungen, die nicht zu den Diensterfindungen zählen. Auch sie müssen dem Arbeitgeber [⇨ 011] gemeldet werden, sofern sie nicht offensichtlich für ihn unverwertbar sind.

  Erfindungen und ihre Vergütung sind im **Arbeitnehmererfindungsgesetz** (ArbErfG) geregelt.

- **Vergütungen für Verbesserungsvorschläge**, die besondere Leistungen der Mitarbeiter [⇨ 128] im Rahmen des betrieblichen Vorschlagswesens [⇨ 211] sind. Sie sollen dazu dienen, bestehende Zustände im Unternehmen weiterzuentwickeln. **Grundsätze** der Vergütung und des Verfahrens des Vorschlagwesens finden sich in Tarifverträgen [⇨ 200], ersatzweise in Betriebsvereinbarungen [⇨ 051].

- **Erfolgsabhängige Vergütungen**, bei denen es um **Erfolgsbeteiligungen** [⇨ 067] geht, die Unternehmen ihren Mitarbeitern in Form materieller Leistungen gewähren. Erfolgsanteile können **ausbezahlt** oder im Unternehmen als Eigenkapitalbeteiligung oder Fremdkapitalbeteiligung **einbehalten** werden.

Erfolgsbeteiligung	*Berthel/Becker (2010); Hentze/Graf (2005); Olfert (2012c); Schneider/Fritz/Zander (2007)*	**067**

Die Erfolgsbeteiligung umfasst **materielle Leistungen** des Arbeitgebers [⇨ 009] an Arbeitnehmer [⇨ 010], die über den vereinbarten Lohn [⇨ 119] hinausgehen und auf einer vertraglich zugesicherten Beteiligung an einer betrieblichen Erfolgsgröße basieren. **Arten** der Erfolgsbeteiligung sind:

• **Leistungsbeteiligung**	**Produktionsbeteiligung**	Hier erhalten die Mitarbeiter [⇨ 128] eine Beteiligung für eine quantitative Erhöhung der Produktionsleistung.
	Produktivitätsbeteiligung	Die Mitarbeiter bekommen dann eine Erfolgsbeteiligung, wenn sich das Verhältnis der Leistung zu den Kosten positiv verändert hat.
	Kostenersparnisbeteiligung	Hier gilt als Bemessungsgrundlage die Höhe der Kosten. Durch Kosteneinsparungen können die Mitarbeiter eine Erfolgsbeteiligung erhalten.
• **Ertragsbeteiligung**	**Umsatzbeteiligung**	Die Mitarbeiter sind an den erwirtschafteten Umsatzerlösen beteiligt. Im Falle der Rohertragsbeteiligung werden die außerordentlichen Erträge bei der Verteilung nicht berücksichtigt.
	Bruttoertragsbeteiligung	Hier sind die Mitarbeiter am jeweils erwirtschafteten Bruttoertrag beteiligt, der für die Berechnung maßgeblich ist.
	Nettoertragsbeteiligung	Der Nettoertrag ergibt sich als Verteilungsbasis durch den Abzug von betrieblichen Aufwendungen bzw. von kalkulatorischen Kosten, z. B. kalkulatorischem Unternehmerlohn.
• **Gewinnbeteiligung**	**Bilanzgewinnbeteiligung**	Hier werden die Mitarbeiter an dem in der Handelsbilanz bzw. in der Steuerbilanz ausgewiesenen Gewinn beteiligt.
	Ausschüttungsgewinnbeteiligung	Bei der Ermittlung des Gewinnanteils der Mitarbeiter wird von dem an die Anteilseigner ausgeschütteten Gewinn ausgegangen.

Fallstudie	*Becker (2005); Bröckermann/Müller-Vorbrüggen (2008); Leßmann (2007); Mentzel (2008); Olfert (2012c)*	**068**

Die Fallstudie dient dazu, betriebliche Problemsituationen so realitätsnah wie möglich zu simulieren, um sie sodann von einzelnen Mitarbeitern [⇨ 128] oder in Gruppen [⇨ 090] analysieren und lösen zu lassen. Sie fördert das analytische Denken, die Entscheidungsfähigkeit, das kooperative Handeln und die aktive Mitarbeit der mit ihr befassten Mitarbeiter. Es gibt verschiedene **Arten**:

- Die **Case-Problem-Method** als einfachste und älteste Art der Fallstudie. Bei ihr geht es um eine kurze und vereinfacht dargestellte betriebliche Situation, die so konstruiert ist, dass nur eine Lösung möglich ist.

- Die **Incident-Method**, die auch als **Vorfallmethode** oder **Ereignismethode** bezeichnet wird. Bei ihr wird einer Gruppe ein Vorfall aus dem Unternehmen vorgelegt, die ihn bearbeiten soll. Dabei müssen die für die Lösung des Falles erforderlichen Daten erst noch ermittelt werden, was der Situation in der Praxis entspricht.

- Die **In-Basket-Exercise-Method**, bei der anhand eines realitätsnahen Falles gelernt werden soll, schnelle, effektive und richtige Entscheidungen zu treffen.

  Sie ist auch als **Postkorbmethode** bekannt, weil unter Zeitdruck die Posteingänge an einem Arbeitsplatz zu bearbeiten sind. Dabei ist jeweils zu entscheiden, wie vorzugehen ist, und ob eine Selbstbearbeitung oder Delegation der Vorfälle zu erfolgen hat.

- Die **Case-Study-Method**, die als klassiche Harvard-Methode gilt. Fallstudien dieser Art beruhen auf einer Begebenheit aus der Praxis. Typisch ist, dass alle sich anbietenden Lösungsansätze ermittelt werden, eine Entscheidung aber nicht gefällt wird.

Fehlzeiten	*Badura u.a. (2008); Berthel/Becker (2010); Bitzer (2008); Brandenburg (2009); Olfert (2012c); Thom (2004)*	**069**

Fehlzeiten können rechtsbezogen oder mitarbeiterbezogen sein. So gibt es:

- **Fehlzeiten im weiteren Sinne**, die aufgrund von Gesetzen, Tarifverträgen [⇨ 200], Betriebsvereinbarungen [⇨ 051] und Arbeitsverträgen [⇨ 028] anfallen. Sie sind vom Unternehmen nicht oder nur begrenzt beeinflussbar und damit kein unmittelbarer Gegenstand der Personalführung.
- **Fehlzeiten im engeren Sinne**, zu denen Krankheit, Kur und Unfall als Ereignisse bei Arbeitnehmern zählen. Von **Absentismus** wird gesprochen, wenn die Abwesenheit vom Arbeisplatz aufgrund besonderer Einstellungen oder Motivationen [⇨ 133] ohne ein direktes Krankenbild, aber möglicherweise mit einer vorgeschobenen Krankheit zu verstehen ist.

  Der Vorgesetzte hat im Rahmen der Personalführung Sorge zu tragen, dass sowohl »echte« als auch »vorgeschobene« Krankheiten in geringst möglichem Umfang auftreten, soweit dies beeinflussbar ist, z. B. durch eine zweckdienliche Gestaltung des Arbeitsplatzes und der Arbeitsbedingungen sowie eine bestmögliche Unfallverhütung.

Einflussgrößen für personenbedingte Abwesenheiten bzw. für deren Ausmaß sind:

- **Persönliche Faktoren**, die bei den Mitarbeitern liegen. Dazu zählen z. B. das Geschlecht (Frauen, Männer), das Alter (jüngere/ältere Mitarbeiter) und die berufliche Stellung (hierarchisch, Angestellte, Arbeiter).
- **Betriebliche Faktoren**, bei denen z. B. die Unternehmensgröße (Groß-/Kleinbetrieb) und die Arbeitsbedingungen (Arbeitsplatz-/Arbeitszeitgestaltung) bedeutsam sind.
- **Außerbetriebliche Faktoren**, wie z. B. Konjunktur (stark/schwach), Jahreszeit (Monate/Quartale), Wochentage und Wertewandel.

Fluktuation	*Berthel/Becker (2010); Bisani (2001); Gaugler/ Weber (2004); Jung (2008); Olfert (2012c)*	**070**

Fluktuation kann unterschiedlich beschrieben werden. Es ist möglich, darunter zu verstehen:

- Jeden Personalabgang beim Unternehmen
- Personalabgänge aufgrund beiderseitiger Vereinbarung von Arbeitgeber und Arbeitnehmer
- Personalabgänge als autonome Entscheidungen von Mitarbeitern [⇨ 128].

Vielfach werden die **»autonomen Entscheidungen«** der Mitarbeiter als Fluktuation angesehen, aufgrund derer sie freiwillig aus dem Unternehmen ausscheiden, um in einem anderen Unternehmen eine neue Tätigkeit aufzunehmen.

Für die »autonome« Entscheidung zur Fluktuation sind als **Faktoren** besonders bedeutsam:

- Die Arbeitszufriedenheit [⇨ 038], als grundlegender Faktor
- Die individuelle Einschätzung der Arbeitsplatzsicherheit
- Die individuelle Einschätzung der Arbeitsmarktchancen.

Ergänzend haben dabei z. B. als Faktoren einen **Einfluss**:

- ▶ Geschlecht
- ▶ Lebensalter
- ▶ Familienstand
- ▶ Soziale Faktoren
- ▶ Monetäre Faktoren
- ▶ Dauer der Betriebszugehörigkeit
- ▶ Berufliche Stellung
- ▶ Wirtschaftslage

Die durch die Fluktuation verursachten **Kosten** sind erheblich, weshalb sie nach Möglichkeit in Grenzen gehalten werden sollte. Andererseits kann Fluktuation aber auch hilfreich sein, um z. B. Arbeitsplätze abzubauen, leistungsfähigere Mitarbeiter (neu) beschaffen zu können und sich von unmotivierten Mitarbeitern zu trennen.

Förderungsplanung	*Becker (2009); Mentzel (2008a); Mudra (2004); Olfert (2012c); Riekhof (2006); RKW (1996)*	071

Mithilfe der Förderungsplanung lassen sich einzelne Mitarbeiter [⇨ 128] fördern, aber auch Arbeitsplätze in der Zukunft optimal besetzen. Zu ihr zählen:

- Die **Einarbeitungsplanung**, mit deren Hilfe alle für die Einarbeitung neuer Mitarbeiter notwendigen Aktivitäten gedanklich vorweggenommen werden.
- Die **Laufbahnplanung**, die – häufig in grafischer Form – die grundsätzliche Abfolge von Stellen aufzeigt, die ein Mitarbeiter während seiner beruflichen Entwicklung einnehmen kann. Dabei wird von bestimmten **Voraussetzungen** ausgegangen, besonders von gesammelten Erfahrungen, guten Beurteilungen und der Verfügbarkeit der Stellen. Mit ihrer Hilfe ist es möglich, einerseits **Motivation** [⇨ 133] bei Mitarbeitern auszulösen, andererseits aber auch **Frustration** zu bewirken, wenn die berufliche Entwicklung sich nicht wie geplant bzw. zu langsam realisiert.
- Die **Besetzungsplanung,** die erfolgt, um die Besetzung der vorhandenen Stellen mit Mitarbeitern sicherzustellen, d. h. es wird gedanklich vorweggenommen, **welche Stelle** in welchem Zeitraum **von wem besetzt** wird. Sie ist möglich als:

  ► Nachfolgeplanung, in die nur Stellen aufgenommen werden, bei denen es personelle Veränderungen gibt. Sie erfolgt, wenn die Zahl der Änderungen gering ist. Nachfolgepläne enthalten – als Listen oder Grafik – neben den Stellen die Namen der Betroffenen und die Zeitpunkte der Personalveränderungen.

  ► Stellenbesetzungsplanung, bei der alle Stellen mit den Namen der Stelleninhaber erfasst werden. Sie bietet sich bei umfangreichen Veränderungen an und kann manuell bzw. EDV-mäßig vorgenommen werden.

Fortbildung	*Becker (2009); Krause/Krause (2010); Mentzel (2008); Olfert (2012a, 2012c)*	072

Die Fortbildung umfasst alle Maßnahmen der **Personalentwicklung** [⇨ 163] zur Verbesserung der Mitarbeiterqualifikation, die auf der Ausbildung [⇨ 042] aufbauen. Sie wird auch als **Weiterbildung** bezeichnet. **Arten** der Fortbildung sind:

- Die **Erhaltungsfortbildung**, mit der fehlende Kenntnisse und Fertigkeiten ausgeglichen werden sollen, die durch die unterbrochene Ausübung des Berufes entstanden sind.
- Die **Erweiterungsfortbildung**, mit welcher der Erwerb zusätzlicher über die gegenwärtige Arbeitsaufgabe hinausgehender beruflicher Kenntnisse und Fertigkeiten angestrebt wird.
- Die **Anpassungsfortbildung**, die der Angleichung an veränderte Arbeitsbedingungen dient, als Training-on-the-job [⇨ 204] oder als Training-off-the-job [⇨ 203]. Sie ist oft durch den technischen Fortschritt bedingt.
- Die **Aufstiegsfortbildung**, die der Förderung der Karriere und damit dem Aufstieg in der Unternehmenshierarchie dient und somit vertikale Mobilität geschaffen wird.

Besondere **Bedeutung** haben die Anpassungs- und Aufstiegsfortbildung. Grundsätzlich umfasst die Fortbildung:

Bedarfs-ermittlung ⇨ Bedarfs-deckung

Die Fortbildung kann **intern** erfolgen, d. h. das Unternehmen entwickelt, plant und realisiert sie selbst. Die **externe Fortbildung** wird als Training-off-the-job durch eigenständige Bildungsträger/Trainer außerhalb des Unternehmens vorgenommen.

Fortbildung, *Bedarfsdeckung*	*Becker (2009); Mentzel (2008a); Olfert (2012c); Peterke 2006); Schiermann (2007)*	**073**

Die Deckung des Fortbildungsbedarfes schließt sich seiner Ermittlung [⇨ 074] an. Es gibt mehrere **Schritte**:

Formulierung der Lernziele	Sie können **Richtlernziele** (allgemein, sehr abstrakt), **Groblernziele** (weniger abstrakt) und **Feinlernziele** (genau, konkret) sein.
⇩	
Bestimmung der Zielgruppe	Sie sollte **homogen** sein, d. h. Gemeinsamkeiten der Teilnehmer, z. B. im Bildungsniveau oder Bildungsbedarf aufweisen. Alle grundsätzlich in Betracht kommenden Mitarbeiter sollten gleiche **Chancen** haben, ausgewählt zu werden.
⇩	
Festlegung der Lerninhalte	Sie erfolgt auf der Grundlage der Lernziele und kann sich auf **Kenntnisse**, **Fertigkeiten** und **Verhaltensweisen** [⇨ 128] beziehen.
⇩	
Bestimmung von Ort/Zeit	Zu bestimmen sind das benötigte **Zeitvolumen**, die **Anfangs-**, **Pausen-** und **Endzeiten** sowie der geeignete Ort (Lage, Akustik, Technik).
⇩	
Festlegung der Lernmethoden	Sie können **aktive Methoden** (Lernende in Lernprozess einbezogen) oder **passive Methoden** (nicht einbezogen) sein.
⇩	
Bestimmung der Lehrmedien	Es sind **visuelle** (optische) **Medien**, **akustische** (auditive) **Medien** sowie **audio-visuelle Medien** einsetzbar.
⇩	
Durchführung	Die Fortbildung wird als Maßnahme planmäßig realisiert.
⇩	
Kontrolle der Fortbildung	Sie bildet den Abschluss. Die Bildungskontrolle [⇨ 057] kann als **ökonomische Kontrolle** sowie als **Erfolgskontrolle** erfolgen.

Fortbildung, *Bedarfsermittlung*	*Loebe/Severing (2005); Meier (2005); Mentzel (2008a); Olfert (2012c); Schiermann (2007)*	**074**

Der erste Schritt, um die Fortbildung [⇨ 072] in geeigneter Weise bewerkstelligen zu können, ist die Ermittlung des Fortbildungsbedarfes. Sie erfolgt in folgender Weise:

Ermittlung der Anforderungen der Arbeitsaufgabe ⇨ Ermittlung der Qualifikation [⇨ 192] des Mitarbeiters [⇨ 128] ⇨ Ermittlung der Mitarbeiterinteressen ⇨ Festellung des Fortbildungsbedarfes

Zunächst sind die **Anforderungen** zu ermitteln, die an einen Mitarbeiter für die Bewältigung der zu Grunde liegenden Arbeitsaufgabe zu stellen sind. Sie beziehen sich z. B. auf Fachwissen, Qualität der Arbeit, Belastbarkeit, Überzeugungskraft, Kostenbewusstsein, Initiative, Ziele [⇨ 216] setzen, Delegieren [⇨ 060], Motivieren [⇨ 133].

Aus den Anforderungen können **Anforderungsprofile** erstellt werden – siehe Abbildung. Sind hinsichtlich der Arbeitsaufgabe zukünftig keine Veränderungen zu erwarten, kann eine ggf. vorhandene **Stellenbeschreibung** als Grundlage dazu genutzt werden, sofern ein Anforderungsprofil nicht ohnehin schon vorliegt.

Unterliegt die Arbeitsaufgabe zukünftig Veränderungen, kann nicht (ohne entsprechende Anpassung) auf eine frühere Stellenbeschreibung bzw. ein bisheriges Anforderungsprofil zurückgegriffen werden, da sie den künftigen Erfordernissen nicht gerecht werden. Das bedeutet, dass eine Neuerstellung erforderlich wird.

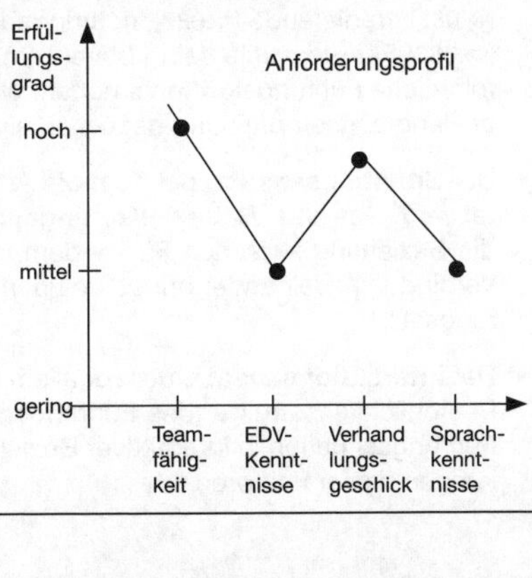

Fortbildung, *Bedarfsfeststellung*	*Berthel/Becker (2010); Freund/Knoblauch/Racké (2003); Mentzel (2008a); Olfert (2012a, 2012c)*	**075**

Die Feststellung des Fortbildungsbedarfes erfolgt mithilfe der **Anforderungsanalyse**. Sie ist ein Verfahren, mit dem die Erfordernisse festgestellt werden, denen ein Arbeitnehmer [⇨ 010] für eine bestimmte Aufgabenstellung gerecht werden sollte. Dabei wird nicht nur erhoben, welche Anforderungen die Arbeitsaufgabe mit sich bringt, sondern auch festgestellt, mit welchem Erfüllungsgrad diese Anforderungen ausgewiesen werden müssen. Es sind zwei **Profile** zu erstellen:

- Das **Anforderungsprofil** eines Arbeitsplatzes bzw. einer Stelle, das sich aus den künftigen Arbeitsinhalten ergibt. Sie sind mithilfe von Untersuchungen und Beobachtungen feststellbar.
- Das **Qualifikationsprofil** des Arbeitnehmers, das im Rahmen einer Analyse der Qualifikation [⇨ 192] aufgestellt wird. Seiner Feststellung dienen z. B. Personalbeurteilungen [⇨ 153].

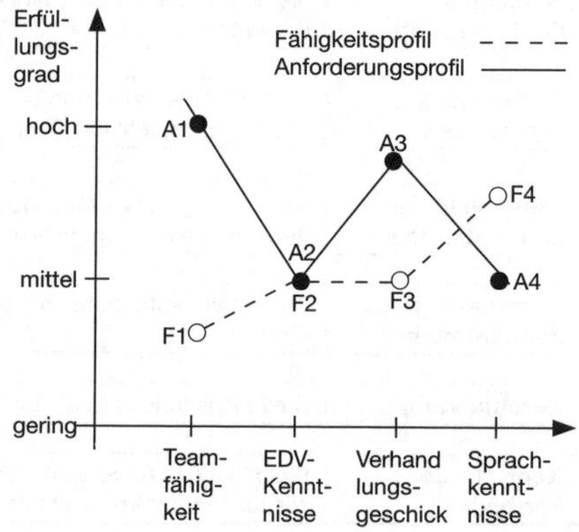

Durch den **Vergleich** des Anforderungsprofils mit dem Qualifikationsprofil eines Arbeitnehmers [⇨ 010] können im Rahmen der Personaleinsatzplanung [⇨ 161] Maßnahmen ausgelöst werden, z. B. der Personalentwicklung [⇨ 163] oder Versetzung. Der Vergleich legt offen:

- Qualitative **Unterdeckung** als Eignungsdefizit oder Qualifikationslücke (A1/F1, A3/F3)
- Qualitative **Überdeckung** als Eignungsüberschuss oder Anforderungslücke (A4/F4)
- Qualitative **Deckung** als Eignung (A2/F2).

Führungsansätze	*Abate (2008); Drumm (2008); Henze u. a. (2005); Neuberger (2002); Rahn (2008a, 2012)*	**076**

Führungsansätze sind anschaulich aufbereitete Aussagensysteme, in denen Ergebnisse der Führungsforschung zusammengefasst werden. Sie werden auch als **Führungstheorien** bezeichnet.

Als **Arten** von Führungsansätzen lassen sich nennen:

- Der **Eigenschaftsansatz**, der davon ausgeht, dass die Eigenschaften der Führungskraft [⇨ 079] für den Führungserfolg [⇨ 077] entscheidend sind. Der Führende zeichnet sich gegenüber den Geführten z. B. durch Sachkenntnis, Fähigkeiten, Selbstsicherheit, Gewandtheit, Konstitution und Intelligenz aus. Dieser Ansatz ist der älteste Erklärungsansatz der Führung.
- Der **Verhaltensansatz**, der sich vor allem mit den Führungsstilen [⇨ 082] beschäftigt, die klassische [⇨ 085], tradierende [⇨ 087], richtungsbezogene [⇨ 086], gruppenorientierte [⇨ 084] und dimensionale [⇨ 083] Führungsstile sein können. Im Mittelpunkt der Betrachtungen steht die Frage, wie sich erfolgreiche Führungskräfte verhalten, wenn sie Mitarbeiter [⇨ 128] zu führen haben. Eine abgesicherte Handlungsempfehlung bezüglich eines optimalen Führungsstils gibt es aber nicht.
- Der **Situationsansatz**, bei dem die Art der Führung an der jeweiligen Führungssituation ausgerichtet wird. Das ist z. B. beim **Kontingenzansatz** gegeben, der die Positionsmacht der Führungskraft, die Beziehung zwischen Führendem und Mitarbeiter und die konkrete Aufgabenstruktur in direkte Verbindung zueinander bringt. Je nach der Situation ergibt sich dann der jeweils angemessene Führungsstil.
- Der **Interaktionsansatz**, der vor allem im deutschen Sprachraum diskutiert wird. Bei ihm werden die Persönlichkeitsstruktur des Führenden, die Gruppenmitglieder [⇨ 091], die Gruppe [⇨ 090] und die Führungssituation in interaktiver Beziehung gesehen. Der Interaktionsansatz betont die Wechselwirkungen dieser Faktoren.

Führungserfolg	Jahn (2007); Kieser (2004); Olfert (2012c); Rahn (2008a); Rostenstiel/Regnet/Domsch (2009)	077

Der Führungserfolg ist das Ergebnis, das die Führungskraft [⇨ 079] in Erfüllung ihrer Führungsaufgabe erzielt. Er kann positiv oder negativ sein. Zu unterscheiden sind:

- **Einflussfaktoren** des Führungserfolges, zu denen vorrangig zählen:
  - ▶ Der **Vorgesetzte** als Führungskraft [⇨ 079], der sich durch seine **Autorität** [⇨ 044], seine **Eigenschaften** als Persönlichkeitsmerkmale (z. B. Intelligenz, Belastbarkeit, Überzeugungskraft), sein **Menschenbild**, das positiv (Y-Theorie der XY-Theorie) [⇨ 214] sein sollte, sein **Verhalten** [⇨ 208] (z. B. kooperativ, autoritär, personenbezogen, aufgabenbezogen), seine **Disposition** (geistige und seelische Verfassung) und **Kondition** (körperliche Verfassung) auszeichnet.
  - ▶ Die **Mitarbeiter** [⇨ 128], die durch ihre **Fähigkeiten**, ihre **Eigenschaften**, ihre **Einstellungen** zum Vorgesetzten, ihr **Verhalten** sowie ihre **Disposition** und **Kondition** geprägt sind.
  - ▶ Die **Führungssituation**, an der sich das Führungsverhalten des Vorgesetzten auszurichten hat, z. B. als Aufgabeninhalt, Arbeitsplatz, Arbeitsklima.
- **Erfolgsfaktoren** des Führungserfolges, die darstellen:
  - ▶ Die **Effektivität** der Führung als wirtschaftliche Wirksamkeit, die auf Quantität und Qualität der erbrachten Leistung gerichtet ist. Ausgangspunkt ihrer Bestimmung sind die Organisationsziele und der Erfüllungsgrad der betrieblichen Sach- und Aufgabenziele. Als Leistungsgrößen lassen sich z. B. Umsatz oder Gewinn nennen.
  - ▶ Die **Effizienz** der Führung als soziale Wirksamkeit des Führungsverhaltens, zu der gerechnet werden können:

Effizienz der Führung
- Arbeitszufriedenheit [⇨ 038]
- Betriebsklima [⇨ 049]
- Konflikt [⇨ 103]
- Mobbing [⇨ 132]
- Fehlzeiten [⇨ ß69]
- Innere Kündigung [⇨ 111]
- Fluktuation [⇨ 070]

Führungsinstrumente	Becker (2002); Drumm (2008); Olfert (2012c); Rahn (2008a); Weibler (2001, 2004a+b)	078

Führungsinstrumente sind Ausdruck des **Führungs-Mix**, das auf einen vom Vorgesetzten und Mitarbeiter [⇨ 128] gemeinsam zu erzielenden Führungserfolg [⇨ 077] ausgerichtet ist. Zu unterscheiden sind als Führungsinstrumente:

Führungsinstrumente
- Führungsstile [⇨ 082]
- Führungsmittel [⇨ 080]
- Führungstechniken [⇨ 088]

Souveräne Vorgesetzte kombinieren die Führungsinstrumente so, dass die Mitarbeiter eigene Ziele [⇨ 216] durch ihren persönlichen Einsatz für die Ziele des Unternehmens optimal realisieren können. Die Kombination der Führungsinstrumente kann bei den Mitarbeitern aber auch weniger erfolgreich sein. Die **Problematik** liegt für die Führungskraft [⇨ 079] in der richtigen situationsbezogenen Kombination des Führungs-Mix, die in der Praxis nicht einfach zu handhaben ist. Dafür gibt es z. B. folgende Begründungen:

- Aufgrund der **Vielzahl** von Möglichkeiten ist eine eindeutige Zuordnung der Führungsinstrumente zu bestimmten Verhaltensweisen charakterlich verschiedener Mitarbeiter bzw. zu abweichenden Situationen nur unter Schwierigkeiten möglich.
- Da das **Verhalten** [⇨ 208] der Mitarbeiter im voraus oft nicht »berechnet« werden kann, ist das Führungs-Mix nicht ohne weiteres optimierbar. Deshalb ist für jeden Vorgesetzten bei der Führung auch Improvisation nötig.
- Die **Identifikation** der Mitarbeiter mit den Zielen des Unternehmens ist mitunter nicht zu erreichen, obwohl die Führungskräfte das Führungs-Mix optimal einsetzen.

Führungskraft	*Olfert/Pischulti (2010); Oechsler (2006); Olfert (2012a, 2012c); Rahn (2008a, 2012)*	**079**

Die Führungskraft ist grundsätzlich ein Vorgesetzter, der die Aufgabe hat, die ihm unterstellten Mitarbeiter [⇨ 128] so zu beeinflussen, dass sie erfolgreich arbeiten. Möglich ist aber auch, dass eine Führungskraft keine Mitarbeiter führt, z. B. als Spezialist. Die Führungskraft auf höherer Ebene zeichnet sich aus durch:

- **Persönlichkeit** [⇨ 186], die für den Führungserfolg bedeutsam ist.
- **Autorität** [⇨ 044] als wesentliche Legitimationsgrundlage der Personalführung [⇨ 169].
- **Leistungsbereitschaft**, z. B. Engagement, innere Motivation [⇨ 133], Leistungswille, Initiative.

Nach dem jeweiligen **Verhaltenstyp** werden unterschieden:

Strenge Führungskräfte	Sie haben eine Neigung zu autoritärem Führungsverhalten und erwarten, dass ihnen überall Respekt entgegengebracht wird.
Sachliche Führungskräfte	Sie führen vorrangig mit Richtlinien, Rundschreiben, Dienstanweisungen und Vorschriften. Formalismus und Bürokratie sind nicht selten.
Muntere Führungskräfte	Sie verstehen es, ihre Mitarbeiter anzuspornen und mitzureißen. Oft aber mögen sie kein übertriebenes Gleichmaß und sind schlechte Zuhörer.
Kritische Führungskräfte	Sie prüfen mit einem gewissen Misstrauen alle Vorgänge auf Verbesserungsmöglichkeiten. Anderen halten sie gerne einen Spiegel vor, sind aber vielfach selbst kritikanfällig.
Ehrgeizige Führungskräfte	Sie betonen die Anforderungen des Leistungssystems mehr als die des menschlichen Bereichs. Fehler werden bestraft. Stress wird durch Dominanz und Machteinsatz bekämpft.
Humane Führungskräfte	Sie haben Verständnis für ihre Mitarbeiter und neigen zu kooperativem Führungsverhalten. Dabei verstehen sie es zu ermutigen. Auseinandersetzungen gehen sie aus dem Wege.
Hektische Führungskräfte	Sie stehen ständig unter Termindruck und Anspannung, haben wenig Zeit für die Probleme ihrer Mitarbeiter, setzen sich aber voll für das Unternehmen ein.
Souveräne Führungskräfte	Sie haben keine Probleme mit der Führung und besitzen die Fähigkeit zur präzisen Analyse, erkennen schnell das Machbare und verfügen über Überzeugungskraft bzw. Autorität.

Führungsmittel	*Olfert (2012a, 2012c); Olfert/Pischulti (2011); Olfert/Rahn (2010); Rahn (2008a, 2012)*	**080**

Führungsmittel sind **Führungsinstrumente** [⇨ 078], die das Führungsverhalten [⇨ 208] einer Führungskraft [⇨ 079] zeigen und unmittelbar eingesetzt werden, um das Personal zum Führungserfolg [⇨ 077] zu bringen. Der Führungskraft steht eine Vielzahl von Führungsmitteln zur Verfügung, deren wesentliche sind:

Welche Führungsmittel von der Führungskraft im Rahmen ihrer Personalführung genutzt werden, hängt von verschiedenen **Faktoren** ab. Dazu können insbesondere gerechnet werden:

- Persönlichkeit [⇨ 186] der Führungskraft
- Persönlichkeit der Mitarbeiter
- Verhalten [⇨ 208] der Mitarbeiter
- Jeweilige Führungssituation
- Erfolg der Mitarbeiter
- Misserfolg der Mitarbeiter.

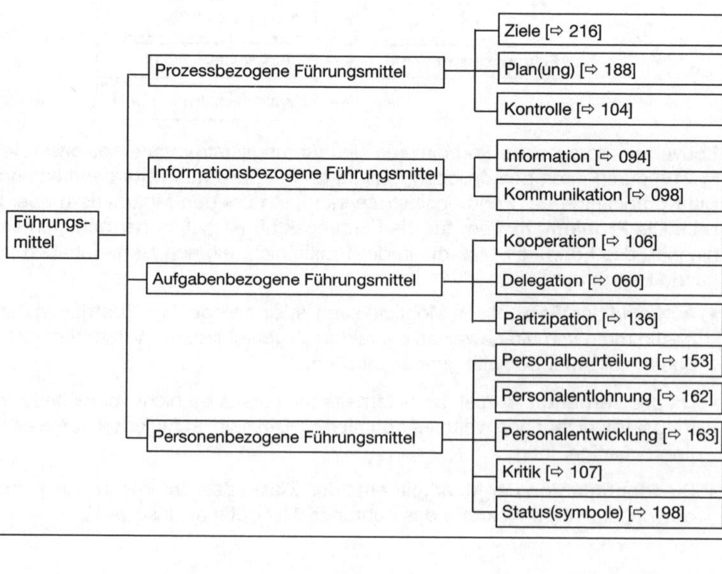

Führungsprozess

Olfert (2009c); Olfert (2012c); Olfert/ Rahn (2010); Rahn (2008a, 2012)

081

Der personenbezogene Führungsprozess ist die Abfolge der zielgerichteten Beeinflussung des Verhaltens [⇨ 208] der Mitarbeiter. Er umfasst als **Phasen** grundsätzlich:

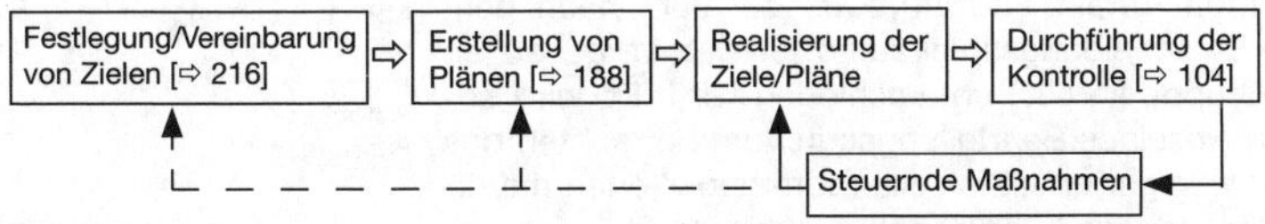

- In **vertikaler** Sicht gibt es personenbezogene Prozesse der Individualführung (einzelne Mitarbeiter), Gruppenführung (Gruppenmitglieder), Bereichsführung (Mitarbeiter von Abteilungen) und Gesamtführung, die sich auf das gesamte im Unternehmen beschäftigte Personal bezieht.
- In **horizontaler** Sicht bestehen die Prozesse in der Führung der Mitarbeiter [⇨ 128] der verschiedenen Funktionsbereiche des Unternehmens, z. B. in der Personalabteilung als:

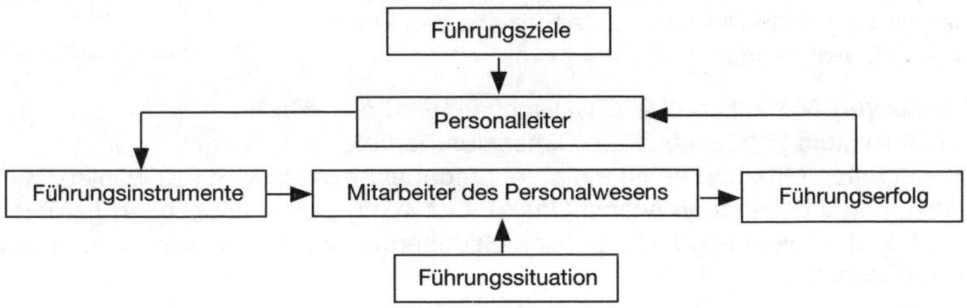

Führungsstil

Drumm (2008); Olfert (2012a, 2012c); Rahn (2008a); Neuberger (2002); Wunderer (2009)

082

Der Führungsstil ist ein **Führungsinstrument** [⇨ 078], das die Grundhaltung zeigt, mit der Vorgesetzte die ihnen unterstellten Mitarbeiter [⇨ 128] beeinflussen. Mit dem Führungsstil wird ein **idealtypisches Verhaltensmuster** des Vorgesetzten beschrieben.

Der Einsatz eines bestimmten Führungsstils ist durch die Persönlichkeit [⇨ 186], die Macht [⇨ 126] und die Erfahrungen sowohl des Vorgesetzten als auch der Mitarbeiter sowie durch die jeweilige Führungssituation bedingt. In der **Führungspraxis** gibt es eine Vielzahl von Modifikationen und Mischungen der Führungsstile. Zu unterscheiden sind:

Das Konzept des Führungsstiles weist vor allem drei **Probleme** auf:

- Die Leistung, die mithilfe des Führungsstiles erzielt werden soll, beinhaltet **mehrere Komponenten**, die nicht ohne weiteres zu einer einheitlichen Zielgröße zusammenfassbar sind.
- Der Führungsstil wird als Ursache angesehen, mit der eine bestimmte Wirkung – die Leistung der Mitarbeiter – erzielt wird. Dieses **Ursachen-Wirkungs-Verhältnis** muss nicht zutreffen, vielmehr kann es vorkommen, dass die – gute oder schlechte – Leistung der Mitarbeiter den Vorgesetzten erst veranlasst, einen speziellen Führungsstil anzuwenden.
- Die **Führungssituation** wird als **gleichbleibend** angesehen. Tatsächlich können die Mitarbeiter jedoch im Zeitablauf unterschiedliche Erwartungen an den Vorgesetzten richten, der Vorgesetzte kann seine Einstellung zu den einzelnen Mitarbeitern ändern.

Führungsstile, *dimensionale*	*Bröckermann (2000, 2007); Hentze/Kammel (2001); Olfert (2012a, 2012c); Rahn (2008a+b); Staehle (1999)*	**083**

Dimensionale Führungsstile beziehen sich auf verschiedene **Verhaltensdimensionen**. Zu unterscheiden sind:

- Der **eindimensionale Führungsstil**, bei dem nach dem Grad des Entscheidungsspielraums für den Vorgesetzten oder die Gruppe [⇨ 090] unterschieden wird. Es wird somit nur ein einzelnes Beurteilungskriterium betrachtet, das mehr oder weniger erfüllt ist. Als Extrempositionen auf einer Geraden sind die Führungsstile – Abb. 1:

Abb. 1

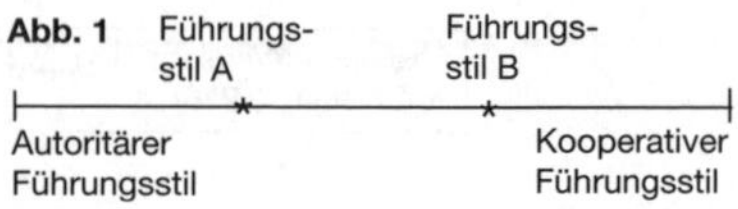

- Der **zweidimensionale Führungsstil**, der als **Verhaltensgitter** [⇨ 209] der Führung dargestellt wird. Er enthält in der Vertikalen das personenorientierte und in der Horizontalen das aufgabenorientierte Führungsverhalten – Abb. 2:
- Der **dreidimensionale Führungsstil**. Hier gibt es verschiedene Konzepte, z. B. die **3-D-Konzeption** von *Reddin* [⇨ 061]. Bei ihr wird als dritte Dimension die Effizienz des Führungsstils [⇨ 082] einbezogen.

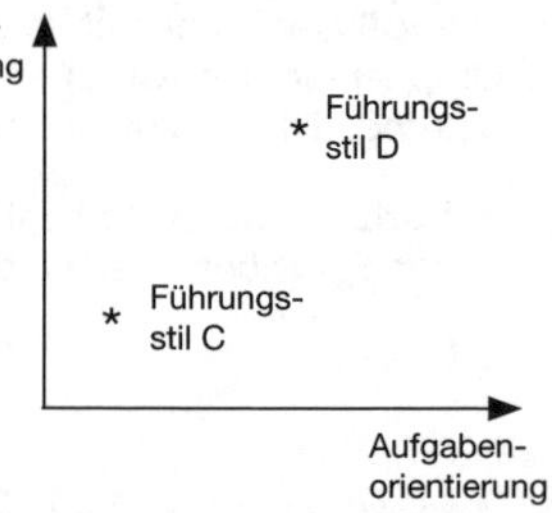

Abb. 2

  Im **Glockenkurven-Modell** von *Hersey/Blanchard* wird die Reife des Mitarbeiters [⇨ 128] als dritte Dimension berücksichtigt. Bei unreifen Mitarbeitern ist ein stark aufgabenbezogener Stil zu wählen. Reife Mitarbeiter sollten wenig aufgabenbezogen (wenig Druck) und wenig personenbezogen geführt werden, d. h. Motivation [⇨ 133] ist nicht nötig. Der je nach Gegebenheit wechselnde Stil wird als **situativer Führungsstil** bezeichnet.

Führungsstile, *gruppenbezogene*	*Olfert/Rahn (2010); Olfert (2012c); Rahn (2006, 2008a, 2012)*	**084**

Gruppenorientierte Führungsstile beschreiben die Art und Weise, wie ein Vorgesetzter die ihm unterstellte Gruppe [⇨ 090] bzw. deren Gruppenmitglieder [⇨ 091] führt. Die **Gruppenführung** erfolgt unter Beachtung der jeweiligen Gruppensituation und ist auf einen gemeinsam zu erzielenden Gruppenerfolg hin ausgerichtet. Gruppenbezogene Führungsstile können sein:

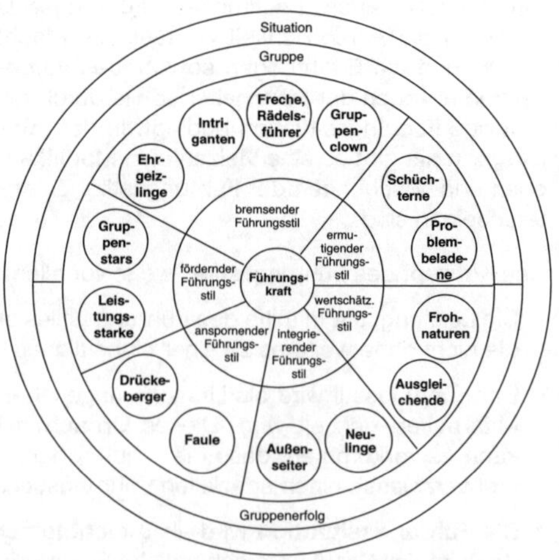

- **Integrierend** bei Neulingen, Außenseitern, z. B. durch geschicktes Heranführen an die Gruppe und durch Anbieten von Hilfe.
- **Anspornend** bei Drückebergern, Faulen, z. B. durch gezieltes Aktivieren ihrer Leistungsreserven und klar definierte Ziele [⇨ 216].
- **Fördernd** bei Leistungsstarken, Gruppenstars, z. B. durch Übertragung von Kompetenzen [⇨ 101] und Verantwortung [⇨ 207].
- **Bremsend** bei Rädelsführern, Frechen, Querulanten, z. B. durch gütige Strenge und Autorität [⇨ 044] bzw. Hinsteuern auf die Leistungsziele.
- **Ermutigend** bei Schüchternen, Problembeladenen, z. B. durch Ermunterung, Verständnis, Anteilnahme und positive Haltung.
- **Wertschätzend** bei Frohnaturen, ausgleichenden bzw. geselligen Gruppenmitgliedern, z. B. durch Anerkennung ihrer Gruppenbeiträge.

Führungsstile, *klassische*	*Bröckermann (2000, 2007); Mahlmann (2002); Olfert (2012a, 2012c); Rahn (2008a, 2012); Staehle (1999)*	**085**

Arten klassischer Führungsstile sind:

- Der **autoritäre Führungsstil**, bei dem die betrieblichen Aktivitäten vom Vorgesetzten gestaltet werden, ohne dass die Untergebenen beteiligt werden. Der Vorgesetzte trifft seine Entscheidungen ohne Einbeziehung seiner Mitarbeiter [⇨ 128] und erwartet totalen Gehorsam. Bei Fehlern wird bestraft statt zu helfen. Seine Entscheidungen sind Anordnungen.

  Der **Vorteil** dieses Führungsstils liegt in der relativ hohen Entscheidungsgeschwindigkeit. Als **Nachteil** sind hingegen die mangelnde Motivation [⇨ 133] der Mitarbeiter und die Gefahr von Fehlentscheidungen durch überforderte Vorgesetzte zu nennen.

- Der **kooperative Führungsstil**, bei dem die betrieblichen Aktivitäten im Zusammenwirken des Vorgesetzten und der Mitarbeiter abgestimmt werden. Der Vorgesetzte bezieht seine Mitarbeiter in den Entscheidungsprozess ein und erwartet sachliche Unterstützung. Bei Fehlern wird i. d. R. nicht bestraft, sondern Hilfe angeboten. Durch Delegation [⇨ 060] wird Verantwortung [⇨ 207] übertragen.

  Die **Vorteile** des kooperativen Führungsstils liegen vor allem in der hohen Motivation der Mitarbeiter und in der Entlastung des Vorgesetzten. Die Entscheidungsgeschwindigkeit kann aber sinken.

- Der **Laissez-faire-Führungsstil**, der eigentlich eher kein Führungsstil ist. Bei ihm werden die Mitarbeiter als isolierte Individuen betrachtet werden. Es wird versucht, ihre Motivation durch Freiheitsgrade zu bewirken. Die Informationen [⇨ 094] fließen mehr oder weniger zufällig. Der Vorgesetzte überlässt die Mitarbeiter sich selbst, welche die Arbeitsorganisation bestimmen. Bei Fehlern wird weder bestraft noch geholfen. Beim Führenden herrscht im Wesentlichen Gleichgültigkeit vor.

  Die Mitarbeiter erhalten umfangreiche Freiheiten und nehmen mehr oder weniger Selbstkontrolle vor. Dabei besteht bei unreifen bzw. überforderten Mitarbeitern die Gefahr mangelnder Disziplin sowie von Unordnung und Durcheinander.

Führungsstile, *richtungsbezogene*	*Olfert (2012a, 2012c); Rahn (2008a, 2012); Staehle (1999); Stroebe (2010); Wunderer (2009)*	**086**

Richtungsbezogene Führungsstile beschreiben die Wege, die Führungskräfte [⇨ 079] einschlagen, um die Mitarbeiter [⇨ 128] zum Erfolg zu führen. Zu unterscheiden sind:

- Der **sachorientierte** oder **aufgabenorientierte Führungsstil**, wobei der Führende:
  - ▶ Leistungsdruck ausübt, damit der Mitarbeiter eine höhere Stückzahl erbringt
  - ▶ sich um Termineinhaltung bemüht, damit die Aufträge fristgerecht erfüllt werden
  - ▶ mit »eiserner Hand« herrscht, damit keine Stockungen im Arbeitsablauf auftreten
  - ▶ Wert auf eine hohe Arbeitsmenge legt, damit das Leistungsziel erreicht wird
  - ▶ mangelhafte Arbeit [⇨ 008] tadelt, damit bei der Realisierung Fehler vermieden werden
- Der **personenorientierte** oder **beziehungsorientierte Führungsstil**, bei dem der Führende:
  - ▶ seine Mitarbeiter als Partner behandelt, damit die Arbeit gemeinsam bewältigt werden kann
  - ▶ ein gutes Verhältnis zu den Mitarbeitern sucht, damit sich diese nicht als Untergebene fühlen
  - ▶ seinen Mitarbeitern gegenüber zugänglich ist, damit sie erkennen, dass sie Partner sind
  - ▶ sich für seine Mitarbeiter einsetzt, damit sie spüren, dass ihr Vorgesetzter loyal ist
  - ▶ den Mitarbeitern Anerkennung gibt, damit die Leistungen beibehalten bzw. verbessert werden

Die beiden Führungsrichtungen sind nicht völlig unabhängig voneinander zu sehen, denn bei der **kooperativen Führung** wirken der sach- und personenbezogene Führungsstil zusammen. In der Praxis ist diejenige Führungskraft erfolgreich, die auf Mitarbeiter zwar den erforderlichen Leistungsdruck ausübt, die aber trotzdem von diesen geschätzt ist.

Der sachorientierte bzw. personenorientierte Führungsstil steht im Mittelpunkt der Betrachtung des **Verhaltensgitters** [⇨ 209] der Führung. Außerdem berücksichtigen auch dreidimensionale Führungsstile [⇨ 061] aufgabenbezogene bzw. mitarbeiterbezogene Elemente.

Führungsstile, *tradierende*	*Bröckermann (2000); Jung (2006); Oechsler (2006); Olfert (2012c); Rahn (2008a, 2012)*	**087**

Tradierende Führungsstile sind Führungsstile [⇨ 082], die sich auf in der Vergangenheit vorzufindende Unternehmens- bzw. Organisationsgegebenheiten beziehen und in der heutigen Führungspraxis **eher von geringer Bedeutung** sind. Es lassen sich unterscheiden:

- Der **patriarchalische Führungsstil**, bei dem das Leitbild in der Autorität [⇨ 044] und Güte des »Vaters in der Familie« liegt. Die Geführten haben jederzeit unmittelbaren Zugang zum Patriarchen. Die Verpflichtung der Untergebenen beschränkt sich auf den Gehorsam. Der Herrschaftsanspruch des Patriarchen wird mit seinem Alters-, Wissens- und Erfahrensvorsprung gegenüber den Untergebenen begründet. Der »Herr im Hause-Standpunkt« ist aber nicht mehr zeitgemäß.
- Der **charismatische Führungsstil**, bei dem der Untergebene zu unbedingtem Gehorsam verpflichtet ist. Charisma bedeutet »Gnadengabe«, d. h. die als göttliche Fügung empfundene Fähigkeit, durch Ausstrahlungskraft andere Menschen zu führen. Von den Geführten kann jedes Opfer verlangt werden, ohne dass der Führende ihnen gegenüber in irgendeiner Weise verpflichtet wäre. Die Untergebenen werden somit vom Führenden abhängig.
- Der **autokratische Führungsstil**, der vom Alleinherrscher geprägt ist, der praktisch unbegrenzte Machtfülle besitzt. Dieser Führungsstil wird auch als **autoritärer Führungsstil** bezeichnet. Der autokratische Führer bedient sich eines streng gegliederten Führungsapparates. Der Untergebene ist zu unbedingtem Gehorsam verpflichtet. Der Autokratie fehlen die Wärme des Patriarchats und die Begeisterung des Charismas.
- Der **bürokratische Führungsstil**, bei dem das Reglement bzw. bürokratische Instanzen und Dienststellenbefugnisse betont werden. Präzise Beschreibungen der Stellenbefugnisse und Verwaltungsabläufe sind hier typisch. Eine beherrschende Führungspersönlichkeit gibt es nicht. Die Mitarbeiter [⇨ 128] erhalten vielfach lebenslange Versorgungsansprüche. Diesem Führungsstil mangelt es an Flexibilität und Effizienz.

Führungstechniken	*Draigeler (2008); Dillerup/Stoi (2007); Olfert (2012c); Staehle (1999); Töpfer (2007)*	**088**

Zu den Führungstechniken werden vor allem die **Management-by-Techniken** gezählt, die grundsätzliche Verhaltens- und Verfahrensweisen beschreiben und in einem Unternehmen zur Bewältigung der Führungsaufgaben angewendet werden. Die bedeutsamsten Management-by-Techniken sind:

- Das **Management by Exception**, bei dem die Mitarbeiter [⇨ 128] innerhalb eines vorgegebenen Rahmens selbstständig entscheiden. Alle in den Normalbereich fallenden Entscheidungen werden von den dafür zuständigen Stellen eigenständig getroffen. Der Vorgesetzte entscheidet nur im Ausnahmefall. Diese Technik ist auf die Führungsfunktion des **Entscheidens** ausgerichtet.
- Das **Management by Delegation**, bei dem Kompetenzen [⇨ 101] und Handlungsverantwortung [⇨ 207] auf Mitarbeiter übertragen werden, so weit sie nicht typische Führungsfunktionen der Unternehmensleitung oder Aufgaben mit weitreichenden Konsequenzen sind. Hier steht die Führungsfunktion des **Realisierens** im Vordergrund.
- Das **Management by Objectives** [⇨ 127], bei dem die Mitarbeiter auf der Grundlage von Zielen [⇨ 216] tätig werden, die vielfach zwischen dem Vorgesetzten und seinen Mitarbeitern vereinbart werden, mitunter aber auch von Vorgesetzten vorgegeben werden.
- Das **Management by Systems**, bei dem die Führung durch Systemsteuerung erfolgt. Alle betrieblichen Prozesse werden im Sinne von Regelkreisen gesteuert. Darin wirkt eine Führungskraft [⇨ 079] als Regler auf eine Regelstrecke ein, die das zu beeinflussende Problem darstellt.

Weitere Führungstechniken sind z. B.:

► Informationstechniken [⇨ 095]	► Aufnahmetechniken
► Kommunikationstechniken [⇨ 127]	► Kreativitätstechniken
► Arbeitstechniken	► Analysetechniken

Gesprräch	*Gutschelhofer (2004); Olfert (2012a, 2012c); Rahn (2008a, 2012); Reineke/Damm (2003)*	**089**

Das Gespräch ist ein Mittel der Kommunikation [⇨ 098], das auf **zwei Personen** beschränkt ist, wobei Gedanken und Informationen [⇨ 094] ausgetauscht werden. Es wird nicht nur mit Mitarbeitern [⇨ 128], sondern auch mit externen Teilnehmern geführt, z. B. als Vorstellungsgespräch [⇨ 212] oder Verkaufsgespräch. **Arten** mitarbeiterbezogener Gespräche können sein:

Mitarbeiter-gespräch	Es ist ein Gespräch im Rahmen der kooperativen Führung, z. B. zur Einweisung, Information, Beratung, Erörterung. Beide Partner sollten gut zuhören und einander ausreden lassen.
Konflikt-gespräch	Die Führungskraft [⇨ 079] hat einen Streit zwischen Mitarbeitern ihrer Abteilung zu lösen. Auch Beschwerden der Mitarbeiter können Konfliktgespräche auslösen.
Beurteilungs-gespräch	Es wird nach einer schriftlichen Personalbeurteilung [⇨ 153] geführt. Hier erhält der Mitarbeiter Gelegenheit zur Stellungnahme und ggf. Rechtfertigung bezüglich der erfolgten Beurteilungen.
Dienst-gespräch	Der Vorgesetzte führt dieses Gespräch zur Übermittlung von Anweisungen, Aufträgen, Anordnungen bzw. Weisungen [⇨ 213].
Kritik-gespräch	Die Führungskraft hat in diesem Gespräch die Aufgabe, falsches Verhalten [⇨ 208] zu korrigieren und mangelhafte Leistungen von Mitarbeitern anzusprechen.
Beratungs-gespräch	Es ist notwendig, wenn Mitarbeiter nicht mit ihrer Arbeit [⇨ 008] zurechtkommen und der Vorgesetzte die notwendige Unterstützung geben muss.
Versetzungs-gespräch	Der Vorgesetzte führt dieses Gespräch, um mit dem betroffenen Mitarbeiter die Gründe für die Versetzung zu erörtern, die für ihn positiv oder negativ sein können.
Beförderungs-gespräch	Es ist vom gegenwärtigen Vorgesetzten zu führen, wenn geplant ist, dass ein Mitarbeiter in der Hierarchie des Unternehmens aufsteigen soll.

Regeln der Gesprächstechnik sind:

• Partner mit Namen ansprechen und aktiv zuhören. • Positiv sein und Verständnis zeigen. • Eigene Meinung verdeutlichen. • Missverständnisse aufklären. • Fordern, wenn Versprechungen nicht eingehalten werden. • Sich auch entrüsten, wenn es gerechtfertigt ist. • Gegenfragen stellen, um Zeit zu gewinnen bzw. besser zu reagieren. • Anreize schaffen.

Gruppe	*Belbin (2003); Olfert (2012a, 2012c); v. Rosenstiel (2007); Rahn (2008a, 2010, 2012); Sader (2008)*	**090**

Die Gruppe ist eine Mehrheit von Personen, die in einer bestimmten Zeitspanne häufig miteinander Umgang haben. Die Anzahl der Gruppenmitglieder [⇨ 091] ist so gering, dass jede Person mit einer anderen Person in Verbindung treten kann. **Arten** von Gruppen sind:

- **Formelle Gruppen**, die im Sinne der betrieblichen Zielerreichung geplant werden. Bei ihnen steht die betriebliche Aufgabenstellung im Vordergrund. Die Rangordnung in der Gruppe wird von außen vorgegeben. Sie zeigt sich in der betrieblichen Über- oder Unterordnung.

  Formelle Gruppen sind von **Vorteil**, weil sie die betrieblichen Soll-Strukturen und die offiziellen Rollenerwartungen an Gruppenmitglieder offenlegen. Sie haben **Nachteile**, wenn sie zu straff organisiert sind oder wenn die vorgegebenen Rangordnungen von den Mitarbeitern [⇨ 128] nicht akzeptiert werden.

- **Informelle Gruppen**, die sich nach menschlichen Gesichtspunkten spontan und ungeplant bilden. Bei ihren Mitgliedern steht die individuelle Befriedigung sozialer Bedürfnisse [⇨ 045] im Vordergrund. Die Rangordnung in den Gruppen ergibt sich aus den Sympathiebeziehungen.

  Sie haben **Vorteile**, wenn sie ein ausgeprägtes »Wir«-Gefühl entwickeln und sich gegenseitig bei der Arbeit [⇨ 008] helfen und auch sonst zusammenhalten, bringen aber **Nachteile** mit sich, wenn die Befriedigung von Bedürfnissen zu Zwecken erfolgt, die nicht dem Unternehmenszweck dienen.

  Die informellen Gruppen sind durch gefühlsmäßige Bindungen zwischen den Gruppenmitgliedern gekennzeichnet und haben damit von der formellen Organisation unabhängige Begründungen.

Die **Struktur** formeller und informeller Gruppen weicht i.d.R. voneinander ab, weil die Ziele [⇨ 216] des Unternehmens und die daraus abgeleiteten Gruppenaufgaben oft nicht mit den Zielen der Gruppenmitglieder übereinstimmen.

Gruppenmitglieder	*Franken (2010); Olfert (2012a, 2012c); Olfert/Rahn (2010); Rahn (2008a+b, 2010)*	091

Gruppenmitglieder sind Teilnehmer einer Gruppe [⇨ 090]. Als **Typen** sind zu unterscheiden:

Gruppenstars	Sie sind informelle Führer, die beliebt sind oder die gerne das Gruppenleben organisieren.
Freche	Das sind Querulanten, Angeber, die z. B. provozierend, anmaßend oder unbeherrscht sind.
Problembeladene	Es handelt um trauernde Menschen oder um Personen mit privaten Sorgen.
Intriganten	Das sind heimtückische Menschen, z. B. »Radfahrer«.
Leistungsstarke	Sie sind verlässliche Kräfte, die z. B. einsatzbereit, verlässlich, belastbar und strebsam sind.
Drückeberger	Dazu zählen Arbeitsscheue, die z. B. nicht bereit sind, ihre Leistungsreserven auszuschöpfen.
Neulinge	Das sind Anfänger, die noch nicht integriert und deshalb zunächst verunsichert sind.
Fröhliche	Sie sind gesellige Menschen, die gerne lachen und humorvoll sind.
Ehrgeizlinge	Es handelt sich um Streber, die übertrieben ehrgeizig sind und damit der Gruppe schaden.
Schüchterne	Sie sind stark introvertiert, d. h. zurückhaltend und wenig selbstbewusst.
Gruppenclowns	Das sind Spaßvögel, die mit ihren übertriebenen Späßen für erhebliches Durcheinander sorgen.
Ausgleichende	Sie sind Schlichter, die bei Streitigkeiten vermitteln und zum Gruppenerhalt beitragen.
Außenseiter	Es handelt sich um schwarze Schafe, die von der Gruppe abgelehnt werden.

Die Sympathie- bzw. Antipathiebeziehungen der Gruppenmitglieder lassen sich mit der soziometrischen Methode erfassen. Dabei werden z. B. die Fragen beantwortet: *»Wen würden Sie zu einer Party einladen?«* und *»Wen nicht?«*. Aus dem **Soziogramm** ergibt sich, wer der Gruppenstar bzw. Außenseiter ist. Aus den Ergebnissen können Maßnahmen zur Gruppenführung abgeleitet werden. Zur erfolgreichen Beeinflussung der einzelnen Typen von Gruppenmitgliedern ist es notwendig, dass die Führungskräfte [⇨ 079] gruppenbezogene Führungsstile [⇨ 084] praktizieren.

Gutachten, *grafologisches*	*Beer (2009); Oechsler (2006); Olfert (2012c); Ploog (2008); Wallner/Joos/Gosemärker (2006)*	092

Die **Grafologie** ist ein Verfahren der psychodiagnostischen Auswertung von Handschriften. Dabei wird von der Grundannahme ausgegangen, dass das Schreibverhalten des Menschen von einem relativ konstanten System von **Persönlichkeitsfaktoren** beeinflusst wird. Das Hauptanliegen der Grafologie besteht darin, aus der individuellen Handschrift wesentliche Faktoren der Persönlichkeit [⇨ 186] des Schreibenden zu erkennen.

Das grafologische Gutachten wird mitunter im Rahmen der **Personalauswahl** [⇨ 142] von Unternehmen auf der Basis einer Handschriftproben des Bewerbers eingesetzt. Der Grafologe versucht, durch die Auswertung der Handschrift des Bewerbers auf Leistungs- und Persönlichkeitsmerkmale zu schließen. Nach einem **Urteil** des Bundesarbeitsgerichts von 1982 ist das grundsätzlich zulässig.

Beim grafologischen Gutachten können z. B. folgende **Faktoren** der Handschrift geprüft werden:

- Die **Schriftgröße**, die z. B. auf den Ausprägungsgrad des Selbstwertgefühles hindeutet.
- Die **Schriftlage**, die z. B. auf die Art der Zuwendung zur Außenwelt hinweist.
- Der **Wortabstand**, der z. B. auf seelische Probleme schließen lässt.
- Die **Endbetonung** bestimmter Buchstaben, die auf ausgeprägten Ehrgeiz hindeutet.
- Der **Formreichtum**, der auf produktive Phantasie bzw. Vorstellungsvermögen schließen lässt.
- Der **Schreibdruck**, der in starker Ausprägung auf willentliche Energie hindeutet.

Aus solchen Schriftmerkmalen werden dann Schlüsse auf die Art der Persönlichkeit des Bewerbers gezogen. So wird z. B. aus einer nach links geneigten Schrift auf **Introversion** geschlossen, d. h. auf einen nach innen gekehrten Menschentypen und bei nach rechts geneigter Schrift **Extraversion** angenommen. Die Aussagekraft des grafologischen Gutachtens ist umstritten.

Human-Relations-Ansatz	*Berthel/Becker (2010); Hentze/Kammel (2001); Olfert (2012c); Rahn (2008a, 2012)*	**093**

Dem Human-Relations-Ansatz liegen Forschungsarbeiten von *Homans, Mayo, Roethlisberger, Dickson* und *Whitehead* in den Hawthorne-Werken der Western Electric Corp. von Chicago (1927-1932) zu Grunde, die sich mit verschiedenen **Experimenten** beschäftigten:

- In einem **Licht-Experiment** erfolgte die Bildung einer Testgruppe und einer Kontrollgruppe, die in ihren Arbeitsbereichen unterschiedlich starker Beleuchtung ausgesetzt wurden. Die beiden Gruppen wiesen trotz unterschiedlicher Beleuchtungsstärken etwa die gleiche Leistungssteigerung auf. Als Hauptgrund dafür wurde erkannt, dass mit den Betroffenen jedesmal gesprochen wurde, wenn Änderungen nötig waren. Der kooperative Umgang mit den Arbeitskräften wirkte sich also auf deren Leistung positiv aus.
- In einem **Pausen-Experiment** wurden ähnliche Ergebnisse erzielt. Auch hier war nicht die Zunahme der Pausen für die stetige Leistungssteigerung entscheidend, sondern die veränderte soziale Einstellung gegenüber den Arbeitern.
- In einem **Beobachtungsraum-Experiment** montierten die Arbeiter Schalter für Telefonanlagen. Zunächst wurde angenommen, dass sie so hart wie möglich arbeiten würden, um einen möglichst hohen Stundenlohn zu erreichen. In dem Beobachtungsraum produzierten die Arbeiter aber weit weniger als das, wozu sie physisch in der Lage gewesen wären. Sie folgten nämlich einer **sozialen Norm**, welche die Produktionsmenge gruppenintern festlegte. Es wurde erkannt, dass die Gruppendynamik von großer Bedeutung für den Erfolg ist.

Das **Hauptergebnis** der Hawthorne-Studie ist die Erkenntnis, dass die menschlichen Beziehungen (Human Relations) im Unternehmen bedeutsam für das Arbeitsverhalten der Beschäftigten sind. Die Beachtung und Aufmerksamkeit, die den Arbeitskräften geschenkt wurde, war für deren Arbeitszufriedenheit und für die Steigerung der Leistung von entscheidender Bedeutung.

Information	*Heinrich/Stelzer (2009); Olfert (2012a, 2012c); Rahn (2008a, 2012); Rump (2004)*	**094**

Die Information ist zweckorientiertes, personen- bzw. arbeitsplatzorientiertes **Wissen**. Ihr Zweck besteht darin, Handlungen vorzubereiten und durchzuführen. Sie kann Gegenstand des Handels selbst, aber auch ein Instrument sein.

Informationen können als Mitteilung von Mitarbeitern [⇨ 128] an Vorgesetzte und von Vorgesetzten an Mitarbeiter fließen und damit ein **Führungsmittel** [⇨ 080] sein. Es wird unterstellt, dass zweckentsprechende Informationen zu besseren Entscheidungen führen. Dabei geht es nicht um möglichst viele Informationen, sondern um die für die Aufgabenerfüllung und das Arbeitsumfeld **notwendigen** und **nützlichen Informationen**. Sie dienen dazu:

- Den Leistungsbeitrag des Mitarbeiters zu fördern
- Die Identifikation des Mitarbeiters mit dem Unternehmen zu stärken
- Eine Vertrauensbasis zu schaffen und zu erhalten
- Die Partnerschaft zu fördern.

Informationen können auf verschiedenen Wegen fließen. Als **Arten** lassen sich unterscheiden:

- **Vollkommene Informationen** (alle Handlungsalternativen und Konsequenzen bekannt) und **unvollkommene Informationen** (durch Risiko und Unsicherheit gekennzeichnet)
- **Personalinformationen** [⇨ 171], die über, an und von Personal fließen können.

Der **Informationsgehalt** einer Nachricht hängt in hohem Maße von der subjektiven Entscheidungssituation des Empfängers ab. Informationen sind auch ein Teil der Kommunikation [⇨ 098], wenn z. B. Informationen im Rahmen von Gesprächen [⇨ 089], Besprechungen [⇨ 048] und Konferenzen [⇨ 102] ausgetauscht werden.

Informationstechniken	*Edmüller/Wilhelm (2007); Graeßner (2008); Olfert (2012c); Schildt/Kürsteiner (2006); Seifert (2009)*	**095**

Informationstechniken beschreiben die Art und Weise, wie Informationen wirkungsvoll vom Sender an die Empfänger gebracht werden, so z. B. in der Personalführung [⇨ 169] von Vorgesetzten zu den Mitarbeitern [⇨ 128]. Sie werden **immer bedeutsamer**, vor allem als:

- **Visualisierung**, mit der Informationen bildhaft dargestellt werden, um Aufmerksamkeit hervorzurufen, Orientierungshilfen zu geben, Wesentliches zu verdeutlichen, Behalten zu fördern und Stellungnahmen auszulösen. Während reines Hören ohne Sehen lediglich zu einer Behaltensquote von 20 % führt, steigt diese auf 50 % an, wenn Hören und Sehen miteinander verbunden werden. **Visualisierungsmittel** sind z. B.:

  ▶ Beamer
  ▶ Overhead Projector
  ▶ Flipchart
  ▶ Pinnwand
  ▶ Tafel

- **Präsentation**, die dazu dient, einem Teilnehmerkreis vorbereitete Inhalte oder Fakten vorzustellen. Dabei informiert der Präsentator mündlich unter Einsatz von Visualisierungsmitteln. Der Erfolg der Präsentation hängt einerseits von einer sorgfältigen Vorbereitung ab, andererseits von der Fähigkeit des Präsentators, die Teilnehmer persönlich und sachlich zu überzeugen.

- **Moderation**, die eingesetzt wird, um einen Teilnehmerkreis zu Ideen anzuregen. Ihre Nutzung erfolgt z. B. bei Qualitätszirkeln [⇨ 193], Projektgruppensitzungen und Mitarbeiterbesprechungen. Der Moderator sollte ein Experte für die Methodik sein, nicht für den Inhalt der Gruppensitzung. Er sollte Vorbild sein, keine eigene Meinung äußern, Freiräume belassen und Betroffene zu Beteiligten machen.

Internet-Stellenanzeige	*Krzywinska (2006); Lenhof (2008); Lohberg (2006); Olfert (2012a, 2012c)*	**096**

Der Internet-Stellenanzeige kommt immer mehr Bedeutung zu. **Möglichkeiten ihrer Plazierung** sind:

- Die **Firmen eigene Homepage**, mit der elektronische Stellenanzeigen auf der eigenen Web-Seite des Unternehmens geschaltet werden können. Sie wird inzwischen von zahlreichen Unternehmen zur Personalbeschaffung [⇨ 147] genutzt, zumal sie die Möglichkeit bietet, das Unternehmen wesentlich umfangreicher darzustellen als das in Printmedien möglich ist. Der potenzielle Bewerber kann gezielt angesprochen werden. Er findet das Unternehmen entweder über eine **Suchmaschine** oder durch direkte **Eingabe des Firmennamens**.

- **Kommerzielle Jobbörsen**, die sich in den letzten Jahren stark entwickelt haben. Je nach Anbieter und Laufzeit fallen für Standardstellenangebote etwa 400 € bis 1.000 € pro Schaltung an. Stellengesuche sind i. d. R. kostenlos, Unternehmen können diese kostenpflichtig einsehen.

  Interessenten haben die Möglichkeit, aufgrund von **Suchkriterien** wie Branche, Region, Tätigkeitsfeld, Profil oder Firmennamen gezielt nach relevanten Stellen zu suchen. Marktführer bei den klassischen kommerziellen Jobbörsen in Deutschland ist Monster. Mittlerweile bieten große Jobbörsen auch zahlreiche **weitere Dienstleistungen** wie Direct-Selection oder HR-Consulting an.

- **Nicht kommerzielle Jobbörsen**, die ebenfalls in einer Vielzahl betrieben werden. So bietet die Bundesagentur für Arbeit eine elektronische Jobvermittlung als Jobbörse an, die ein komplettes Bewerbermanagement für Arbeitgeber ermöglicht. Mit inzwischen über 400.000 Stellenangeboten gehört **»Arbeitsagentur.de«** zu den größten Jobbörsen im deutschsprachigen Raum. Auch Zeitungen und Verlage betreiben nicht kommerzielle Jobbörsen.

- **Newsgroups**, die thematisch orientierte Diskussionsgruppen sind. Die Nachrichten werden hier als **E-Mails** geschrieben und empfangen. Sie sind öffentlich und können von jedem Mitglied des Diskussionsforums gelesen werden.

Ist-Zeitermittlung	*Olfert (2012c); REFA (2000); Schmidt (2009); Schulte-Zurhausen (2010)*	**097**

Als Ist-Zeit wird die tatsächlich vom Mitarbeiter [⇨ 128] bzw. vom Betriebsmittel benötigte Zeit bezeichnet. Die Ist-Zeitermittlung dient dazu, die Dauer eines Arbeitsvorgangs festzustellen. Je mehr Arbeitsabläufe duch Maschinen gesteuert werden, umso wichtiger ist es, diese Prozesse zeitlich exakt zu planen. **Arten** der Ist-Zeitermittlung sind:

- Die **Zeitschätzung**, die das einfachste, aber auch ungenaueste Verfahren ist. Dabei sollten einzelne Teilvorgänge der Arbeit [⇨ 008] getrennt geschätzt und zum Schluss zusammengefasst werden.

- Die ***REFA*-Zeitaufnahme**, die dann zweckmäßig erscheint, wenn sich der untersuchte Ablauf in gleicher Weise wiederholt. Die Informationen [⇨ 094], welche die Arbeitsstudienkraft unter Einsatz von Zeitaufnahmegeräten sammelt, werden in einen *REFA*-Zeitaufnahmebogen eingetragen. Da verschiedene Arbeitskräfte für einen Arbeitsvorgang unterschiedliche Zeiten benötigen, ist es erforderlich, ihren **Leistungsgrad** festzustellen. Er ergibt sich:

$$\text{Leistungsgrad} = \frac{\text{Beobachtete Ist-Leistung}}{\text{Vorgestellte Bezugsleistung}}$$

- Die **Multimomentaufnahme**, die ein Stichprobenverfahren ist, das Aussagen über die prozentuale Häufigkeit von Vorgängen liefert. Außerdem werden Angaben über die Dauer von vorwiegend unregelmäßig auftretenden Vorgängen oder Größen für eine frei wählbare Genauigkeit gemacht – bei einer statistischen Sicherheit von 95 %.

- Die **Selbstaufschreibung** von Daten, die einerseits vom betroffenen Mitarbeiter selbst oder andererseits durch eine selbstständige Registrierung direkt am Arbeitsmittel geschehen kann.

Im Gegensatz zur Ermittlung der Ist-Zeit steht die **Soll-Zeit**, die eine Vorgabezeit für die zu verrichtende Arbeit ist.

Kommunikation	*Birkenbihl (2007); Goldmann (2008); Olfert (2012a, 2012c); Rahn (2008a); v. Rosenstiel (2007)*	**098**

Die Kommunikation ist der **Austausch von Informationen** [⇨ 094] zwischen Menschen und/oder Maschinen. Der Prozess der Kommunikation wird bestimmt durch:

- **Kommunikator** und **Kommunikant** als Informationsgeber bzw. Informationsnehmer
- **Kommunikationskanäle**, z. B. gegenseitige Informationen akustischer oder optischer Art
- **Kommunikationsinhalte**, z. B. Kapital-, Material-, Personalinformationen
- **Kommunikationsmittel**, z. B. Gespräche [⇨ 089], Besprechungen [⇨ 048], Konferenzen [⇨ 102].

Die Kommunikation zählt zu den wichtigsten Führungsmitteln überhaupt. **Arten** der betrieblichen Kommunikation sind:

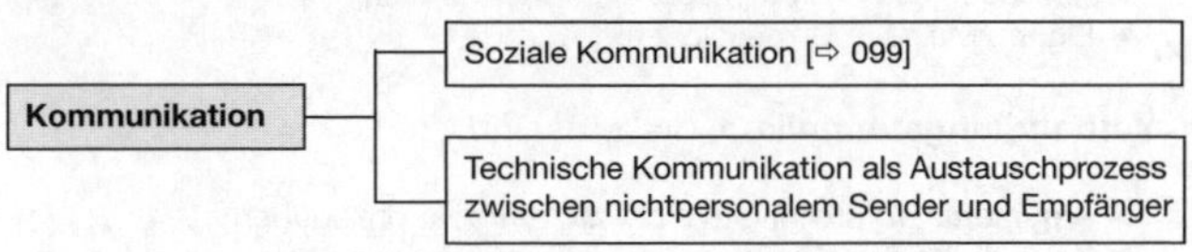

Für die Kommunikation stehen als **Führungsinstrumente** [⇨ 078] z. B, zur Verfügung:

Verhaltens-kommunikation	Sie ist die nicht-verbale Kommunikation zwischen Personen, z. B. der strenge Blick eines Vorgesetzten, der mit dem Verhalten seines Mitarbeiters unzufrieden ist.
Sprach-kommunikation	Sie erfolgt über das gesprochene Wort (verbal), das persönlich oder telefonisch ausgetauscht werden kann.
Text-kommunikation	Bei ihr erfolgt die Kommunikation schriftlich, z. B. über einen Schriftwechsel oder den Austausch von Notizen.
Daten-kommunikation	Sie erfolgt als Mensch-Maschine-Kommunikation, z. B. über einen Personalcomputer oder Großrechner.

Kommunikation, *soziale*	*Birkenbihl (2007); Olfert (2012c); Rahn (2008a); Regnet (2004); Sader (2008)*	**099**

Die soziale Kommunikation ist eine **interpersonale Kommunikation**. Sie dient der gegenseitigen Information [⇨ 094] von Personen und wird auch **Interaktion** genannt. Es sind zu unterscheiden:

- Die **verbale Kommunikation**, die Informationen vor allem auf der **Inhaltsebene** vermittelt, z. B. durch ein Gespräch [⇨ 089], eine Besprechung [⇨ 048] oder eine Konferenz [⇨ 102].
- Die **nicht verbale Kommunikation** vermittelt Informationen auf der **Beziehungsebene**. Sie ist ein Verhalten [⇨ 208], das ohne Sprache menschliche Beziehungen gewollt oder ungewollt aufrechterhält oder steuert, so z. B. durch:

► **Körperbewegungen** als Gesten, Mienen, Haltungen und Handlungen
► **Sprachverhalten** als Sprechpausen, Schweigen, nichtsprachliche Laute, z. B. Lachen
► **Kleidung** und der **Schmuck** als Mittel sozialer Kommunikation

Die **Wahrnehmung** ist eine psychologische Funktion, die dem Menschen die Aufnahme und Verarbeitung von nicht verbalen Informationen ermöglicht. Unter welchen Bedingungen die Kommunikation zu Stande kommt, erforscht die Wahrnehmungspsychologie.

Die Wirksamkeit der sozialen Kommunikation wird durch **Missverständnisse** beeinflusst. Sie führen zu Informationsverlusten. **Kommunikationsstörungen** können z. B. auf dem unterschiedlichen Informationsstand der beteiligten Personen, persönlichen Differenzen zwischen den Partnern, Vorurteilen eines Partners gegenüber den anderen, verletzten Wertvorstellungen eines Gesprächspartners, mangelhaftem Zuhören der beteiligten Personen beruhen.

Möglichkeiten zur **Verbesserung** der sozialen Kommunikation auf der Seite des Informationsgebers sind z. B. Dosierung der Informationsmenge, Wiederholung der Information, empfängerorientierte Formulierungen. Auf der Seite des Informationsnehmers kann die soziale Kommunikation durch **aktives Zuhören** verbessert werden.

Kommunikationstechniken	*Birkenbihl (2007); Crisand (2010b); Heeper/Schmidt (2008); Kanitz (2008); Olfert (2012c)*	**100**

Kommunikationstechniken beschreiben die **Art und Weise**, wie die Kommunikation [⇨ 098] wirkungsvoll gestaltet werden kann. Zu unterscheiden sind:

- **Gesprächs- bzw. Besprechungstechniken**, zu denen zählen:

► Gesprächspartner mit Namen ansprechen
► Aktiv, partnerzentriert zuhören
► Sachliche und emotionale Gesprächsebene trennen
► Aussagen des Gesprächspartners wiederholen
► Eigene Meinung verdeutlichen
► Verständnis zeigen
► Schwerpunkte setzen
► Druck vermeiden
► Gesprächsergebnis zusammenfassen

- **Verhandlungstechniken**, die z. B. sind:

► Argumente/Vorstellungen nicht zu früh/spät preisgeben
► Kernpunkte des Konfliktes [⇨ 103] ggf. umgehen bzw. verschieben
► Eigene Position durchsetzen
► Gute Beziehung zu den Verhandlungspartnern schaffen
► Akzeptablen Kompromiss finden
► Partnerschaftlich nach einem befriedigenden Ergebnis suchen

- **Konferenztechniken**, die z. B. umfassen:

► Keine Rede länger als 20 Minuten zulassen
► Konferenzinhalte optisch unterstützen
► Konferenzen durch Pausen/Bewegungsmöglichkeiten unterbrechen
► Diskussion auf die Zielsetzung ausrichten
► Nur Verständnisfragen zulassen/beantworten
► Konferenzleitung neutral ausrichten

Kompetenz	*Jetter/Skrotzki (2005); Olfert (2012c); Olfert/ Rahn (2010); Rahn (2008a, 2012); Vahs (2009)*	**101**

Die Kompetenz ist die Befugnis einer Person, auf der Basis fachlicher Zuständigkeit Maßnahmen zur Erfüllung von Aufgaben zu ergreifen. Es sind zu unterscheiden:

- Die **sachbezogene Kompetenz** als die fachliche Zuständigkeit, z. B. besondere Fachkenntnisse und Fertigkeiten, über die ein Vorgesetzter oder Mitarbeiter [⇨ 128] verfügt.
- Die **personenbezogene Kompetenz** als die persönliche Zuständigkeit für die Erfüllung der Aufgaben. Für deren ordnungsgemäße Lösung trägt die befugte Person die Verantwortung [⇨ 207].

Arten der Kompetenz bzw. Befugnis einer Person sind:

Entscheidungskompetenz	Sie ist die Befugnis, bestimmte Entscheidungen zu treffen, z. B. über den Kauf eines Geschäftswagens oder einer EDV-Anlage entscheiden.
Weisungskompetenz	Sie umfasst die Befugnis der Bestimmung des Verhaltens [⇨ 208] von Aufgabenträgern anderer Stellen, z. B. Aufträge erteilen oder Anweisungen an Mitarbeiter geben.
Verpflichtungskompetenz	Sie ist die Befugnis gegenüber der Umwelt des Unternehmens, z. B. die Unterschriftsberechtigung des Prokuristen auf einem Wechsel.
Verfügungskompetenz	Sie klärt die Befugnis der Verfügung über Sachen und Rechte, z. B. kann ein Sachbearbeiter über einen Personalcomputer verfügen.
Informationskompetenz	Sie ist die Befugnis, bestimmte Daten beziehen zu können, z. B. darf der Informatikleiter aus einer Datenbank Informationen abrufen.
Antragskompetenz	Sie umfasst die Befugnis, handlungsinitiativ tätig zu werden, z. B. kann der Betriebsrat [⇨ 050] verlangen, dass eine innerbetriebliche Stellenausschreibung erfolgt (§ 93 BetrVG).
Vertretungskompetenz	Sie ist die Befugnis der Unternehmensleitung, das Unternehmen nach außen zu vertreten oder das Recht zur Stellvertretung eines Kollegen.

Darüber hinaus wird von **Kernkompetenzen** eines Unternehmens als gebündelter, technologischer, fertigungstechnischer und prozessualer Fähigkeiten gesprochen.

Konferenz	*Birkenbihl (2007); Gordon (2005); Olfert (2012a, 2012c); Regnet (2004); Seifert (2009)*	**102**

Die Konferenz ist eine **Form der Kommunikation** [⇨ 098], bei der Personen zusammentreffen, die selbst mehr oder weniger aktiv zu einer Zielerreichung beitragen. Sie wird von einem Vorsitzenden geleitet. Ihr **Verlauf** oder ihr **Ergebnis** kann von einem Schriftführer erfasst werden, der Protokollant genannt wird. **Arten** der Konferenz können sein:

- Die **Problemlösungskonferenz**, bei der 3 bis 12 Teilnehmer diskutieren, um gemeinsam ein Problem zu lösen, z. B. um eine verbesserte Personalstrategie [⇨ 180] zu entwickeln.
- Die **Verhandlungskonferenz**, bei der bis zu 20 Personen Ergebnisse auszuhandeln versuchen, z. B. als Konferenz über die Budgets der Bereichsleiter. Sie wird auch **Konfrontationskonferenz** genannt.
- Die **Motivationskonferenz**, bei der die Bemühung im Vordergrund steht, andere zu überzeugen, mitunter auch zu überreden, z. B. um für ein neues Arbeitszeitsystem zu werben.
- Die **Informationskonferenz**, bei der informiert wird bzw. Fragen beantwortet werden, z. B. bei einer Abteilungsversammlung.

Konferenzen werden traditionell räumlich am gleichen Ort in gemeinsamer Runde durchgeführt. Inzwischen gibt es aber auch **Tele-Konferenzen** als Formen der Tele-Kommunikation, die über neue Medien erfolgen, z. B. als Telefon- bzw. Videokonferenz. Schließlich sind **Computer-Konferenzen** möglich, bei denen über Computerterminals Daten abgerufen werden können.

Von der Konferenz ist die **Versammlung** zu unterscheiden. Bei ihr ist eine unmittelbare Kommunikation zwischen allen Teilnehmern nicht möglich, da die Teilnehmerzahl erheblich größer ist als bei der Konferenz. Sie kann einige hundert oder tausend Teilnehmer umfassen, z. B. als Betriebsversammlung.

Konflikt	*Berkel (2008); Jiranek/Edmüller (2010); Jost (2004); Rahn (2008a); Schwarz (2009)*	103

Der Konflikt ist ein **Zusammenstoß von Menschen**. Er steht damit im Gegensatz zur Kooperation [⇨ 106]. Seine Erscheinungsformen reichen von leichten Spannungen bis zu gewalttätigen Auseinandersetzungen. Die **Ursachen** des Konfliktes können z. B. in persönlichen Differenzen, den Arbeitsbedingungen, den Lohn- bzw. Machtverhältnissen [⇨ 126], Problemen der Organisation, der technischen Entwicklung liegen. **Arten** des Konfliktes sind:

- Der **Annäherungs-Annäherungs-Konflikt**, bei dem eine Person z. B. das Problem hat, sich zwischen zwei gut dotierten Stellen entscheiden zu müssen. Sie steht zwischen zwei Zielen [⇨ 216], die sie für gleich wertvoll hält, aber nur eines der beiden Ziele ist für sie erreichbar.
- Der **Vermeidungs-Vermeidungs-Konflikt**, bei dem ein Unternehmen z. B. gezwungen ist, entweder Personal zu entlassen oder auf Gewinn zu verzichten. Es muss sich also zwischen zwei Gegebenheiten entscheiden, die beide als Übel anzusehen sind.
- Der **Vermeidungs-Annäherungs-Konflikt**, bei dem die Person vor einer Entscheidung steht, die ihr sowohl Unangenehmes als auch Angenehmes bringt, z. B. einerseits Schichtarbeit zu übernehmen, andererseits aber einen höheren Verdienst zu haben.

Das **Konfliktmanagement** hat dafür zu sorgen, dass Konflikte nicht außer Kontrolle geraten, sondern bewältigt werden. Dabei sind folgende **Regeln** zu beachten:

- Die Erregung kontrollieren, d. h. sich nicht provozieren lassen, sondern ruhig bleiben
- Vertrauen herstellen, d. h. eigene Fehler eingestehen und für eine Problemlösung offen sein
- Die offene Kommunikation pflegen, d. h. im Gespräch zugänglich sein
- Den Konflikt lösen, d. h. persönliche Vereinbarungen treffen, um eine Einigung zu erzielen.

Zum Abschluss kommt ein Konflikt, wenn die Personen mit der getroffenen Vereinbarung leben und arbeiten können.

Kontrolle	*Olfert (2012a, 2012c); Olfert/Pischulti (2011); Rahn (2008a, 2012); Ziegenbein (2012)*	104

Die Kontrolle ist ein Vorgang der personen-, sach- und zeitbezogenen **Gewinnung von Informationen** [⇨ 094]. Sie schließt sich der Durchführung des betrieblichen Geschehens an. Damit stellt sie die letzte Phase des Führungsprozesses [⇨ 081] dar. Als **personalbezogene Kontrolle** besteht sie aus:

- Die **Überwachung** der Personalwirtschaft [⇨ 184], die eher vergangenheitsorientiert ist, d. h. es werden Ist-Werte und die Differenzen zu den Soll-Werten ermittelt, z. B. bei Kennzahlen zur Fluktuation [⇨ 070] oder bei Fehlzeiten [⇨ 069] im Unternehmen.
- Die **Untersuchung** der Personalwirtschaft, die vergangenheits- und zukunftsorientiert ist. Es werden die Soll-Ist-Abweichungen der Vergangenheit analysiert.

Die personalbezogene Kontrolle erfolgt auf verschiedenen **Ebenen**:

- Die **unternehmensorientierte Personalkontrolle** geht von der Unternehmensleitung aus, z. B. die Gewinnung strategischer Frühwarninformationen oder Überwachung des personalwirtschaftlichen Rechnungswesens [⇨ 178].
- Die **bereichsorientierte Personalkontrolle** erfolgt durch den Bereichsleiter, z. B. die Überwachung der Einhaltung vereinbarter Arbeitszeiten [⇨ 032]. Sie bringt Beiträge zur taktischen Optimierung des Produktionsfaktors Arbeit [⇨ 008] in den Unternehmensbereichen.
- Die **gruppenorientierte Personalkontrolle** wird durch den Gruppenleiter vorgenommen, z. B. die Fremdkontrolle im Rahmen des Gruppenakkordsystems. Ein Gruppenleiter prüft, ob die operativen Regelungen eingehalten werden.
- Die **individualorientierte Personalkontrolle**, z. B. Abgabe numerierter Kontrollmarken beim Pförtner, Zeiterfassung über eine Kontrolluhr (gleitende Arbeitszeit), Kontrolle von Behältnissen (Taschen) beim Betreten und Verlassen des Unternehmens.

Kontrolle, *Arten*	*Horváth (2008); Olfert/Pischulti (2011); Rahn (2008a, 2012); Ziegenbein (2006, 2012)*	105

Arten der Kontrolle [⇨ 104] sind:

- **Nach Objekt**

Ergebniskontrolle	Sie zeigt sich in der Beurteilung der Leistung von Mitarbeitern [⇨ 128].
Verhaltenskontrolle	Sie dient der Beurteilung des Verhaltens [⇨ 208] von Mitarbeitern.

- **Nach Bezug**

Selbstkontrolle	Der Mitarbeiter prüft sich selbst, z. B. anhand einer Checkliste.
Fremdkontrolle	Der Vorgesetzte vollzieht die Prüfung, z. B. anhand von Zielen [⇨ 216].

- **Nach Umfang**

Stichprobenkontrolle	Sie bezieht sich auf einzelne Objekte, z. B. als Teilmengenkontrolle.
Gesamtkontrolle	Sie erstreckt sich auf eine Gesamtheit von Objekten, z. B. ein ganzes Los.

- **Nach Ebene**

Strategische Kontrolle	Sie erfolgt auf der oberen Führungsebene.
Taktische Kontrolle	Sie wird auf mittlerer Führungsebene durchgeführt.
Operative Kontrolle	Sie geschieht auf der unteren Führungsebene.

- **Nach Form**

Quantitätskontrolle	Sie bezieht sich auf die Leistungsmenge.
Qualitätskontrolle	Sie ist auf die Leistungsgüte bezogen.

Kooperation	*Dillerup/Stoi (2007); Olfert (2012c); Olfert/Pischulti (2011); Rahn (2012); Wunderer (2009)*	106

Die Kooperation ist jede Form der **Zusammenarbeit** mit dem Ziel [⇨ 216] der gemeinschaftlichen Erfüllung einer Aufgabe. Sie basiert auf der Einflussausübung, Sachautorität, Kommunikation [⇨ 098] bzw. Ziel- und Leistungsorientierung mehrerer Personen bzw. Organisationen. Die Kooperation steht im Gegensatz zum Konflikt [⇨ 103]. **Arten** der personenbezogenen Kooperation können sein:

- Die **Kooperation zwischen Vorgesetzten und Mitarbeitern** [⇨ 128] als Führungsmittel [⇨ 080]. Sie wird gezielt eingesetzt, um die Geführten zu einem bestimmten Erfolg zu bringen. Vorgesetzte sollten die gemeinschaftliche Aufgabenerfüllung unterstützen, indem sie die Kooperation anerkennen und honorieren, Wechselseitigkeit und Offenheit der Mitarbeiter fördern sowie Wettbewerbsvorteile für den einzelnen ausschließen. Die Kooperation erfordert:

  ► **Partnerschaft** und **Vertrauen**, d. h. Vorgesetzte arbeiten mit den Mitarbeitern zusammen
  ► **Koordination**, d. h. Ziele, Maßnahmen, Regelungen werden mit Mitarbeitern abgestimmt
  ► Gegenseitige **Übereinkunft**, d. h. die Partner streben nach Einigung und Verständigung

- Die **Kooperation zwischen Mitarbeitern**, die auf gleicher Ebene erfolgt. Sie ist nicht mit Weisungsbefugnissen [⇨ 213] verbunden, sondern besteht in wechelseitigem Helfen und Unterstützen der an der Aufgabenerfüllung beteiligten Personen bzw. Gruppen [⇨ 090], z. B. als:

  ► **Teamarbeit** innerhalb einer Abteilung, d. h. die Mitarbeiter unterstützen sich gegenseitig.
  ► **Zusammenarbeit** zwischen mehreren Abteilungen, z. B. Kooperation in Ausschüssen.

Schließlich ist – als nicht personenbezogene Kooperation – noch die **Kooperation zwischen Unternehmen** zu nennen, wenn diese selbstständig bleiben, aber einen Teil der wirtschaftlichen Selbstständigkeit aufgeben. Dabei können bestimmte Tätigkeitsfelder der Beteiligten koordiniert oder Funktionen auf Gemeinschaftseinrichtungen ausgegliedert werden.

Kritik	*Olfert (2012a, 2012c); Rahn (2008a, 2012); Rosenstiel/Regnet/Domsch (2009)*	**107**

Kritik ist die sachbezogene Auseinandersetzung des Vorgesetzten mit den Leistungen des Mitarbeiters [⇨ 128]. Sie kann positiv oder negativ ausgerichtet sein:

- **Positive Kritik** dient dazu, gute Leistungen des Mitarbeiters zu würdigen und ihn zu weiteren Anstrengungen zu ermuntern. Sie ist möglich als:

Anerkennung	Sie ist die schwächere Form positiver Kritik und sollte einem gut arbeitenden Mitarbeiter oder einer so arbeitenden Gruppe nicht vorenthalten werden. Insbesondere Mitarbeiter, die eintönige Arbeiten ausführen, sind für eine Anerkennung empfänglich. Sie kann sich auf die **Leistung**, aber auch auf die **Person** beziehen.
Lob	Es bietet sich an, wenn eine besonders gute Leistung erbracht wurde. Das Lob bezieht sich lediglich auf die **Leistung**, nicht hingegen auf die Person. Es wird häufig im Rahmen eines Mitarbeitergespräches ausgesprochen, kann aber auch »öffentlich« erfolgen, also vor anderen Mitarbeitern oder sogar Kunden, z. B. wenn der »Mitarbeiter des Jahres« geehrt wird.

- **Negative Kritik** erfolgt bei mangelhaften Leistungen des Mitarbeiters und dient dazu, den Mitarbeiter zu verstärkten Anstrengungen zu bewegen, die künftig bessere bzw. gute Leistungen bewirken. Die Kritik ist überwiegend **sachbezogen**, also auf die Arbeitsergebnisse ausgerichtet, deren Mängel genau zu beschreiben sind.

  Im Gegensatz zur negativen Kritik ist der **Tadel** vorwiegend **personenbezogen**. Er bezieht sich auf die Einstellung des Mitarbeiters zur Arbeit und ist nur angebracht, wenn der Mitarbeiter in der Lage ist, sich anders zu verhalten, d. h. mangelnde Kenntnisse und Erfahrungen sollten nicht zum Tadel führen. Häufig ist negative Kritik mit **Sanktionen** bzw. deren Inaussichtstellung verbunden.

Kündigung	*Dörner u. a. (2009); Hanau/Adomeit (2006); Hromadka/Maschmann (2008); Olfert (2012c); Pulte (2009)*	**108**

Die Kündigung stellt eine **einseitige empfangsbedürftige Willenserklärung** dar. Dabei bedeutet:

- **Einseitig**, dass jeder der beiden Partner des Arbeitsvertrages [⇨ 028] die Willenserklärung unabhängig vom anderen Vertragspartner abgeben kann. Dementsprechend sind zu unterscheiden:

  ► Die **Arbeitnehmerkündigung**, bei welcher der Arbeitnehmer [⇨ 010] die Initiative ergreift.
  ► Die **Arbeitgeberkündigung**, die auch als Entlassung bezeichnet wird. Sie muss durch den Arbeitgeber [⇨ 009] persönlich oder einem von ihm Bevollmächtigten erfolgen.

- **Empfangsbedürftig** heißt, dass die Willenserklärung dem anderen Vertragspartner zugegangen sein muss, um wirksam zu sein. Der **Zugang** ist möglich:

  ► Unter **Anwesenden** in dem Moment, in dem sie der Anwesende hört oder ihm das Kündigungsschreiben ausgehändigt wird.
  ► Unter **Abwesenden**, in dem sie persönlich übergeben, in den Briefkasten geworfen bzw. durch Boten, Gerichtsvollzieher oder Einschreiben zugestellt wird.

Die Kündigung kann zum Zwecke der **Trennung** erfolgen als:

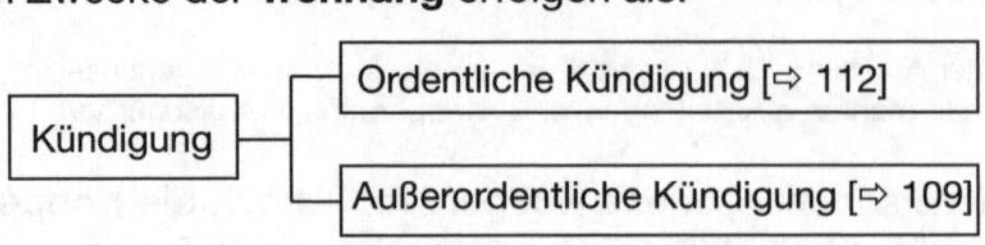

Nicht der Trennung bzw. dem Personalabbau dient die **Änderungskündigung** [⇨ 005], mit der Arbeitsbedingungen verändert werden sollen, wenn dies durch Weisung [⇨ 213] nicht möglich ist.

Kündigung, *außerordentliche*	*Hromadka/Maschner (2008); Olfert (2012c); Pulte (2009); Schliemann (2004); Stahlhacke/Preis/Vossen (2010)*	**109**

Die außerordentliche Kündigung ist ein einseitiges Rechtsgeschäft, dessen empfangsbedürftige Willenserklärung fristlos erfolgt. Sie muss innerhalb von **zwei Wochen** nach Kenntnis des Kündigungsgrundes ausgesprochen werden. Nach Ablauf dieser Frist ist eine außerordentliche Kündigung ausgeschlossen. Bevor sie ausgesprochen wird, muss der Betriebsrat [⇨ 050] gehört werden. **Gründe** für eine außerordentliche Kündigung können sein:

- Betrügerische Angaben, Fälschungen
- Anonyme Anzeigen mit Verleumdungen
- Beharrliche Arbeitsverweigerung
- Erhebliches Arbeitversäumnis
- Grobe Beleidigungen von Vorgesetzten
- Diebstahl, über Bagatellfälle hinaus
- Schwere Wettbewerbsverstöße
- Drohung mit Anzeigen und Enthüllungen
- Erhebliche Intrigen gegen Arbeitskollegen
- Unehrlichkeiten in Vertrauensstellungen
- Unbefugtes Verlassen des Arbeitsplatzes
- Verleitung zur Schlechtleistung
- Tätlichkeiten im Unternehmen.

Nicht für eine außerordentliche Kündigung **anerkannte Gründe** sind z. B. mangelhafte Arbeitsleistung [⇨ 021] und Krankheit. Auch Unfähigkeit ist nur ein Grund zur ordentlichen Kündigung [⇨ 112].

Herrn/Frau
....

Außerordentliche/vorsorgliche Kündigung des Arbeitsverhältnisses

Sehr geehrte(r) ....,

hiermit kündigen wir das mit Ihnen bestehende Arbeitsverhältnis vom .... fristlos.

Die Kündigung erfolgt (Gründe) ....

Sollte die außerordentliche Kündigung unwirksam sein, erklären wir Ihnen gegenüber vorsorglich die ordentliche Kündigung. Diese vorsorgliche ordentliche Kündigung beendet Ihr Arbeitsverhältnis am ....

Der Betriebsrat ist sowohl zur außerordentlichen als auch zur vorsorglichen ordentlichen Kündigung gehört worden und hat beiden zugestimmt/keine Stellung abgegeben/Bedenken vorgebracht.

........................, den ....
Unterschrift

Kündigung, *betriebsbedingte*	*Berkowsky (2008); Hanau/Adomeit (2006); Hromadka/Maschmann (2008); Olfert (2012c)*	**110**

Betriebsbedingt ist eine Kündigung [⇨ 108], wenn dringende betriebliche Erfordernisse einer Weiterbeschäftigung des Arbeitnehmers [⇨ 010] entgegenstehen. Sie können auf innerbetrieblichen Ursachen (z. B. Rationalisierung) oder außerbetrieblichen Ursachen (z. B. Umsatzrückgang) beruhen.

Während innerbetriebliche Ursachen als Folge unternehmerischer Entscheidungen – ggf. auch Fehlentscheidungen – keiner arbeitsgerichtlichen Kontrolle unterliegen, gilt dies für außerbetriebliche Ursachen nicht. Wichtig ist, dass der Fortfall von Arbeitsplätzen aus **dringenden Erfordernissen** notwendig wird.

Betriebliche Gründe können dazu führen, dass nicht nur einzelne Arbeitnehmer von einer Kündigung betroffen sind, sondern **mehrere** oder **viele** Arbeitnehmer. Dabei können unterschieden werden:

- Die **Massenentlassung**, die vorliegt, wenn eine bestimmte Zahl von Arbeitnehmern innerhalb von 30 Kalendertagen gekündigt wird, z. B. mehr als 5 Arbeitnehmer bei einer Belegschaft von 21 bis 59 Arbeitnehmern. Sie bewirkt einen **besonderen Kündigungsschutz** [⇨ 115].

- Die Kündigung wegen **Betriebsänderung**, die häufig Massenentlassungen zur Folge hat. Dabei erfolgt z. B. die Einschränkung und Stilllegung des gesamten Betriebes oder wesentlicher Betriebsteile. Zum **Ausgleich** und der **Milderung** der Arbeitnehmern aus einer Betriebsänderung erwachsenden **Nachteile** sind abzuschließen:

► Der **Interessenausgleich**, der dazu dient, die konträren Interessen von Arbeitgeber [⇨ 009] und Betriebsrat [⇨ 050] in Übereinstimmung zu bringen.
► Der **Sozialplan** [⇨ 196], mit dem die wirtschaftlichen Nachteile der Arbeitnehmer auszugleichen oder zu mildern sind.

Kündigung, *innere*	*Brinkmann/Stapf (2005); Olfert (2012c); Neuhold (2006); Rahn (2008a); Schimpf (2009)*	**111**

Die innere Kündigung wird von **Mitarbeitern** [⇨ 128] empfunden, die sich im Rahmen ihrer betrieblichen Tätigkeit **frustriert** und **demotiviert** fühlen. Sie hat eine bisweilen lang anhaltende Distanzierung gegenüber dem Unternehmen zur Folge. Im Gegensatz zum juristischen Akt der äußeren Kündigung [⇨ 108] vollzieht sich die innere Kündigung für Mitarbeiter **oft unbewusst**.

Die innere Kündigung beschreibt den »lautlosen Protest« von Menschen, die eine offene Konfliktaustragung in Form der äußeren Kündigung nicht oder noch nicht auf sich nehmen können oder wollen. Sie zeigt sich vor allem in folgendem Verhalten [⇨ 208]:

- **Dienst nach Vorschrift**, wenn der Mitarbeiter seine Arbeit [⇨ 008] nur noch routinemäßig verrichtet.
- **Leistungsverweigerung**, wenn er sich innerlich und äußerlich gegen manche Arbeiten sperrt.
- **»Ja-Sager-Verhalten«**, wenn er alles hinnimmt.
- **Unzufriedenheit**, wobei bestimmte Äußerungen des Mitarbeiters darauf schließen lassen.
- **Unfällen**, weil der Mitarbeiter unkonzentriert bzw. geistig abwesend ist.
- **Alkoholismus**, weil die Flucht in den Alkoholkonsum als einziger Ausweg gesehen wird.
- **Karriereboykott**, weil die verfügbaren Kräfte für den Bereich der Freizeit aufgespart werden.
- **Aussteigermentalität**, weil in der Tätigkeit kein Sinn mehr gesehen wird.
- **Absentismus**, weil die Flucht in Fehlzeiten [⇨ 069] als einziger Ausweg erscheint.

Die innere Kündigung kann zu einer äußeren Kündigung führen und damit zur **Fluktuation** [⇨ 070] im Unternehmen, womit die Austritte von Arbeitnehmern [⇨ 010] eines Unternehmens bezeichnet werden, die aufgrund autonomer Entscheidungen einem anderen Unternehmen beitreten.

Da sich die **Demotivation** der Mitarbeiter als kostenspieliges Störpotenzial erweist, haben die Führungskräfte [⇨ 079] die Aufgabe, innere Kündigungen zu erkennen und deren jeweiligen Gründe herauszufinden, um diesen Mitarbeitern helfen und sie motiviern zu können.

Kündigung, *ordentliche*	*Berkowski (2008); Dörner u. a. (2009); Hromadka/Maschmann (2008); Olfert (2012c)*	**112**

Die ordentliche Kündigung ist eine einseitige, empfangsbedürftige Willenserklärung, bei der die Kündigungsfristen eingehalten werden. Nach § 102 Abs. 1 BetrVG ist vor jeder arbeitgeberseitigen Kündigung der Betriebsrat [⇨ 050] zu hören, sonst ist sie rechtsunwirksam. Das **Kündigungsschutzrecht** [⇨ 115] ist zu beachten. Seit 05/2000 sind Kündigungen von Arbeitsverhältnissen nur **schriftlich** wirksam. Für die ordentliche Kündigung, die als **betriebsbedingte** [⇨ 110]**, personenbedingte** [⇨ 113] bzw. **verhaltensbedingte Kündigung** [⇨ 114] möglich ist, gilt:

- Ausgangspunkt sind die **gesetzlichen Kündigungsfristen** gemäß § 622 BGB – siehe Abb., sofern keine besonderen gesetzlichen Bestimmungen greifen.
- Die gesetzlichen Kündigungsfristen, die Mindestfristen darstellen, können als **tarifvertragliche Kündigungsfristen** in Tarifverträgen [⇨ 200] ohne weiteres verlängert oder verkürzt werden (§ 622 Abs. 4 Satz 1 BGB).
- **Arbeitsvertragliche Kündigungsfristen** können jederzeit länger als die gesetzlichen Kündigungsfristen vereinbart werden, wobei die Kündigungsfrist für den Arbeitnehmer [⇨ 010] nicht länger sein darf als für den Arbeitgeber [⇨ 009] (§ 622 Abs. 5 und 6 BGB).

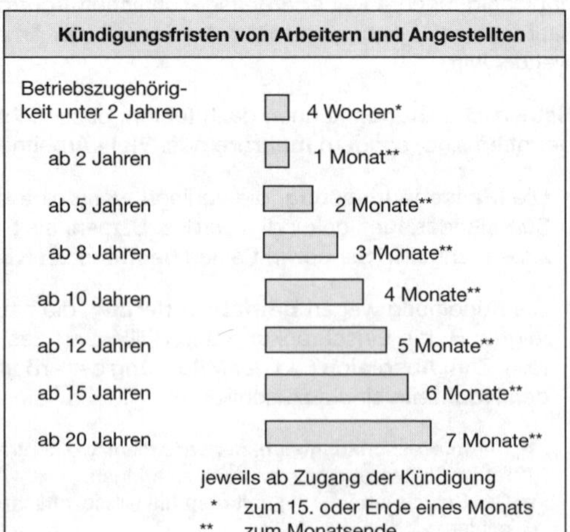

Kündigung, *personenbedingte*	*Hanau/Adomeit (2006); Hromadka/Maschmann (2008); Olfert (2012c); Pulte (2009)*	**113**

Bei der personenbedingten Kündigung geht es um das **Fehlen** bzw. den **Verlust** von **Fähigkeiten zur Erbringung der Arbeitsleistung** [⇨ 021]. Die in der Praxis vorkommenden Kündigungen erfolgen aufgrund von:

- **Krankheiten**, die am häufigsten als Kündigungsgrund anzusehen sind. Die Rechtsprechung unterscheidet:

  - ► Kündigung wegen häufiger Kurzerkrankungen
  - ► Kündigung wegen langanhaltender Krankheit
  - ► Kündigung wegen krankheitsbedingter Leistungsunfähigkeit
  - ► Kündigung wegen erheblicher Leistungsminderung.

  Zur **sozialen Rechtfertigung** einer wegen Krankheit erfolgten Kündigung sind nötig:

  - ► Das Vorliegen einer **negativen Gesundheitsprognose**, durch welche die Besorgnis weiterer Erkrankungen gerechtfertigt wird.
  - ► Die **enstandenen** und **prognostizierten Fehlzeiten** [⇨ 069] müssen die betrieblichen Interessen erheblich beeinträchtigen.
  - ► Die einzelfallbezogenen Interessenabwägung muss ergeben, dass die **erhebliche Beeinträchtigung** dem Arbeitgeber [⇨ 009] nicht zumutbar ist.

- **Mangelnde Eignung** von Arbeitnehmern [⇨ 010], wodurch diese nicht mehr oder nur schlecht in der Lage sind, ihre arbeitsvertraglichen Pflichten zu erfüllen. Sie kann sein:

  - ► **Mangelnde objektive Eignung**, bei der dem Arbeitnehmer persönliche Eignungsvoraussetzungen fehlen oder »verloren gegangen« sind.
  - ► **Mangelnde objektive Eignung**, die in einem Eignungsmangel begründet ist, der unmittelbar in der Person des Arbeitnehmers liegt.

Jeder **Einzelfall** muss sorgfältig geprüft und rechtlich abgewogen werden.

Kündigung, *verhaltensbedingte*	*Hanau (2007); Hanau/Adomeit (2006); Hromadka/Maschmann (2008); Olfert (2012c); Pulte (2009)*	**114**

Die verhaltensbedingte Kündigung bietet sich an, wenn der Arbeitnehmer [⇨ 010] durch **bewusstes, steuerbares Verhalten** [⇨ 208] seine arbeitsvertraglichen Pflichten verletzt, wodurch der betriebliche Ablauf gestört bzw. die wirtschaftlichen Interessen des Arbeitgebers [⇨ 009] beeinträchtigt werden.

Gründe für eine verhaltensbedingte Kündigung können z. B. sein:

- ► Arbeitsverweigerung
- ► Unentschuldigtes Fehlen
- ► Eigenmächtige Urlaubsnahme
- ► Urlaubsüberschreitungen
- ► Unpünktlichkeit
- ► Verstöße gegen die betriebliche
- ► Ordnung
- ► Tätlichkeiten
- ► Beleidigungen
- ► Unterschlagungen
- ► Gering- und Schlechtleistungen
- ► Verstöße gegen Treuepflichten
- ► Verstöße gegen Verschwiegenheitsverpflichtungen

Bei einer Pflichtverletzung, die den Leistungsbereich betrifft, ist der Arbeitnehmer i. d. R. vor dem Ausspruch einer verhaltensbedingten Kündigung abzumahnen.

Die **Abmahnung** [⇨ 002] muss **schriftlich** erfolgen. Sie hat das pflichtwidrige Verhalten aufzuzeigen. Weiterhin muss sie zum Ausduck bringen, dass es sich dabei um eine Pflichtverletzung handelt und künftig vertragsgemäßes Verhalten erwartet wird. Schriftlich sind konkrete Sanktionen für neue, gleichartige Pflichtverletzungen anzudrohen.

Um eine verhaltensbedingte Kündigung aussprechen zu können, verlangen die Arbeitsgerichte vielfach mindestens **zwei bis drei Abmahnungen** im Hinblick auf gleichartige Pflichtverletzungen.

Im **Vertrauensbereich** ist eine vorherige Abmahnung i. d. R. nicht erforderlich.

Kündigungsschutz(recht)	*Olfert (2012c); Stahlhacke/Preis (2010); Schliemann (2004); Tüssing/Laux/Lembke (2007)*	115

Das Kündigungsschutzgesetz (KSchG) sichert den Arbeitnehmer [⇨ 010] vor Nachteilen einer Kündigung [⇨ 108] durch den Arbeitgeber [⇨ 009]. Kündigungsschutz können alle Arbeitnehmer, nicht jedoch leitende Angestellte, geltend machen, sofern ihr Arbeitsverhältnis sechs Monate besteht und im Unternehmen mehr als zehn (ab 2004) Arbeitnehmer beschäftigt sind. Es gilt:

- Eine **Kündigung ist rechtsunwirksam**, wenn sie sozial ungerechtfertigt ist (§ 1 KSchG). Das ist sie dann, wenn sie nicht durch Gründe bedingt ist,

  - die in der Person oder die im Verhalten [⇨ 208] des Arbeitnehmers liegen
  - bzw. durch dringende betriebliche Erfordernisse.

- Eine **Kündigung** ist außerdem **sozial ungerechtfertigt**, wenn der Arbeitnehmer an einem anderen Arbeitsplatz weiterbeschäftigt werden kann, oder der Arbeitgeber bei der betriebsbedingten Kündigung [⇨ 110] im Hinblick auf die Auswahl der zu kündigenden Mitarbeiter [⇨ 128] die Dauer der Betriebszugehörigkeit, das Alter und die Unterhaltspflichten nicht genügend beachtet hat.
- Eine **Kündigung von werdenden Müttern und Wöchnerinnen** während der Schwangerschaft und vier Monate nach der Niederkunft ist unzulässig.
- Eine **Kündigung von Schwerbehinderten** ohne vorherige Zustimmung des Integrationsamtes ist verboten (§§ 85, 91 Abs. 1 SBG IX).
- Eine **Kündigung während des Wehr- oder Ersatzdienstes** ist nicht erlaubt. Mitarbeitern, die diese Dienste ableisten (vgl. Neuregelung), dürfen dadurch keine Nachteile erwachsen.
- **Betriebsräte** [⇨ 050] und **Mitglieder der Jugendvertretung** sind während der Amtszeit und ein Jahr danach **unkündbar** (§ 15 Abs. 1 KSchG). Der Schutz ist erforderlich, damit sie ihre Aufgaben ohne Furcht vor einer Kündigung [⇨ 110] wahrnehmen können.

Kurzarbeit	*Dincher/Roth (2004); Olfert (2012c); Osnabrügge (2009); Schaub/Schindele (2010)*	116

Kurzarbeit ist die vorübergehende Herabsetzung der betriebsüblichen regelmäßigen Arbeitszeit [⇨ 032] für das gesamte Unternehmen bzw. für einzelne Abteilungen mit der Folge von Entgeltminderungen. Das Arbeitsverhältnis wird durch Kurzarbeit nicht beendet, sondern es werden lediglich die **Arbeits- und Entgeltzahlungspflichten** durch die Einführung der Kurzarbeit im gleichen Verhältnis **suspendiert**. Die Kurzarbeit lässt sich unterschiedlich praktizieren, z. B. kann das **Kurzarbeitsvolumen**:

- **Gleichmäßig** auf alle Wochentage verteilt werden, damit an Einzeltagen keine Arbeit [⇨ 008] ausfällt, sondern jeden Tag ein gleiches Stundenvolumen geleistet wird.
- **Ungleichmäßig** aufgeteilt werden, was zu einem völligen Ausfall der Arbeit an einzelnen Tagen oder Wochen führen kann.

Die Kurzarbeit bedarf einer besonderen **Rechtsgrundlage**, z. B. eines Tarifvertrages [⇨ 200], oder einer Betriebsvereinbarung [⇨ 051]. Sie kann nur mit Zustimmung des Betriebsrats [⇨ 050] eingeführt werden (§ 87 BetrVG). Dabei ist zu beachten, dass das Direktionsrecht des Arbeitgebers [⇨ 009] als solches nicht zu der mit der Kurzarbeit verbundenen Lohnminderung ermächtigt.

Mitarbeitern [⇨ 128] von Unternehmen mit regelmäßiger Arbeitszeit zahlt die Bundesagentur für Arbeit aus Mitteln der Arbeitslosenversicherung ein **Kurzarbeitergeld**, wenn ein vorübergehender Ausfall der Arbeit gegeben und zu erwarten ist, dass den Arbeitnehmern [⇨ 010] dadurch die Arbeitsplätze erhalten bleiben. Seine Höhe beträgt je nach persönlicher Situation 60 % oder 67 % des Nettoarbeitsentgeltes, und es wird bis zu sechs Monate gewährt (§ 178 Abs. 1 SGB III).

Bei außergewöhnlichen Verhältnissen auf dem gesamten Arbeitsmarkt kann das Kurzarbeitergeld bis auf 24 Monate ausgedehnt werden. Die Zahlung des Kurzarbeitergeldes ist an die Erfüllung gesetzlich festgelegter **Voraussetzungen** gebunden (§§ 169 bis 182 SGB III).

Laufbahnplanung	*Berthel/Becker (2010); Drumm (2008); Hentze/Graf (2005); Olfert (2012a, 2012c)*	**117**

Die Laufbahnplanung wird auch als **Karriereplanung** bezeichnet. Sie geht vom einzelnen Mitarbeiter [⇨ 128] aus und zeigt die grundsätzliche Abfolge von Stellen, die ein Mitarbeiter während seiner beruflichen Entwicklung einnehmen kann.

Dabei wird von bestimmten **Voraussetzungen** ausgegangen, insbesondere von:

- Entsprechend gesammelten Erfahrungen,
- Guten Beurteilungen
- Der Verfügbarkeit der betreffenden Stellen.

Laufbahnpläne werden häufig in **grafischer Form** ohne Ausrichtung auf konkrete Arbeitsplätze ausgearbeitet (Abb.).

Im Rahmen der Personalplanung [⇨ 175] gibt es die **individuelle Laufbahnplanung** mit potenzialorientierten und positionsorientierten Laufplänen.

Spezialisten-, Projekt- und Gremienlaufbahnen ersetzen zunehmend Fachlaufbahnen.

Laufbahnplan Konstruktionsbereich

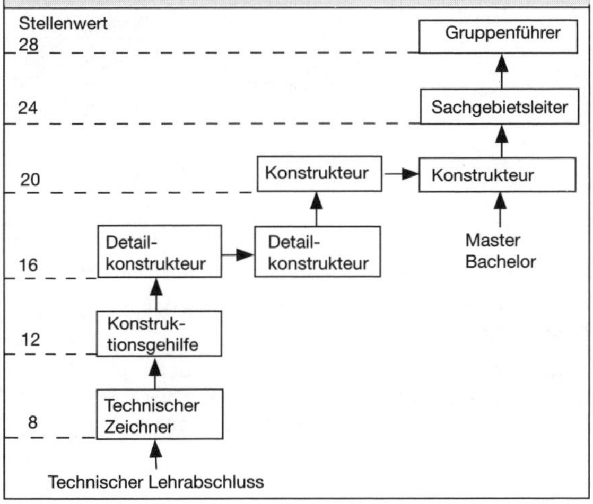

Lebenslauf	*Coelius (2006); Hesse/Schrader (2008a); Olfert (2012a, 2012c); Püttjer/Schnierda (2010)*	**118**

Der Lebenslauf soll Aufschluss über die persönliche und berufliche Entwicklung des Bewerbers geben. Er enthält unter Angabe der jeweiligen Zeiträume folgende **Informationen** [⇨ 094]:

► Vorname, Name	► Berufliche Ausbildung [⇨ 042]
► Wohnort, Straße	► Prüfungen
► Geburtsdatum, Geburtsort	► Berufliche Tätigkeiten
► Familienstand	► Berufliche Fähigkeiten
► Schulische Ausbildung	► Fortbildung [⇨ 072]

Von einem Bewerber wird heute i. d. R. ein Maschinen oder Computer geschriebener tabellarischer Lebenslauf erwartet, weil dieser übersichtlich und gut auswertbar ist. Als **Möglichkeiten seiner Auswertung** bieten sich an:

- Die **Zeitfolgenanalyse**, mit der Arbeitsplatzwechsel untersucht und Lücken im Lebenslauf aufgespürt werden. Zu häufige Arbeisplatzwechsel werden vielfach eher negativ beurteilt und dies um so mehr, je älter ein Bewerber ist. Arbeitsplatzwechsel in vertretbaren zeitlichen Abständen können bei jüngeren Bewerbern positiv gewertet werden.

- Die **Positionsanalyse**, mit der ein beruflicher Aufstieg oder Abstieg, ein Berufswechsel oder ein Wechsel des Arbeitsgebietes offen gelegt wird. Seine Ursachen sind näher zu untersuchen, denn vermeintlich negative Entwicklungen des Bewerbers können sich möglicherweise als wenigr bedeutsam erweisen. So können sie z. B. auch privater Natur sein.

Der Lebenslauf ist im Stande, wichtige Informationen über den Bewerber zu vermitteln.

Lohn	*Lase/Stein (2008); Oechsler (2006); Olfert (2012a, 2012c); Zander/Wagner (2005)*	**119**

Der Lohn ist die von einem Arbeitgeber [⇨ 009] bezahlte Vergütung für die von einem Arbeitnehmer [⇨ 010] erbrachte Arbeitsleistung [⇨ 021]. **Formen** des Lohnes sind:

Arbeitslohn
- Zeitlohn [⇨ 215]
- Akkordlohn [⇨ 004]
- Prämienlohn [⇨ 189]
- Pensumlohn [⇨ 137]
- Ergänzende Löhne [⇨ 122]
- Sonstige Entgeltteile [⇨ 066]
- Löhne ohne Leistung [⇨ 123]
- Sicherung der Löhne [⇨ 124]

Im Rahmen der Lohnabrechnung sind außerdem der Brutto- und Nettolohn zu unterscheiden:

In Arbeitsverträgen ist die Vereinbarung eines **Bruttolohnes** üblich.

Vom Bruttolohn ist auch auszugehen, wenn nur ein Lohnbetrag vereinbart wurde, ohne dass eine nähere Kennzeichnung dieses Lohnes erfolgte.

Bruttolohn
- Lohnsteuer
- Kirchensteuer, Solidaritätszuschlag
- Rentenversicherungsbeitrag (Arbeitnehmeranteil 50 %)
- Krankenversicherungsbeitrag (Arbeitnehmeranteil 50 % + 1,2 %)
- Arbeitslosenversicherungsbeitrag (Arbeitnehmeranteil 50 %)
- Pflegeversicherungsbeitrag (Arbeitnehmeranteil 50 %) *

= **Nettolohn** als Auszahlungsbetrag

* Sonderregelungen für Kinderlose über 23 Jahre sowie in Sachsen

Lohnfindung	*Bröckermann (2009); Bühner (2004a); Jung (2008); Olfert (2012a, 2012c); Stopp (2006)*	**120**

Die Lohnfindung dient der Feststellung des gerechten Lohnes [⇨ 119]. Er ist aber nur **relativ gerecht** ermittelbar. Dazu dienen »Teil«gerechtigkeiten. Dementsprechend sind als Möglichkeiten der Lohnfindung zu unterscheiden:

- Die **anforderungsbezogene Lohnfindung**, bei der nach den verschiedenen Schwierigkeitsgraden der von den Mitarbeitern zu verrichtenden Arbeitsaufgaben differenziert wird. Sie werden mithilfe der **Arbeitsbewertung** [⇨ 014] ermittelt, deren Grundlage die qualitative **Arbeitsanalyse** ist, die aus zwei Teilen besteht:

Arbeits-untersuchung	Erfassung des Arbeitsablaufes nach Art, Umfang, Inhalt der Teilarbeiten und Feststellung der im Einzelnen erforderlichen Verrichtungen.
Arbeits-beschreibung	Sie enthält alle für die Bewertung nötigen Angaben, insbesondere die gestellte Arbeitsaufgabe, das gewünschte Arbeitsergebnis, den Arbeitsablauf, die verwendeten Mittel.

- Die **qualifikationsbezogene Lohnfindung**, die verstärkt erforderlich wird, um die Entlohnung nicht an gegenwärtigen, sondern an künftigen Anforderungen zu orientieren.

- Die **leistungsbezogene Lohnfindung**, die das Arbeitsergebnis zur Grundlage für die Entlohnung macht. Möglich ist dies durch die Wahl einer leistungsbezogenen Lohnform oder durch eine von der Lohnform unabhängigen Leistungsbeurteilung, deren Ergebnis für die Lohnhöhe bedeutsam ist.

- Die **marktbezogene Lohnfindung**, bei der (arbeits)marktbezogene Aspekte eine Rolle spielen, z. B. konjunkturelle, saisonale und regional bedingte Gründe.

Lohngerechtigkeit	*Bröckermann (2009); Jung (2008); Knörzer (2008); Olfert (2012a, 2012c); Schanz (2000)*	121

Lohngerechtigkeit ist im Rahmen der Personalentlohnung [⇨ 162] anzustreben. Dabei geht es vorrangig um die Höhe des Lohnes [⇨ 119]. Sie ist der Betrag, der den Arbeitnehmern [⇨ 010] für ihre Arbeitsleistungen [⇨ 021] entgolten wird und kann sein:

- Eine **absolute Lohnhöhe**, die sich im Vergleich zu anderen Unternehmen ergibt. Sie wird häufig durch **Tarifverträge** [⇨ 200] bestimmt.
- Eine **relative Lohnhöhe**, die sich aus der Differenzierung der Löhne innerhalb des Unternehmens ergibt. Um sie festzulegen, müssen mithilfe der Arbeitsbewertung [⇨ 014] die Lohnsätze festgelegt und die **Lohnformen** bestimmt werden.

Eine absolute Lohngerechtigkeit gibt es nicht. Deshalb sollte im Rahmen der Lohnfindung wenigstens eine **relative Lohngerechtigkeit** angestrebt werden, die sich an folgenden **Kriterien** orientieren kann:

- **Anforderungen** (Schwierigkeitsgrad der Arbeitsaufgaben)
- **Qualifikationen** [⇨ 192] (insbesondere auch Vielseitigkeit der Arbeitnehmer)
- **Leistungen** (qualitative/quantitative Leistungen der Arbeitnehmer)
- **Markt** (Gegebenheiten am Arbeitsmarkt)
- **Sozialem** (z. B. Lebensalter, Familienstand, Kinderzahl).

Gerechtigkeit muss auch den verschiedenen Arbeitnehmergruppen untereinander zuteil werden. Hier gibt es das **Gleichbehandlungsprinzip**, das die Gleichbehandlung sicherstellen soll, z. B. zwischen Voll- und Teilzeitkräften. Im Übrigen sind die Regelungen des **Gleichbehandlungsgesetzes** (AGG) strikt zu beachten.

Löhne, *ergänzende*	*Bröckermann (2009); Oechsler (2006); Olfert (2012a, 2012c); Zander/Wagner (2005)*	122

Über die Grundlöhne hinausgehende Leistungen an Arbeitnehmer [⇨ 010] stellen ergänzende Löhne dar. Sie können beim Zeitlohn [⇨ 215] und Akkordlohn [⇨ 004] hinzukommen, im Prämienlohn [⇨ 189] und Pensumlohn [⇨ 137] sind sie – zumindest teilweise – bereits enthalten. Es gibt z. B.:

- **Prämien** als besonder Vergütungen, die neben dem Grundlohn gezahlt werden, um bestimmte persönliche Leistungen oder Arbeitserfolge zu honorieren.
- **Zuschläge**, wozu das Unternehmen durch Gesetze oder Tarifverträge [⇨ 200] verpflichtet sein kann, die aber auch freiwillig aufgrund von Betriebsvereinbarungen [⇨ 051] und Arbeitsverträgen [⇨ 028] gewährt werden. Sie werden auch **Zulagen** genannt und können begründet sein in:

  ► **Besonderen Leistungen**, z. B. als Überstunden-, Leistungs-, Funktionszuschläge
  ► **Ungünstigen Arbeitsumständen**, z. B. als Sonntags-, Schicht-, Gefahren-, Schmutzzuschläge
  ► **Sozialen Aspekten**, z. B. als Orts-, Kinder-, Alters-, Wohnzuschläge

- **Gratifikationen**, die Vergütungen darstellen, welche aus bestimmten Anlässen gewährt werden. Sie dienen als Belohnung für in der Vergangenheit erbrachte und als Ansporn für künftig zu leistende Dienste. Ihr **Rechtsanspruch** kann in Tarifverträgen, Betriebsvereinbarungen, Arbeitsverträgen und betrieblicher Übung begründet sein. Häufig vorzufinden sind:

  ► **Weihnachtsgratifikationen**, die meistens an das Bestehen des Arbeitsverhältnisses im Auszahlungszeitpunkt gebunden sind, ggf. auch an einen späteren Zeitpunkt.
  ► **Jubiläumsgratifikationen**, die sich auf das Dienstjubiläum eines Mitarbeiters oder eines Unternehmens beziehen.
  ► **Urlaubsgratifikationen**, die zusätzlich zu der für die Dauer des Urlaubes gewährten Grundvergütung gezahlt werden.

Löhne, *ohne Leistung*	*Bauer/Röder/Lingemann (2006); Jung (2008); Oechsler (2006); Olfert (2012a, 2012c)*	**123**

Löhne [⇨ 119], denen keine Arbeitsleistungen [⇨ 021] von Mitarbeitern [⇨ 128] gegenüberstehen, können vom Arbeitgeber [⇨ 009] aus mehreren **Gründen** zu zahlen sein:

- Bei **Krankheit** hat der Arbeitgeber nach dem Entgeltfortzahlungsgesetz (EFZG) für die Dauer von bis zu 6 Wochen Lohn zu vergüten, wenn der Arbeitnehmer ohne sein Verschulden an der Arbeitsleistung gehindert wird. **Verschulden** ist gegeben, wenn sich der Arbeitnehmer [⇨ 010] besonders leichtfertig verhalten hat, z. B. bei Nichtanlegen des Auto-Sicherheitsgurtes. Die Höhe des zu zahlenden Entgelts beträgt 100 % des regelmäßigen Arbeitsentgelts.
- Bei **Kuren** und **Heilverfahren** zur Erhaltung, Besserung oder Wiederherstellung der Erwerbsfähigkeit hat der Arbeitnehmer für sechs Wochen einen Anspruch auf Fortzahlung der Vergütung.
- Eine ärztlich verschriebene **Schonzeit** im Anschluss an ein Heilverfahren gibt es seit Inkrafttreten des EFZG nicht mehr. Um dem Arbeitnehmer noch für einen gewissen Zeitraum Erholung zu ermöglichen, verpflichtet das EFZG den Arbeitgeber, dem Arbeitnehmer auf sein Verlangen für die sich an die Maßnahme anschließende Zeit Erholungsurlaub zu gewähren (§ 7 Abs. 2 BUrlG).
- Bei **persönlicher Verhinderung** hat der Arbeitnehmer, sofern Tarifvertrag [⇨ 200] oder Arbeitsvertrag [⇨ 028] nichts anderes vorsieht, Anspruch auf Fortzahlung der Vergütung, z. B. bei:

  - ▶ Geburt, Sterbefall, Begräbnis in der Familie
  - ▶ Eigener Hochzeit, silberner oder goldener Hochzeit der Eltern
  - ▶ Schwerwiegender Erkrankung naher Angehöriger
  - ▶ Arztbesuch, der außerhalb der Arbeitszeit nicht möglich ist
  - ▶ Erkrankung eines Kindes unter 8 Jahren
  - ▶ Musterung (vgl. Neuregelung)

- Bei **Annahmeverzug** des Arbeitgebers, der einen arbeitswilligen Arbeitnehmer am Betreten des Unternehmens hindert oder ihm keine Arbeit zuweist (§ 615 BGB).

Löhne, *Sicherung*	*Bröckermann (2009); Hock (2005); Olfert (2012a, 2012c); Schaub (2009)*	**124**

Die Sicherung der Löhne [⇨ 119] soll gewährleisten, dass sie grundsätzlich dem Arbeitnehmer [⇨ 010] zufließen. Sie ist auf unterschiedliche Weise geregelt:

- Die **Pfändung** der Lohnforderung, die der Mitarbeiter [⇨ 128] gegenüber seinem Arbeitgeber [⇨ 009] hat, ist einem Gläubiger des Arbeitnehmers zwar möglich, wenn er einen vollstreckbaren Titel gegen den Arbeitnehmer als Schuldner hat, jedoch nur unter zwei **Beschränkungen**:

  - ▶ Ein Teil des **Nettolohnes** darf nicht gepfändet werden. Dieser pfändungsfreie Betrag ist der **Lohnpfändungstabelle** zu entnehmen.
  - ▶ Ebenso dürfen insgesamt **keine** Reisespesen, Auslösungsgelder, Gefahrenzulagen, Schmutzzulagen, Erschwerniszulagen und zusätzliches Urlaubsgeld gepfändet werden.

- Die **Aufrechnung** der Lohnforderung, die der Arbeitnehmer gegenüber dem Arbeitgeber hat, ist dem Arbeitgeber nur dann möglich, wenn die Forderung des Arbeitgebers fällig und eine Geldforderung ist, z. B. als Schadensersatzforderung. Die Aufrechnung kann jedoch durch Tarifvertrag [⇨ 200], Betriebsvereinbarung [⇨ 051] oder Arbeitsvertrag [⇨ 028] ausgeschlossen sein.
- Das **Abtretungsverbot**, das eine Abtretung des Arbeitnehmers gegenüber einem Gläubiger bezüglich der nicht pfändbaren Teile des Lohnes nichtig macht, z. B. die Abtretung des gesamten Monatslohns.
- Das **Insolvenzgeld**, das auf Antrag des Arbeitnehmers von der Agentur für Arbeit als Ausgleich von Ansprüchen aus rückständigem Lohn durch die Eröffnung des Insolvenzverfahrens für die vorausgegangen drei letzten Monate des Arbeitsverhältnisses gezahlt wird. Das gilt auch für den Fall, dass der Insolvenzantrag »mangels Masse« abgelehnt wird.

Lohn- und Gehaltsrechnung	*Conrad (2010); Enderes (2010); Janak (2010); Mergelsberg (2010); Olfert (2012c)*	125

Die Lohn- und Gehaltsrechnung umfasst die Ermittlung des Entgeltes sowie alle weiterführenden Maßnahmen bis zu seiner Auszahlung an die Mitarbeiter [⇨ 128]. Sie erfolgt in mehreren **Schritten**:

- Mithilfe der **Bruttorechnung** wird das Bruttoentgelt eines Arbeitnehmers [⇨ 010] für eine Abrechnungsperiode ermittelt, das besteht aus:

  - ▶ Dem **Bruttolohn** (für Arbeiter, Ermittlung mittels Lohnscheinen)
  - ▶ Dem **Bruttogehalt** (für Angestellte, Ermittlung aus Datenstammsätzen)
  - ▶ **Provisionen** (bei Außendienstlern, Ermittlung z. B. aus Umsätzen)
  - ▶ Ggf. **Sonderzuwendungen** (z. B. Weihnachts-/Urlaubsgeld)

- Die **Nettorechnung** dient dazu, das Nettoentgelt der Arbeitnehmer zu ermitteln. Die für die Berechnung der Abzüge erforderlichen Daten gibt es bei EDV-mäßiger Abrechnung in der Personalstammdatei. Gesetzliche Vorschriften und Bestimmungen müssen beachtet werden.
- Die **Zahlungsrechnung**, die erfolgt, um festzustellen, welcher Betrag dem Arbeitnehmer auszuzahlen ist. Er muss wegen möglicher persönlicher Erstattungen bzw. Zuwendungen oder Abzüge nicht mit dem Nettoentgelt übereinstimmen. Neben der Auszahlung an den Arbeitnehmer sind Zahlungen an das Finanzamt und an die zuständigen Sozialversicherungsträger (auch der Arbeitgeberanteile) zu leisten.
- Die **Auswertungsrechnung**, aufgrund derer anderen Bereichen des Unternehmens, insbesondere der Buchhaltung und Kostenrechnung sowie dem Controlling geeignete Informationen zur Verfügung zu stellen sind.

	Bruttoentgelt
–	Lohnsteuer
–	Solidaritätszuschlag
–	Kirchensteuer
–	Rentenversicherungsbeitrag
–	Krankenversicherungsbeitrag
–	Pflegeversicherungsbeitrag
–	Arbeitslosenversicherungsbeitrag
=	**Nettoentgelt**

	Nettoentgelt
–	Persönliche Erstattungen/ Zuwendungen
–	Persönliche Abzüge
=	**Auszahlungsbetrag**

Macht(grundlagen)	*Bleicher (2004); Dillerup u. a. (2007); Olfert (2012c); Rahn (2008a); Sandner/Meyer (2004)*	126

Macht ist die Chance, innerhalb einer sozialen Beziehung den eigenen Willen auch gegen Widerstände durchzusetzen. Sie beruht u. a. auf dem tatsächlichen Ausgeliefertsein des Beherrschten und auf der Überlegenheit des Herrschenden. Bei Führungskräften [⇨ 079] können verschiedene **Arten** der Macht unterschieden werden:

- Der **Legitimationsmacht**, die sich aus der hierarchischen Ordnung des Unternehmens ergibt. Machtgrundlagen sind die hierarchische Position des Vorgesetzten sowie Normen und Werte, die dem Führenden Einfluss geben. Die Mitarbeiter [⇨ 128] erkennen die formal gesetzte Ordnung an und sehen es als ihre Pflicht an, dem Vorgesetzten Folge zu leisten.
- Der **Referenzmacht**, die zu einer Identifikation der Mitarbeiter mit dem Vorgesetzten führt. Aufgrund der persönlichen Wertschätzung erscheint der Vorgesetzte den Mitarbeitern als Vorbild. Mitunter entwickeln Mitarbeiter den Wunsch, so zu sein, wie der Vorgesetzte und übernehmen dessen Verhalten [⇨ 208] und Werte.
- Der **Expertenmacht**, die sich auf die fachliche Qualifikation [⇨ 192] des Vorgesetzten bezieht. Die Mitarbeiter erkennen einen Vorgesetzten an, von dem sie annehmen, dass er über beträchtliche Informationsvorsprünge verfügt. Sie ist umso gefestigter, je größer die Sachkenntnis in einem bestimmten Gebiet ist.
- Der **Belohnungsmacht**, die darauf beruht, dass der Vorgesetzte den Mitarbeitern Belohnungen gewähren oder versagen kann. Sie können materielle Belohnungen, z. B. Gehaltserhöhungen, sowie immaterielle Belohnungen sein, z. B. Anerkennung, Kollegialität, Zuwendung.
- Der **Bestrafungsmacht**, die es dem Vorgesetzten ermöglicht, denjenigen Mitarbeiter Sanktionen zu erteilen, die seine Anordnungen nicht befolgen. Dabei sind die Androhung und der tatsächliche Vollzug einer Bestrafung zu unterscheiden, z. B. Versetzung, Entlassung.

Management by Objectives	*Baldegger (2006); Dillerup/Stoi (2007); Olfert (2012c); Rahn (2008a); Stroebe (2010); Töpfer (2007)*	**127**

Das Management by Objectives ist eine **Führungstechnik** [⇨ 088], die sich der Ziele als Führungsmittel [⇨ 080] bedient. Es basiert nach überwiegender Auffassung darauf, dass Ziele zwischen dem Vorgesetzten und den Mitarbeitern [⇨ 128] **vereinbart** werden, also keine (einseitige) Vorgabe der Ziele [⇨ 216] durch den Vorgesetzten erfolgt. Der Vorgesetzte ist verpflichtet, seine Mitarbeiter in ihrer Zielerfüllung zu unterstützen. Dazu führt er mit ihnen **Förder-** und **Beratungsgespräche**.

Grundlegende **Elemente** des Management by Objectives sind:

- Das **Zielsystem**, das aus Ober- und Unterzielen besteht.
- Die **Organisation**, mit der die Verantwortungsbereiche klar fixiert sind.
- Das **Kontrollsystem** zur Ermittlung und Analyse von Soll-Ist-Abweichungen.

Der **Prozess** des Management by Objectives hat folgende Grundstruktur:

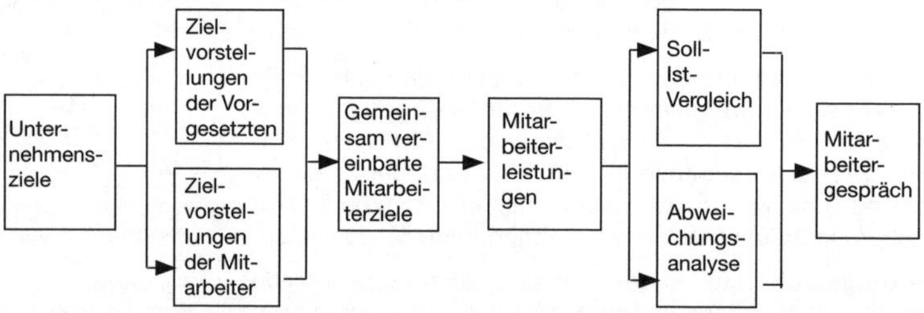

Die **Delegation** [⇨ 060] von **Handlungsverantwortung** [⇨ 207] ist Voraussetzung für die Einsetzbarkeit des Management by Objectives. Dagegen bleibt die **Führungsverantwortung** beim Vorgesetzten. Er wird entlastet, die Identifikation der Mitarbeiter mit den Unternehmenszielen verbessert sich.

Mitarbeiter	*Bühner (2004b); Femppe/Zander (2008); Olfert (2012a, 2012c); Rahn (2008a, 2012)*	**128**

Mitarbeiter ist jeder Arbeitnehmer [⇨ 010] eines Unternehmens. Während vom Arbeitnehmer in Zusammenhang mit arbeitsrechtlichen Betrachtungen gesprochen wird, findet der Begriff des Mitarbeiters im Rahmen de **Personalführung** [⇨ 169] Verwendung.

Mitarbeiter unterscheiden sich von den anderen elementaren Produktionsfaktoren durch eine Reihe von Besonderheiten:

- **Aktivität** (eigener Wille, selbst gesteckte Ziele)
- **Leistungsfähigkeit** (körperliche und geistige Anlagen)
- **Temperament** (z. B. pflichtbewusst, unbekümmert, geltungsbedürftig, pedantisch)
- **Individualität** (jeder Mitarbeiter ist anders)
- **Motivation** (zur Verfolgung der Unternehmensziele)
- **Probabilität** (Verhalten der Mitarbeiter nicht deterministisch bestimmbar)
- **Beeinflussbarkeit** (Abhängigkeit von psychologischen/physischen Einflüssen)

Mitarbeiter können unter folgenden Aspekten gesehen werden:

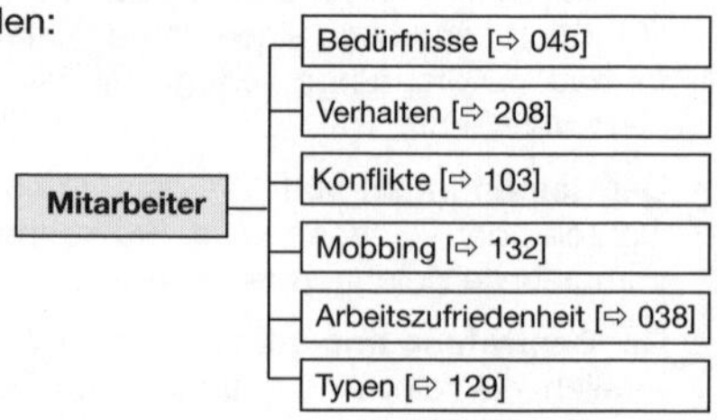

Je nach **Führungssituation** gibt es:

- **Einzelne Mitarbeiter**, die individuelle Motive, Wünsche, Erwartungen und Ziele haben.
- **Gruppenmitglieder** [⇨ 091], die gemeinsame Motive, Wünsche, Erwartungen und Ziele haben, welche vielfach von den individuellen Motiven, Wünschen, Erwartungen und Zielen abweichen.

Mitarbeiter, *Typen*	*Fremppe/Zander (2008); Gaugler/Oechsler/ Weber (2004); Olfert (2012a, 2012c); Rahn (2008a)*	**129**

Als Mitarbeitertypen lassen sich unterscheiden:

Weibliche Mitarbeiter	Ihnen öffnet sich die Arbeitswelt in praktisch allen Berufssparten. Ein während des ganzen Berufslebens der meisten Frauen bestehendes Problem bildet die **Doppelbelastung** in Beruf und Haushalt. Für weibliche Mitarbeiter bestehen im Arbeitsleben besondere Schutzvorschriften, z. B. das Mutterschutzgesetz.
Männliche Mitarbeiter	Sie nehmen – im Gegensatz zu weiblichen Mitarbeitern – zu einem hohen Prozentsatz die Führungspositionen in Wirtschaft und Verwaltung wahr. **Gleichberechtigung** und **Gleichbehandlung** von Frauen und Männern sind im Arbeitsleben dort zu realisieren, wo sie auf der Grundlage gleicher Bedingungen stattfinden können.
Jugendliche Mitarbeiter	Dazu rechnet im Sinne des Arbeitsrechts, wer das **14. Lebensjahr** vollendet und das **18. Lebensjahr** noch nicht überschritten hat. Zu diesen Mitarbeitern zählen insbesondere Auszubildende, Ungelernte, Volontäre und Praktikanten.
Ältere Mitarbeiter	Von ihnen wird gesprochen, wenn sie **über fünfzig Jahre** alt sind. Mit zunehmendem Alter tritt weniger eine generelle Leistungsminderung als vielmehr ein Leistungswandel ein. Die Körperkräfte können nachlassen, aber Umsicht, Erfahrung, Geduld und Besonnenheit nehmen häufig zu.
Behinderte Mitarbeiter	Dazu zählen Rehabilitationsfälle, psychisch Kranke und Körperbehinderte. Auch Schwerbehinderte sind einzubeziehen. Diesen Personen sollte das notwendige **Verständnis** und **Einfühlungsvermögen** entgegengebracht werden.
Ausländische Mitarbeiter	Das sind abhängig **Beschäftigte ohne deutsche Staatsangehörigkeit**. Sie haben es im fremden Land nicht einfach, weil sie sich – weitab von der Heimat – mit neuen Bedingungen abfinden müssen. Rechtlich bedeutsam ist, ob es EU-Bürger sind.

Mitbestimmung	*Besgen (2010); Fitting u. a. (2010); Hromadka/ Maschmann (2010); Meyer (2009); Olfert (2012c)*	**130**

Die betriebliche Mitbestimmung ist die institutionelle **Teilhabe des Betriebsrates** [⇨ 050] an Willensbildungs- und Entscheidungsprozessen im Unternehmen. Sie unterscheidet sich von der Mitwirkung [⇨ 131] dadurch, dass der Betriebsrat die Möglichkeit hat, einer **Entscheidung** des Unternehmers zu **widersprechen** oder sie zu **verhindern**. Die Mitbestimmung bezieht sich auf:

Soziale Angelegenheiten	Der Betriebsrat hat ein **Zustimmungs-** oder **Vetorecht** z. B. bei Fragen der Betriebsordnung, Lage von Arbeitszeit [⇨ 032] und Arbeitspausen, Entgeltmodalitäten, Urlaubsplan, Unfallschutz, Verwaltung der Sozialeinrichtungen und Werkswohnungen, Formen der Arbeitsbewertung [⇨ 014], Akkord- und Prämiensätze, Vorschlagswesen [⇨ 211] (§§ 87-89 BetrVG).
Arbeitsplatz-bezogene Angelegenheiten	Nach § 91 BetrVG besteht ein **Mitbestimmungsrecht**, wenn die Arbeitnehmer [⇨ 010] durch Änderungen der Arbeitsplätze, des Arbeitsablaufes oder der Arbeitsplatzumgebung, die den gesicherten arbeitswissenschaftlichen Erkenntnissen über die Arbeitsgestaltung widersprechen, in besonderer Weise belastet werden. Der Betriebsrat kann in diesem Fall angemessene Maßnahmen zur Abwendung, Milderung oder zum Ausgleich der Belastung verlangen, z. B. Vermeidung von Lärmbelästigung.
Personelle Angelegenheiten	Der Betriebsrat hat ein **Zustimmungs-** oder **Vetorecht** z. B. bei einem Personalfragebogen bzw. den Beurteilungsgrundsätzen, bei den Richtlinien für die Auswahl, Versetzung und Umgruppierung, Bestellung von Ausbildern und bei ordentlichen Kündigungen [⇨ 112]. Ein **erzwingbares Initiativrecht** hat der Betriebsrat bei Stellenausschreibungen und bei der Auswahl von Fortbildungsteilnehmern (vgl. §§ 92-105 BetrVG).
Wirtschaftliche Angelegenheiten	Ihm stehen hier **Informationsrechte** zu. Bei der Aufstellung eines Sozialplans [⇨ 196] besteht ein **erzwingbares Mitbestimmungsrecht**. In Unternehmen mit mehr als 100 ständig Beschäftigten ist ein Wirtschaftsausschuss zu bilden (§§ 106 ff. BetrVG). Dieser hat wirtschaftliche Angelegenheiten mit dem Unternehmer zu beraten und den Betriebsrat zu unterrichten (§§ 106-113 BetrVG).

Gesetzliche Regelungen zur Unternehmensmitbestimmung enthalten auch das Montan-Mitbestimmungsgesetz (Montan-MitbestG), das Montan-Mitbestimmungsergänzungsgesetz (Montan-MitbestErG) und das Mitbestimmungsgesetz (MitbestG).

Mitwirkung	*Besgen (2010); Fitting u. a. (2010); Hromadka/ Maschmann (2010); Olfert (2012c); Schaub (2002)*	**131**

Die Mitwirkung umfasst verschiedene Arten der rechtlich abgesicherten Einflussnahme von Arbeitnehmern [⇨ 010] auf betriebliche Entscheidungsprozesse. Sie bedeutet **Beratung** und **Mitsprache** des Betriebsrats [⇨ 050] bei bestimmten Entscheidungen des Arbeitgebers [⇨ 009] als:

Informationsrecht	Der Arbeitgeber wird verpflichtet, den Betriebsrat rechtzeitig und umfassend zu unterrichten (§ 80 Abs. 2 BetrVG), ohne dass dieser über ein Recht zur Diskussion und zur Abgabe einer Stellungnahme verfügt. Informationsrechte bestehen hinsichtlich: ► des Arbeitsschutzes gem. § 89 BetrVG ► der Gestaltung von Arbeitsplatz, Arbeitsablauf gem. § 90 Abs. 1 BetrVG ► der personellen Einzelmaßnahmen gem. § 99 Abs. 1 BetrVG ► der geplanten Betriebsänderungen gem. § 111 BetrVG.
Vorschlagsrecht	Der Betriebsrat hat ein Vorschlagsrecht bei der Einführung einer Personalplanung [⇨ 175] und ihrer Durchführung gem. § 92 Abs. 2 BetrVG.
Antragsrecht	Der Betriebsrat darf grundsätzlich Maßnahmen beantragen, die dem Unternehmen und der Belegschaft dienen (§ 80 Abs. 1 Nr. 2 BetrVG).
Beratungsrecht	Der Betriebsrat hat dieses Recht bei Maßnahmen der Bauplanung, Anlageplanung, Ablauf- und Verfahrensplanung bzw. Planung des Arbeitsplatzes (§ 90 Abs. 2 BetrVG).
Anhörungsrecht	Der Betriebsrat ist insbesondere vor jeder Kündigung [⇨ 108] eines Arbeitnehmers zu hören (§ 102 Abs. 1 BetrVG).

Die **letzte Entscheidung** bleibt aber **beim Arbeitgeber**, d. h. er behält das Recht, seine Absichten auch gegen die Vorstellungen des Betriebsrates durchzusetzen. Die Mitwirkung als institutionelle Teilhabe an Entscheidungsprozessen geht damit nicht so weit wie die **Mitbestimmung** [⇨ 130]. Arbeitgeber und Betriebsrat sollen bei Meinungsverschiedenheiten rechtzeitig verhandeln mit dem ernsthaften Willen, zu einer Einigung zu kommen (§ 74 Abs. 1 BetrVG). Nach § 121 BetrVG kann eine Verletzung von Aufklärungspflichten durch den Arbeitgeber mit Geldbußen geahndet werden.

Mobbing	*Böhme (2008); Kolodej (2005); Leymann (2006); Litzcke/Schuh (2010); Olfert (2012c)*	**132**

Mobbing ist nach *Leymann* eine konfliktbelastete Kommunikation [⇨ 098] am Arbeitsplatz unter Kollegen oder zwischen Vorgesetzten und Untergebenen, bei der die angegriffene Person unterlegen ist und von einer oder einigen Personen systematisch, oft und während längerer Zeit mit dem Ziel [⇨ 216] und/oder dem Effekt des Ausstoßes aus dem Arbeitsverhältnis direkt oder indirekt angegriffen wird und dies als Diskriminierung empfindet.

Es lassen sich unterscheiden:

- **Horizontales Mobbing**, das auf der gleichen Hierarchieebene erfolgt, also unter Kollegen. Oft sind es mehrere Mobber, die gemeinsam aktiv werden.
- **Vertikales Mobbing**, das zwischen Personen unterschiedlicher Hierarchieebenen geschieht. Es kann dabei von oben nach unten oder aber von unten nach oben gehen.

Mobbing kann eine Vielzahl einzelner **Handlungen** umfassen, die sich beziehen können auf:

- Angriffe auf Möglichkeiten, sich mitzuteilen
- Angriffe auf soziale Beziehungen
- Angriffe mit Auswirkungen auf das soziale Ansehen
- Angriffe auf die Qualität der Berufs- und Lebenssituation
- Angriffe auf die Gesundheit.

Das Vorhandensein von Mobbing im Unternehmen legt offen, dass es Mängel in der Personalführung [⇨ 169] gibt. In vielen Fällen stellen **Vorgesetzte** selbst die **Mobber** dar, zum Teil in Verbindung mit Kollegen des Gemobbten. Aber auch wenn Vorgesetzte nicht selbst mobben, kann es nicht hingenommen werden, wenn sie das Mobbing anderer in ihrem Führungsbereich nicht unterbinden.

Motivation	Berthel/Becker (2010); Olfert (2012c); Rahn (2008a, 2012); v. Rosenstiel (2009)	133

Die Motivation umfasst alle Gegebenheiten im Menschen selbst und im Umfeld des Menschen, die ihn zu einem bestimmten Verhalten [⇨ 208] bewegen. Mit ihr befasst sich die Motivationsforschung, die den Motivationsbegriff allerdings nicht einheitlich definiert. Je nach Art der Betätigung kann zwischen **Arbeitsmotivation** und **Lernmotivation** unterschieden werden.

Arten der Motivation, welche die Arbeitsleistung [⇨ 021] der Mitarbeiter [⇨ 128] beeinflussen, sind:

- **Innere Motivation**, z. B. aufgrund von in der Person liegenden Motiven, z. B. Leistungs-, Lern, Profilierungs-, Geld und Kompetenzmotiven. Sie kann über die Einstellung, den Willen und die persönlichen Ziele [⇨ 216] gesteuert werden.
- **Äußere Motivation**, z. B. über Anreize der Führungskraft [⇨ 079], z. B. als Ermunterungs-, Arbeits-, Verwirklichungs-, Aufstiegs-, Entwicklungs-, Entgelt-, Status-, und Sozialleistungsanreize, die Anregungen darstellen und Verhalten beeinflussen. Diese Anreize sind **Führungsmittel** [⇨ 080].

Es ist mitunter schwierig feststellbar, ob sich die Motivation eines Menschen aus sich selbst heraus entwickelt oder ob sie von außen ausgelöst wurde. Eine **innere Motivation** ist i.d.R. anhaltender als eine nur von außen gesteuerte Motivation.

Die Motivation ist eng mit der **Führung** von Mitarbeitern durch den Vorgesetzten verbunden. Hier ist das leistungsbezogene Verhalten bedeutsam, das vor allem dann beim Mitarbeiter gegeben ist, wenn dieser weiß, dass sein Verhalten messbar bewertet wird.

Auch weitere Führungsmittel des Vorgesetzten sind von Bedeutung für die Motivation, z. B. Zielsetzungen bzw. Beurteilungen. Ebenso sind Einflüsse durch private oder betriebliche Gruppen [⇨ 090] zu berücksichtigen.

Organisationsentwicklung	Bea/Göbel (2010); Olfert (2009c, 2012); Schreyögg (2008); Vahs (2009)	134

Die Organisationsentwicklung ist ein langfristiger, umfassender Entwicklungs- und Veränderungsprozess von Organisationen und den in ihnen tätigen Menschen, der auf dem Lernen aller Betroffenen durch direkte Einwirkung und praktische Erfahrung beruht. Der **Wandel** kann erfolgen als:

- **Ungeplanter Wandel**, der nicht beabsichtigt ist, zufällig erfolgt und über längere Zeit mehr oder weniger unbemerkt bleiben kann.
- **Geplanter Wandel**, der alle absichtlichen Anstrengungen zur zielgerichteten Organisationsgestaltung umfasst.

Die **Leistungsfähigkeit** der Organisation lässt sich aus personalwirtschaftlicher Sicht steigern, indem die Flexibilität und Innovationsbereitschaft der Mitarbeiter [⇨ 128] vergrößert und die Lernfähigkeit des Systems gefördert wird. Zur Verbesserung der Arbeitssituation der Mitarbeiter tragen größere Entfaltungs- und Entwicklungsmöglichkeiten, Handlungs- und Entscheidungsspielräume sowie die Möglichkeit bei, an Beratungs- und Entscheidungsprozessen mitzuwirken.

Die Organisationsentwicklung erfolgt vielfach unter Einschaltung von Experten, z. B. Unternehmensberatern, Organisationsberatern. Ob sie als Teil der **Personalentwicklung** [⇨ 163] angesehen wird, hängt von der Betrachtungsweise ab:

- Beim **personalorientierten Ansatz** zielen die Veränderungsstrategien vorwiegend auf die Mitarbeiter ab, d. h. ihre Beeinflussung ist erster Schritt.
- Beim **strukturellen Ansatz** sind die Veränderungsstrategien schwerpunktmäßig primär auf die Organisation gerichtet.

Outplacement	*Becker (2005); Berg-Peer (2003); Lohaus (2010); Olfert (2012c); Wellinger (2008)*	**135**

Outplacement ist eine vom Unternehmen finanzierte Dienstleistung durch Berater, die im Rahmen der Personalfreistellung [⇨ 166] der **beruflichen Neuorientierung** ausscheidender Führungskräfte [⇨ 079] bzw. Mitarbeiter [⇨ 128] dient. Die Beratung ist darauf ausgerichtet, für die Entlassenen eine angemessene neue Tätigkeit zu finden und deren Selbstwertgefühl zu stärken.

Die Betroffenen werden über die bevorstehende **Trennung** informiert, die durch betriebliche Umstrukturierungen oder auch aus persönlichen Gründen notwendig wird, z.B. bei Unstimmigkeiten mit Vorgesetzten bzw. vom Mitarbeiter nicht mehr bewältigten Aufgaben. Der Betroffene wird hinsichtlich der mit diesen Problemen häufig verbundenen psychosozialen Folgen beraten. Diese Art der Beratung hat ihren Ursprung in den USA. Nach der **Teilnehmerzahl** sind als Arten des Outplacement zu unterscheiden:

- Das **Individual-Outplacement** ist in der Regel auf eine einzelne Führungskraft ausgerichtet Es stellt die klassische Form des Outplacement dar und wird auch als **Einzel-Outplacement** bezeichnet.
- Das **Gruppen-Outplacement** erfolgt für mehrere Personen gleichzeitig. Es bietet sich vor allem für tarifliche Mitarbeiter an, z. B. bei der Auflösung größerer Organisationseinheiten.

Nach dem **Bezug** gibt es folgende Formen:

- Beim **internen Outplacement** ist der Berater ein **Mitarbeiter** des Unternehmens. Die Zweckmäßigkeit dieser Form kann in Fragen der Koordination und Kommunikation gesehen werden.
- Das **externe Outplacement** geschieht durch spezialisierte **Berater** oder **Beratungsunternehmen**, deren Zahl sich in den letzten Jahren erheblich gesteigert hat. Grundlage ist ein Beratungsvertrag.

Der Einsatz des Outplacement ist nur dann als erfolgreich anzusehen, wenn sich das freisetzende Unternehmen damit in vollem Umfang identifiziert und sich der Betroffene uneingeschränkt einbringt.

Partizipation	*Oechsler (2006); Olfert (2012c); Rahn (2008a); Schreyögg (2008); Wagner (2004b)*	**136**

Die Partizipation ist die Teilhabe des Mitarbeiters [⇨ 128] oder einer Gruppe [⇨ 090] an Entscheidungen. Einerseits setzt der Vorgesetzte die Partizipation als **Führungsmittel** [⇨ 080] ein, andererseits ist sie aber auch Gegenstand von allgemeinen Regelungen im Unternehmen. Sie ist ein zentrales Element des kooperativen **Führungsstils** [⇨ 082] und kann erfolgen über:

- Die **Mitbestimmung** [⇨ 130], die dem Mitarbeiter mehr Einflussmöglichkeiten gibt, aber auch mit mehr Verantwortung [⇨ 207] verbunden ist.
- Das **Vorschlagswesen** [⇨ 211], das dem Mitarbeiter eine Anerkennung oder Prämie einbringen kann und dem Unternehmen neue Ideen zuführen soll.
- Den **Qualitätszirkel** [⇨ 193], der dem Mitarbeiter die Teilnahme am betrieblichen Qualitätsmanagement sichert, ihm aber auch Pflichten auferlegt.
- Die **Delegation** [⇨ 060], die für den Mitarbeiter interessante Aufgaben mit sich bringt, aber auch Verantwortung. Das Fähigkeitspotenzial des Mitarbeiters wird (stärker) genutzt.

Vielfach wird das Arbeitsverhalten des Mitarbeiters vom Ausmaß seiner Mitwirkung an zu treffenden Entscheidungen geprägt. Das Arbeitsergebnis hängt auch von der Bereitschaft und von der Fähigkeit des Mitarbeiters zur Partizipation ab. Von einem Ziel [⇨ 216], an dessen Festsetzung der Mitarbeiter beteiligt war, geht eine beträchtliche Anreizwirkung aus, es auch tatsächlich zu erreichen. Die Fähigkeit der **Selbstverpflichtung** wird durch die Partizipation erheblich gefördert.

Die Partizipation kann aber auch zu zeitaufwendigen **Diskussionen** führen, die fruchtlos und damit wenig motivierend sind. Schließlich kann sie vom Mitarbeiter einseitig zur Reduzierung seiner Leistungsanforderungen ausgenutzt werden, indem z. B. ein Drückeberger die Partizipation zu eigennützigen Zwecken nutzt.

Pensumlohn	*Berthel/Becker (2010); Jung (2008); Oechsler (2006); Olfert (2012c)*	**137**

Der Pensumlohn ist ein leistungsbezogener Lohn [⇨ 119], der sich auf künftig erwartete Leistungen bezieht. Wie der Prämienlohn [⇨ 189] besteht er aus zwei **Teilen**:

- Dem **Grundlohn**, der anforderungsbezogen differenziert wird.
- Dem **Pensumanteil**, dessen Differenzierung leistungsbezogen erfolgt. Er bezieht sich meistens auf eine Mengenleistung, kann aber auch qualitativ ausgeprägt sein. Unter Mengenbezug ist der Pensumanteil das für die kommende Periode **festgelegte Arbeitsvolumen**, das vielfach unter Verwendung von Zeitstudien ermittelt wird. Die geplante Periode beträgt meist zwei bis drei Monate.

Pensumlohn = Grundlohn + Pensumanteil

Abweichungen von der erwarteten Leistung führen nicht unmittelbar zu einer Veränderung der Lohnhöhe. Gegebenenfalls gleichen sie sich im Verlaufe der Planperiode wieder aus, sodass dies für die Höhe des zu zahlenden Lohnes auch künftig keine Bedeutung hat.

Der Pensumlohn hat in der Vergangenheit lange Zeit keine große Bedeutung gehabt. Erst in jüngerer Zeit ist er durch die vielfältigen technologischen Veränderungen im Fertigungsbereich bedeutsamer geworden.

Zu unterscheiden sind als Pensumlohn:

- Der **Vertragslohn**, der vor allem in der Einzelfertigung und Kleinserienfertigung zu finden ist.
- **Measured Day Work**, der ein Festlohn mit geplanter Tagesleistung ist.
- Der **Programmlohn** als ergebnisbezogener Lohn, der auftragsweise festgelegt wird.

Personalabteilung, ***Ausrichtung***	*Berthel/Becker (2010); Havranek/Freudhofmeier (2010); Olfert (2012c); Wunderer/Dick (2007)*	**138**

Um die Leistungsfähigkeit der Personalabteilung zu fundieren und verbessern, wurden verschiedene Organisationskonzepte entwickelt, insbesondere unter dem Aspekt der **Kundenorientierung**. Zu unterscheiden sind:

- Das **Cost-Center**, bei dem die Personalabteilung im Auftrag der Geschäftsführung definierte Leistungen und Aufgaben im Rahmen eines festgelegten **Kosten-Budgets** zu erbringen hat. **Voraussetzung** hierfür ist, dass die Kosten der Dienstleistungen, die für die internen Kunden in Rechnung gestellt werden, von Anfang an festgelegt werden. Die Budgets werden dann über die **Interne Gemeinkostenumlage** finanziert.
- Das **Service-Center**, bei dem die Personalabteilung als **Servicegeber** eine organisatorisch abgegrenzte Einheit ist, der eindeutig definierte Aufgaben zugewiesen werden. **Servicenehmer** können alle Mitarbeiter, alle Bereiche und eine große Anzahl interner und externer Einzelpersonen oder organisierter Personengruppen sein.
- Das **Profit-Center**, bei dem die Personalabteilung als rechtlich unselbstständiger oder ausgegliederter, rechtlich selbstständiger Bereich gestaltet sein kann. Sein Grundgedanke besteht darin, dass die Leitung der Personalabteilung nicht nur – wie schon bisher – **Kostenverantwortung** übernimmt, sondern zusätzlich auch **Ertragsverantwortung**.
- Das **Wertschöpfungs-Center**, das eine Kombination aus Cost-Center und Profit-Center darstellt und als eine strategische Geschäftseinheit verstanden werden kann. Es dient dazu, als **Unternehmen im Unternehmen** eigenständig und selbstverantwortlich kostenbewusste und kundenorientierte Personaldienstleistungen bereitzustellen.

Personalabteilung, *Eingliederung*

Becker (2001); Berthel/Becker (2010); Ems (2002); Jung (2008); Olfert (2012a, 2012c) — **139**

Die Eingliederung des Personalwesens in die Unternehmensorganisation ist auf verschiedene Weise möglich:

- In **kleineren Unternehmen** gibt es i. d. R. keine Personalabteilung als eigenen Bereich, meist auch nicht als Personalstelle. Die personalbezogenen Aufgaben werden von anderen Stellen bzw. Abteilungen mit übernommen.
- In **mittleren Unternehmen** kann die Personalabteilung mitunter eine eigene Organisationseinheit sein – siehe obere Abbildung.
- In **großen Unternehmen** bildet die Personalabteilung eine Organisationseinheit, die unmittelbar unterhalb der Geschäftsführung angesiedelt ist – siehe untere Abbildung.

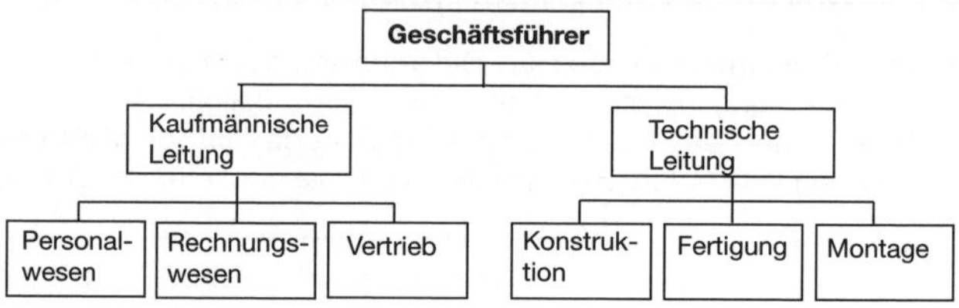

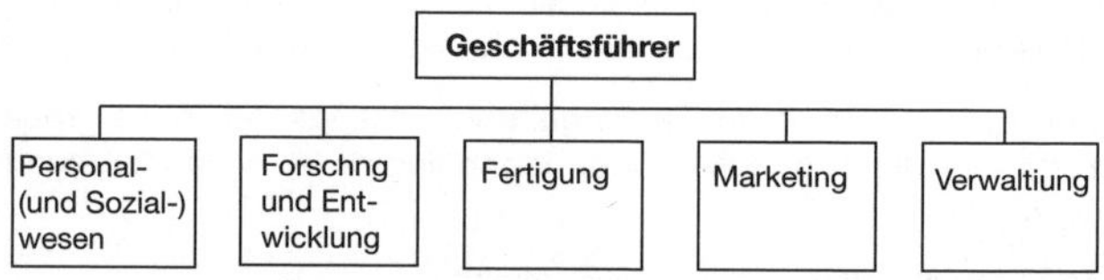

In Aktiengesellschaften und Gesellschaften mit beschränkter Haftung mit regelmäßig mehr als 2.000 Arbeitnehmern und in Montanunternehmen mit mehr als 1.000 Arbeitnehmern [⇨ 010] ist als Personalleiter ein **Arbeitsdirektor** [⇨ 017] vorgeschrieben (§ 33 MitbestG).

Personalabteilung, *Gliederung*

Becker (2001); Berthel/Becker (2010); Ems (2002); Jung (2008); Olfert (2012a, 2012c) — **140**

Die Personalabteilung ist eine **Organisationseinheit** im Unternehmen, die sich mit der Gesamtheit der mitarbeiterbezogenen Gestaltungs- und Verwaltungsarbeiten befasst. Sie trägt zusammen mit den betrieblichen Führungskräften [⇨ 079] die Personalwirtschaft [⇨ 184] und wirkt mit der Unternehmensleitung und dem Betriebsrat [⇨ 050] zusammen. Es sind zu unterscheiden:

- Personalabteilung **mittlerer Unternehmen**

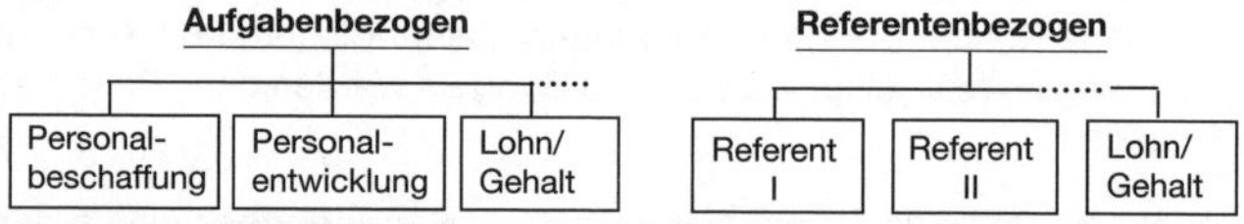

- Personalabteilung **großer Unternehmen**

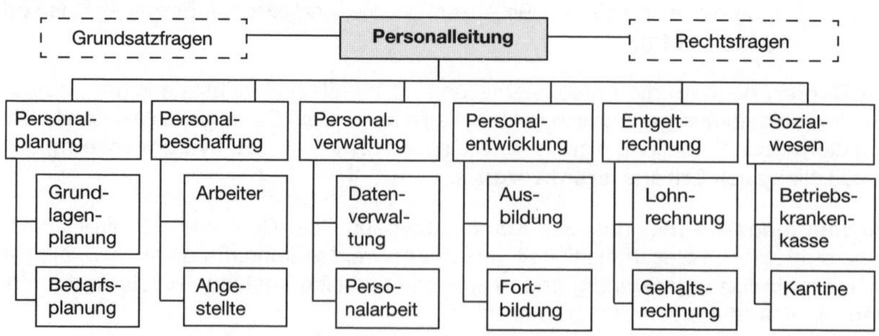

Personalakte	*Bartosch (2010); Kos (2007); Metze/Lenz (2003); Kammerer (2001); Olfert (2012a, 2012c)*	**141**

Die Personalakte ist eine **Sammlung schriftlicher Informationen** [⇨ 094] über betriebliche bzw. dienstliche und, so weit das Unternehmen ein berechtigtes Interesse hat, persönliche Gegebenheiten eines Arbeitnehmers [⇨ 010]. Sie wird von der Personalabteilung geführt und enthält:

- **Personalinformationen**, z. B. Bewerbungsunterlagen [⇨ 056], polizeiliches Führungszeugnis, ärztliche Stellungnahmen, Namens- bzw. Familienstandsänderungen.
- **Vertragsinformationen**, z. B. Arbeitsvertrag [⇨ 028], Gehaltsfestsetzungen, Alterssicherung, Vorgänge zum Austritt, Ergänzungen zum Arbeitsvertrag.
- **Tätigkeitsinformationen**, z. B. Aufgabenbeschreibungen, Vollmachten, Verbesserungsvorschläge, Personalbeurteilungen [⇨ 153], Fortbildungsnachweise, betriebliche Zeugnisse [⇨ 035].
- **Entgeltinformationen**, z. B. Grundgehalt, Zusatzentgelt, Vorschüsse, Darlehen, Lohnsteuer, Sozialversicherung, Krankenkassenanmeldung.
- **Abwesenheitsinformationen**, z. B. Urlaubsnachweise, Krankheitsnachweise, Kuren, Nachweise über Unfallmeldungen, Dienstreisen.
- **Schriftverkehrsinformationen**, z. B. Versetzungen, Beförderungen, Umgruppierungen, Abmahnungen [⇨ 002], Kündigung [⇨ 108].

Informationen der Personalakte können aktenmäßig, auf Mikrofilm oder in einem Personalinformationssystem geführt werden. Der Arbeitnehmer hat das **Recht auf Einsicht** in die Personalakte. Er darf dabei ein Mitglied des Betriebsrates [⇨ 050] hinzuziehen, und kann Erklärungen zum Inhalt abgeben sowie – auch klageweise – die Entfernung unrichtiger Angaben fordern.

Personalauswahl	*Berthel/Becker (2010); Jetter (2008); Oechsler (2006); Olfert (2012a, 2012c); Weuster (2008)*	**142**

Die Personalauswahl erfolgt im Rahmen der Personalbeschaffung [⇨ 147], um über die Besetzung einer Stelle entscheiden zu können. Die Auswahl umfasst mehrere **Aktivitäten**, die bei **externen Bewerbern** sein können:

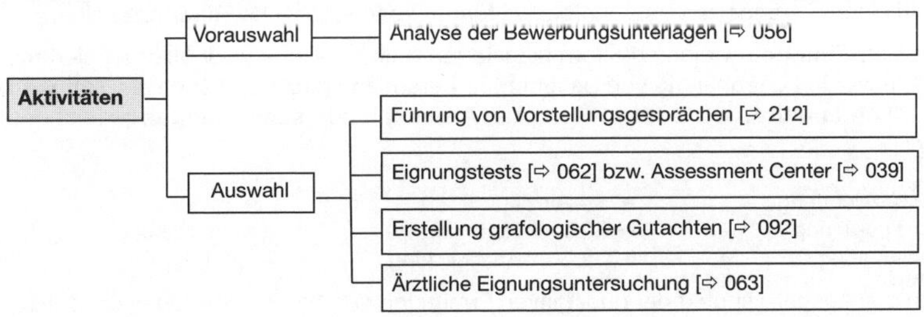

Bei **internen Bewerbern**, die sich z. B. aufgrund einer innerbetrieblichen Stellenausschreibung bewerben, kann die Personalauswahl begrenzt werden. Dem Unternehmen ist es möglich, auf Bewerbungsunterlagen zurückzugreifen, die aus in der Vergangenheit erfolgten Bewerbungen vorliegen. Eine **Analyse** lässt sich auf spezifische Merkmale der neuen Stelle begrenzen. Dabei sind ein spezielle Eignungstests bzw. je nach ausgeschriebener Stelle die Teilnahme an einem Assessment Center möglich. Die Erstellung grafologischer Gutachten ist, wie auch bereits beim externen Bewerber, weniger wahrscheinlich. Eine ärztliche Eignungsuntersuchung ist i.d.R. nicht (wieder) erforderlich.

Die Personalauswahl endet mit der **Einstellungsentscheidung**. Sie kann nicht allein von der Personal- oder Unternehmensleitung vorgenommen werden, sondern bedarf als personelle Einzelmaßnahme (§ 99 BetrVG) der **Zustimmung des Betriebsrates** [⇨ 050].

Personalbedarf	*Böckermann (2009); Drumm (2008); Jung (2008); Olfert (2012a, 2012c); Scholz (2000)*	143

Der Personalbedarf liefert Daten über die **Anzahl** und **Qualifikation** [⇨ 192] benötigter Mitarbeiter [⇨ 128] an bestimmten Arbeitsplätzen. Seine Planung als wichtigster Teil der Personalplanung kann ein **Neubedarf** sein, wenn eine Stelle neu geschaffen wurde, ein **Ersatzbedarf**, wenn eine Stelle bereits vorhanden und lediglich neu zu besetzen ist und ein **Überbrückungsbedarf**, wenn z. B. die Erkrankung eines Mitarbeiters ausgeglichen werden soll. Es gibt:

- Die **qualitative Personalbedarfsplanung**, bei der Anforderungsprofile erstellt werden, denen die Mitarbeiter zum Planungszeitpunkt gerecht werden sollen. Sie beschreiben die geistigen und körperlichen Anforderungen, die für eine Stelle erforderlich sind.
- Die **quantitative Personalbedarfsplanung**, die vom aktuellen Stellenbestand ausgeht, der um die geplanten Stellenzugänge erweitert und um die geplanten Stellenabgänge reduziert wird. Aus dieser Berechnung ergibt sich der voraussichtliche Stellenbestand zum Planungszeitpunkt. Zu unterscheiden sind:

  ► Der **Brutto-Personalbedarf**, der sich aus der personellen Kapazität der künftig benötigten Gesamtstellenzahl (Soll-Stellenbedarf) ergibt. Seine Determinanten sind z. B. die Arbeitsaufgabe, die Arbeitskraft, die Arbeitsmittel und die Arbeitsbedingungen.

  ► Der **Netto-Personalbedarf**, der nach Abzug des voraussichtlich zum Vergleichszeitpunkt gegebenen Personalbestands [⇨ 151] als Soll-Personalbestand ermittelbar ist. Aus der Differenz ergibt sich ein Personalzugangserfordernis, das z. B. durch Übernahme von Auszubildenden oder durch Maßnahmen der Personalbeschaffung [⇨ 147] zu decken ist.

Es gibt verschiedene **Verfahren** zur quantitativen Ermittlung des Personalbedarfes.

Personalbedarfsplanung, *qualitative*	*Bröckermann (2009); Drumm (2008); Jung (2008); Olfert (2012a, 2012c); Scholz (2000)*	144

Der qualitative Personalbedarf wird aus den Aufgaben hergeleitet, welche die Mitarbeiter [⇨ 128] zu erfüllen haben. Die ihnen übertragenen **Aufgaben** stellen **Anforderungen** dar. Mit organisatorischen und/oder technischen Veränderungen wandeln sich i. d. R. auch die Arbeitsinhalte, was zu veränderten Aufgaben und damit zu einem veränderten Personalbedarf führt. Organisatorische **Hilfsmittel** sind:

- **Stellenbeschreibungen**, welche die formularisierten Ausweise aller wesentlichen Merkmale von Stellen sind. Sie werden unabhängig von bestimmten Personen erstellt und auch als **Tätigkeitsbeschreibungen**, **Pflichtenhefte**, **Job descriptions** oder **Arbeitsplatzbeschreibungen** bezeichnet. Ihre Inhalte umfassen:

► Stellenbezeichnung	► Stellenziele	► Stellen-anforderungen
► Stelleneinordnung	► Stellenbefugnisse	
► Stellenaufgaben	► Stellenverantwortung	

  Sie stellen den Ausgangspunkt der qualitativen Ermittlung des Personalbedarfes dar. Mit ihnen wird die Unternehmensstruktur im Detail transparent und die Mitarbeiterleistungen lassen sich einfacher beurteilen. Sie erfordern aber hohe Gestaltungskosten und einen aufwändigen Änderungsdienst. Es sollte darauf geachtet werden, dass es durch sie nicht zu einer Überorganisation kommt.
- **Beufliche Klassifizierung**, die im einfachsten Fall für die qualitative Bedarfsermittlung ausreicht, indem in Berufen geplant wird, z. B. Industriekaufmann. Vielfach muss aber differenzierter geplant werden.
- **Anforderungsprofile**, mit denen eine differenziertere Klassifizierung möglich wird. Sie stellen die Anforderungen der zu planenden Stellen oder Arbeitsplätze grafisch dar und basieren auf den Stellenbeschreibungen.

  Im Rahmen der Personaleinsatzplanung werden die Anforderungsprofile der Stellen bzw. Arbeitsplätze den Fähigkeitsprofilen der Mitarbeiter gegenübergestellt.

Personalbedarfsplanung, *quantitative*	*Bröckermann (2009); Drumm (2008); Jung (2008); Olfert (2012a, 2012c); Scholz (2000)*	**145**

Quantitative Verfahren, die zur Ermittlung des Personalbedarfes herangezogen werden, sind:

- **Schätzungen**, die von Experten oder kostenstellenverantwortlichen Führungskräften [⇨ 079] erfolgen können. Sie werden insbesondere in kleineren und mittleren Unternehmen vorgenommen und sind aber relativ ungenau.
- Die **Stellenmethode**, bei der vom aktuellen Stellenbedarf ausgegangen wird, der systematisch fortzuschreiben ist. Um den Personalbedarf [⇨ 143] zu ermitteln, ist von den übrigen Planungen des Unternehmens auszugehen, z. B. vom Umsatz oder der Produktion. Darauf basierend müssen von den Kostenstellenverantwortlichen Schätzungen erfolgen, die den Personalbedarf betreffen.
- Die **Personalbemessungsmethode**, die auf Arbeitserfordernissen als Arbeitsgängen oder Arbeitsaufgaben, den für die Arbeitsgänge bzw. Arbeitsaufgaben erforderlichen Zeiten und auf den Vorgangsmengen (z. B. Aufträgen, Rechnungen) beruht. Der Personalbedarf als **Netto-Personalbedarf** lässt sich daraufhin errechnen:

$$\text{Personalbedarf} = \frac{\text{Arbeitszeit pro Arbeitsgang/-aufgabe} \cdot \text{Vorgangsmenge}}{\text{Arbeitszeit pro Mitarbeiter}}$$

  Um zum **Brutto-Personalbedarf** zu gelangen, ist es erforderlich, einen Zuschlag zu berücksichtigen, z. B. für Urlaub und Krankheit der Mitarbeiter.

- Die **Kernzahlenmethode**, bei der vom Personalbedarf für eine bestimmte Vorgangsmenge ausgegangen wird, z. B. als Pro-Kopf-Umsatz pro Jahr. Sie wird besonders in Großunternehmen eingesetzt.

Personalberatung	*Füchtner/Wegerich (2008); Hilleberecht (2010); Mehrmann (2005); Olfert (2012a, 2012c)*	**146**

Die Personalberatung ist die Leistung eines **externen Experten**, der gegen Entgelt personalwirtschaftliche Dienste verrichtet, z. B. die Beschaffung von Fach- und Führungskräften [⇨ 079] oder Beratung bei der Entgeltgestaltung.

Durch die Mitwirkung geeigneter Personalberater sollen das Risiko von personalwirtschaftlichen Fehlentscheidungen minimiert und dem Unternehmen neue Ideen von außen zugeführt werden. Vielfach verfügen sie durch ihre Zusammenarbeit mit einer Vielzahl von Unternehmen über weit reichende Kenntnisse, Fertigkeiten und Erfahrungen. Personalberater, die (ausgewählte) Führungskräfte gezielt ansprechen, werden auch als **Headhunter** (»Kopfjäger«) bezeichnet.

Beispiele häufig erbrachter Leistungen von Personalberatern sind:

- ▶ Erarbeiten einer Aufgabenstellung und Stellenanforderung
- ▶ Erarbeiten der organisatorischen Einordnung einer Stelle
- ▶ Formulieren und Gestalten einer Stellenanzeige
- ▶ Prüfen und Bewerten von Bewerbungsunterlagen
- ▶ Durchführen von Bewerbergesprächen
- ▶ Auswerten von Bewerbergesprächen
- ▶ Mitwirken beim Vorstellungsgespräch
- ▶ Beraten bei der Beschaffungsentscheidung

Für ihre Leistungen berechnen Personalberater vereinbarte **Beratungshonorare** und den Ersatz von Sachkosten. Für die Höhe der Honorare wird vielfach z. B. das Jahreseinkommen einer Fach- bzw. Führungskraft als Bemessungsgrundlage gewählt. Hinsichtlich des Fälligkeitszeitpunkts der Honorarzahlungen gibt es viele Varianten, z. B. »bei Auftrag«, »nach Zeitfortschritt«, als Staffelung der Zahlungen nach bestimmten Ereignissen.

Der aktuelle Markt der Personalberatung in Deutschland ist durch einen steigenden **Wettbewerbsdruck** und durch verstärkten Einsatz der Informations- und Kommunikationstechnologie geprägt.

Personalbeschaffung	*Albert (2009); Bröckermann (2009); Drumm (2008); Olfert (2012a, 2012c); Stopp (2006)*	**147**

Die Personalbeschaffung umfasst alle Maßnahmen, mit denen die für das Unternehmen erforderlichen Arbeitskräfte in qualitativer, quantitativer und zeitlicher Hinsicht bereitgestellt werden. Sie wird grundsätzlich notwendig, wenn sich aus der **Personaleinsatzplanung** [⇨ 161] ergibt, dass der voraussichtliche Stellenbestand größer als der voraussichtliche Personalbestand [⇨ 151] ist. Daraus folgt der **Netto-Personalbedarf**, der durch Beschaffungsmaßnahmen zu decken ist.

Ausgangspunkt für die Personalbeschaffung ist die **Personalanforderung**, die i.d.R. von der Fachabteilung ausgelöst wird. Sie sollte von deren Leiter gestellt werden. Um Missverständnisse auszuschließen und fehlende Informationen [⇨ 094] zu vermeiden, bietet sich dafür die Verwendung einheitlicher Formulare an. Sie sollten bei einem **Ersatzbedarf** z. B. über die anfordernde Abteilung, die Bezeichnung der zu besetzenden Stelle, die Anforderungen an die Arbeitskraft und den Zeitpunkt der Besetzung informieren. Bei einem **Neubedarf** wären zusätzlich u. a. der Bedarf eingehend zu begründen, die Personalkosten [⇨ 173] zu ermitteln und eine Stellenbeschreibung beizufügen.

Die Personalbeschaffung erfolgt in folgenden **Schritten**:

- Auswahl des oder der **Beschaffungswege** intern [⇨ 149] [⇨ 150] bzw. extern [⇨ 148]
- Auswahl [⇨ 142] der zu beschaffenden **Mitarbeiter** [⇨ 128]
- Ausfertigung des **Arbeitsvertrages** [⇨ 028].

Die Personalbeschaffung erfordert die strikte Einhaltung des **Gleichbehandlungsgesetzes.** Sie ist abgeschlossen, wenn die Beweber rechtlich an das Unternehmen gebunden sind. Ihre rechtliche Bindung darf nach § 99 BetrVG nicht ohne **Berücksichtigung der Mitbestimmungsrechte** [⇨ 130] des **Betriebsrates** [⇨ 050] erfolgen. Mit der Aufnahme ihrer Tätigkeit müssen die Arbeitskräfte eingeführt und im Rahmen des Personaleinsatzes [⇨ 160] eingearbeitet werden.

Personalbeschaffung, *externe*	*Bröckermann (2009); Berthel/Becker (2010); Oechsler (2006); Olfert (2012a, 2012c)*	**148**

Die externe Personalbeschaffung erfolgt vom außerhalb des Unternehmens liegenden Arbeitsmarkt. Sie bezieht sich vorwiegend auf Arbeitskräfte, die als **Arbeitnehmer** [⇨ 010] in das Unternehmen eingegliedert werden, z. B. als Angestellte oder Arbeiter.

Es ist aber auch möglich, dass das Unternehmen nach Arbeitskräften sucht, die nicht als Arbeitnehmer im Unternehmen tätig werden sollen. Damit entledigt es sich vieler ansonsten gegebener arbeitsrechtlicher Pflichten, z. B. bei **Leiharbeitnehmern**, die Arbeitnehmer des entleihenden Unternehmens sind und bleiben, sowie bei **freien Mitarbeitern**.

Im Rahmen der externen Personalbeschaffung sind insbesondere folgende Beschaffungswege nutzbar:

- Arbeitsvermittlung [⇨ 027]
- Print-Stellenanzeige [⇨ 190]
- Internet-Stellenanzeige [⇨ 096]
- Personalberatung [⇨ 146]
- Arbeitnehmerüberlassung [⇨ 011]
- Abwerbung [⇨ 003]

Weitere externe **Beschaffungswege** können z. B. Vermittlungen durch Mitarbeiter, Schul- und Hochschulkontakte, Aushänge am Werkstor, Plakatierung, Rundfunk und Fernsehen, Unternehmensbesichtigungen, Handzettel sein.

Personalbeschaffung, *interne (1)*	*Bröckermann (2009); Berthel/Becker (2010); Oechsler (2006); Olfert (2012a, 2012c)*	**149**

Die interne Personalbeschaffung bezieht sich auf den unternehmensinternen Arbeitsmarkt. Um sie **mit Personalbewegung** zu bewirken, bieten sich an:

- **Innerbetriebliche Stellenausschreibung**, die für alle zu besetzenden Stellen oder nur für bestimmte Arten von Tätigkeiten vorgenommen werden kann. Sie ist verpflichtend, wenn der **Betriebsrat** [⇨ 050] sie fordert (§ 93 BetrVG), jedoch nicht für Positionen leitender Angestellter. Bei Eignung ist ein Arbeitsplatz auch als Teilzeitarbeitsplatz auszuschreiben (§ 7 Abs. 1 TzBfG). Im Rahmen der Ausschreibung – sowohl innerbetrieblich als auch außerbetrieblich – müssen die Regelungen des **Gleichbehandlungsgesetzes** beachtet werden.

  Wird trotz Forderung des Betriebsrates nicht innerbetrieblich ausgeschrieben, kann dieser die Zustimmung zu einer diesbezüglichen Einstellung bzw. Versetzung verweigern, ebenso z. B. wenn Mindestanforderungen der Ausschreibung unbeachtet bleiben oder Vorschriften des Gleichbehandlungsgesetzes verletzt werden.

- Die **Versetzung**, die nach § 95 Abs. 3 BetrVG die Zuweisung eines anderen Arbeitsbereiches ist, der entweder voraussichtlich die Dauer eines Monats überschreitet oder mit einer erheblichen Änderung der Arbeitsumstände verbunden ist. Sie kann durch eine **Weisung** [⇨ 213] erfolgen, wenn diese sachlich durch den Arbeitsvertrag [⇨ 028] gedeckt ist, oder durch eine **Änderungskündigung** [⇨ 005] bzw. Änderungsvereinbarung.
- Die **Personalentwicklung**, wenn sie **unterstützend** zur Versetzung von Mitarbeitern [⇨ 128] erfolgt und mittel- bzw. langfristig angelegt ist. Sie umfasst vor allem Maßnahmen der Fortbildung [⇨ 072].

Zur internen Personalbeschaffung mit Personalbewegung kann auch das **Stellenclearing** als systematischer Informationsaustausch zwischen Führungskräften [⇨ 079] der Fachabteilungen und Mitarbeitern der Personalabteilung gerechnet werden, um über die innerbetriebliche Deckung des Personalbedarfs [⇨ 143] zu entscheiden.

Personalbeschaffung, *interne (2)*	*Bröckermann (2009); Berthel/Becker (2010); Oechsler (2006); Olfert (2012a, 2012c)*	**150**

Die interne Personalbeschaffung erfolgt auf dem unternehmensinternen Arbeitsmarkt. Geschieht sie **ohne Personalbewegung** kann sie sich beziehen auf:

- **Quantitative Maßnahmen**, die sein können:

  ► **Mehrarbeit** als Verlängerung der Arbeitszeit [⇨ 032] einzelner, mehrerer oder aller Arbeitnehmer [⇨ 010], wodurch der Personalbestand [⇨ 151] nicht erhöht wird. Sie ist möglich durch **Überstunden**, die vorliegen, wenn die tatsächliche Arbeitszeit die arbeits- oder tarifvertragliche Arbeitszeit übersteigt, oder durch **Änderungen der betriebsüblichen Arbeitszeit**. Sie sind gegeben, wenn die Arbeitszeiten generell verändert werden, z. B. von 7 auf 8 Std./Tag, aber auch durch über längere Zeit erbrachte Überstunden.

  Zu Mehrarbeit im Sinne von Mehrleistung kann das Unternehmen auch gelangen, indem es die **Motivation** [⇨ 133] der Mitarbeiter verstärkt oder indem **Rationalisierungsmaßnahmen** durchgeführt werden.

  ► **Urlaubsverschiebung**, sodass eine in einem bestimmten Zeitraum eigentlich nicht verfügbare Kapazität doch noch genutzt werden kann. Sie ist im Rahmen der **Urlaubsplanung** oder **Urlaubsabwicklung** möglich. Der Arbeitgeber darf den Urlaub zwar einseitig festlegen, muss jedoch nach Möglichkeit Wünsche des Arbeitnehmers berücksichtigen.

  Zum **Widerruf** eines einmal erteilten Urlaubs ist grundsätzlich eine Vereinbarung zwischen Arbeitgeber [⇨ 009] und Arbeitnehmer erforderlich.

- **Qualitative Maßnahmen**, die sich auf die Personalentwicklung [⇨ 163] als Ausbildung [⇨ 042], Fortbildung [⇨ 072], Umschulung [⇨ 205] sowie Personalförderung [⇨ 162] beziehen.

Personalbestand(splanung)	*Hentze/Kammel (2001); Jung (2008); Oechsler (2006); Olfert (2012a, 2012c)*	151

Der Personalbestand liefert Daten über die **Anzahl** bzw. **Qualifikation** [⇨ 192] des Potenzials an Arbeitskräften. Seine Planung [⇨ 188] ist die vom aktuellen Personalbestand ausgehende Vorwegnahme des voraussichtlichen Mitarbeiterpotenzials. Sie kann sein:

- **Qualitative Personalbestandsplanung**, die in der Ermittlung der künftigen **Fähigkeitsprofile** von Mitarbeitern [⇨ 128] besteht. Sie zeigt zeitpunktbezogen die Eignungsfaktoren der Mitarbeiter.
- **Quantitative Personalbestandsplanung**, die nach »Köpfen« erfolgt. Im Personalbestandsplan sind als quantitative Personalveränderungen zu unterscheiden:

Autonome Personalbestandsveränderungen	Sie umfassen alle Änderungen des Personalbestandes, auf welche das Unternehmen keinen oder nur bedingten Einfluss hat. Es gibt **autonome Zugänge** wie die Rückkehr von Mitarbeitern von der Bundeswehr und **autonome Abgänge** wie Austritte wegen Kündigung [⇨ 108] oder Abgänge aufgrund von Pensionierung.
Initiierte Personalbestandsveränderungen	Sie sind vom Unternehmen selbst beeinflussbar, z. B. die Übernahme von Auszubildenden in ein Arbeitsverhältnis oder die Besetzung freigegebener Stellen als **initiierte Zugänge** bzw. Austritte aufgrund arbeitgeberseitiger Kündigung oder die Beendigung befristeter Arbeitsverträge als **initiierte Abgänge**.

Der **zukünftige Personalbestand** ergibt sich:

$$B_Z = B_A + Z - A$$

B_Z = Zukünftiger Personalbestand
B_A = Aktueller Personalbestand
A = Personalabgang
Z = Personalzugang

Der Planung des Personalbestandes steht die Planung des Personalbedarfes [⇨ 143] gegenüber, die auf das zukünftige Stellenpotenzial ausgerichtet ist.

Personalbetreuung	*Jung (2008); Kolb (2004); Oechsler (2006); Olfert (2012a, 2012c); Scholz (2000), Stopp (2006)*	152

Die Personalbetreuung umfasst alle Einrichtungen, Maßnahmen bzw. Leistungen, die den Mitarbeitern [⇨ 128] über das vereinbarte Entgelt hinaus zukommen. Das sind:

- **Sozialbetreuung** als direkte freiwillige Übertragung von Leistungen oder Diensten an die Mitarbeiter, z. B. Fahrtkosten- und Verpflegungszuschuss, Personalpflege, Belegschaftsrabatt, Betriebswohnungen, Berufskleidung, Betriebsarzt, Sanitätsdienst, Statussymbole [⇨ 198].
- **Sozialleistungen** als direkte, abgesicherte Übertragung von Leistungen auf die Mitarbeiter des Unternehmens, die sein können:

Gesetzlich bedingte Sozialleistungen	Dazu ist z. B. der Arbeitgeberanteil an der Sozialversicherung zu rechnen.
Tariflich bedingte Sozialleistungen	Das sind z. B. Fahrtkostenzuschüsse für Dienstfahrten.
Freiwillige Sozialleistungen	Hierzu zählt die betrieblichen Altersversorgung [⇨ 007] als Zusatzrente.

- **Sozialeinrichtungen** als indirekte Übertragung von Leistungen oder Diensten an Mitarbeiter, z. B. als Betriebskrankenkasse, Kantine, Unterstützungskasse.
- **Sonstige Maßnahmen** als weitere Übertragung von Leistungen oder Diensten auf die Mitarbeiter, zu denen z. B. zählen können:

Cafeteria-System	Das Personal kann bis zu einem bestimmten Betrag im Rahmen eines Budgets aus vorgegebenen Alternativen die gewünschten Sozialleistungen auswählen.
Coaching [⇨ 058]	Das Personal wird im Hinblick auf seine spezielle Anlageentfaltung von meist externen Beratern individuell über einen bestimmten Zeitraum hinweg beraten.
Mentoring	Neues Personal wird durch Vorgesetzte, interne Berater oder Experten als Mentoren betreut. Es ist eine längerfristige Anleitungs- und Lernbeziehung zur Integration von Neulingen.

Personalbeurteilung	*Albert (2009); Breisig (2005); Kiefer/Knebel (2004); Laufer (2008); Olfert (2012a, 2012c)*	**153**

Die Personalbeurteilung umfasst alle Maßnahmen zur systematischen Einschätzung des Mitarbeiterpotenzials. Sie kann in der **Zugangsphase** (Probezeit [⇨ 191]), **Leistungsphase** (Arbeit [⇨ 008]) und **Abgangsphase** (Arbeitszeugnis [⇨ 035]) des Arbeitnehmers [⇨ 010] erfolgen. Um die Personalbeurteilung wirkungsvoll durchführen zu können, sind festzulegen:

Personalbeurteilung
- Arten der Personalbeurteilung [⇨ 154]
- Kriterien der Personalbeurteilung [⇨ 155]
- Verfahren der Personalbeurteilung [⇨ 156]

Als modernes **Führungsinstrument** [⇨ 078] dient die Personalbeurteilung:

- Dem **Personaleinsatz** [⇨ 160], denn sie ist für die optimale Stellenbesetzung, die Beförderung, die Versetzung und die Entscheidung über Personalfreistellungen unabdingbar.
- Der **Personalentlohnung** [⇨ 162], weil es nur durch eine objektive Leistungsbeurteilung möglich ist, die Mitarbeiter [⇨ 128] leistungsgerecht zu bezahlen.
- Der **Personalentwicklung** [⇨ 163], denn sie dient der Auswahl förderungswürdiger Mitarbeiter, der Ermittlung von Fortbildungszielen und der Beurteilung von Entwicklungsergebnissen.

Probleme können in der durch die Personalbeurteilung hervorgerufene Arbeitsbelastung, in möglichen Konflikten [⇨ 103] zwischen dem Beurteilenden und dem Beurteilten und in der Gefahr fehlerhafter Beurteilung liegen. **Beurteilungsfehler** sind möglich, insbesondere wenn der Beurteiler zu sehr von sich selbst ausgeht bzw. Sympathie/Antipathie für/gegen den zu Beurteilenden entwickelt.

Personalbeurteilung, *Arten*	*Breisig (2005); Bröckermann (2009); Kiefer/Knebel (2004); Oechsler (2006); Olfert (2012a, 2012c)*	**154**

Nach dem **Beurteilenden** bzw. **Beurteilten** gibt es:

- Die **Mitarbeiterbeurteilung** als die am häufigsten praktizierte Art, bei der i. d. R. der direkte Vorgesetzte seine ihm unterstellten Mitarbeiter [⇨ 128] beurteilt.
- Die **Kollegenbeurteilung**, die geringe Bedeutung hat. Mit ihr wird die gegenseitige Information [⇨ 094] gefördert, es besteht andererseits aber die Gefahr von Verfälschungen.
- Die **Vorgesetztenbeurteilung**, die begrenzt bedeutsam ist. Da Mitarbeiter ggf. Angst vor Nachteilen bzw. Konsequenzen haben, kann ihre Objektivität eingeschränkt sein.
- Die **Selbstbeurteilung**, die schnell und einfach durchführbar ist. Wegen ihrer Schwächen (Tendenz zur Milde, Kriteriengewichtung) hat sie keine große Bedeutung.
- Die **360°-Beurteilung** als kombinierte Mitarbeiter-, Kollegen-, Vorgesetzten-, Selbst- und ggf. Kundenbeurteilung ist in den USA wesentlich verbreiteter als in Deutschland.

Nach dem **Gegenstand der Beurteilung** lassen sich unterscheiden:

- Die **Leistungsbeurteilung**, die vergangenheitsbezogen das Leistungsergebnis bzw. Leistungsverhalten einschätzt. Sie wird am häufigsten eingesetzt.
- Die **Potenzialbeurteilung**, die zukunftsorientiert zur Aufdeckung der vorhandenen Fähigkeiten und Eigenschaften des Mitarbeiters dient, auch mithilfe von Tests.

Schließlich kann die Beurteilung **regelmäßig** (z. B. zweijährlich) oder **anlassbedingt** (z. B. bei Versetzung, Beförderung, Ausscheiden) sein. Auch kann sie **summarisch** (Gesamtleistung) oder **analytisch** (einzelne Kriterien) erfolgen sowie sich auf **quantitative** und **qualitative Kriterien** beziehen.

Personalbeurteilung, *Kriterien*	*Breisig (2005); Müller (2006); Oechsler (2006); Olfert (2012a, 2012c); Schuler (2004)*	155

Arbeitsverhalten als Reaktionen des zu Beurteilenden im Leistungsbereich	**Arbeitsumfang**, z. B. Menge der erbrachten Leistung
	Arbeitsgüte, z. B. Qualität der Arbeitsdurchführung
	Arbeitstempo, z. B. Zeitaufwand zur Bewältigung der Arbeit [⇨ 008]
	Belastbarkeit, z. B. geistige Ermüdung unter Druck
	Fachkenntnisse, z. B. Fachwissen über zu lösende Aufgaben
	Verantwortungsbereitschaft, z. B. Konsequenzen tragen
Sozialverhalten als Reaktionen des zu Beurteilenden gegenüber Kollegen und Vorgesetzten	**Verhalten** [⇨ 208], z. B. gegenüber Vorgesetzten und Mitarbeitern [⇨ 128]
	Aggressivität, z. B. Erzeugen von Konfrontationen
	Aufgeschlossenheit, z. B. am Betriebsgeschehen teilnehmen
	Hilfsbereitschaft, z. B. Unterstützung der Mitarbeiter
	Zusammenarbeit, z. B. Bereitschaft zu gemeinsamen Lösungen
Führungsverhalten als Reaktionen des zu Beurteilenden als Führungskraft	**Planung** [⇨ 188], z. B. Setzen und Durchsetzen von Zielen [⇨ 216]
	Delegation [⇨ 160], z. B. Aufgabenübertragung an Mitarbeiter
	Durchsetzungsvermögen, z. B. Mitarbeiter aktivieren
	Kontrolle [⇨ 104], z. B. Mitarbeiter leistungsbezogen überwachen
	Motivationsfähigkeit, z. B. Mitarbeiter anspornen, fördern
Geistige Anlagen als Verhaltensmerkmale, die angeboren sind	**Auffassungsgabe**, z. B. Sachverhalte und Zusammenhänge schnell aufnehmen können
	Gedächtnis, z. B. Merkfähigkeit von Daten des Unternehmens und der Umwelt
	Kreativität, z. B. Fähigkeit zu Innovationen/neue Lösungen finden
	Logik, z. B. Fähigkeit, folgerichtig Schlüsse ziehen zu können

Personalbeurteilung, *Verfahren*	*Breisig (2005); Hetze/Kammel (2001); Oechsler (2006); Olfert (2012a, 2012c); Schuler (2004)*	156

Die Verfahren der Personalbeurteilung [⇨ 153] geben einen **Beurteilungsmaßstab** vor. Durch ihn sollen die Ergebnisse vergleichbarer werden. Außerdem können dadurch auch subjektive Einflüsse auf das Beurteilungsergebnis reduziert werden. Als **Verfahren** der Personalbeurteilung gelten:

- Die **Skalenverfahren**, bei dem für jedes Beurteilungskriterium eine Beurteilungsskala vorgegeben wird. Der Beurteiler ist aufgefordert, einen der Skalenwerte anzukreuzen. Dieses Verfahren ist heute in Beurteilungsbögen der Praxis weit verbreitet. Bei einer **Nominalskala** wird auf textliche Beschreibungen verzichtet. Sie gibt die Skalendefinition mit einzelnen Begriffen vor, z. B. sehr gut, gut, zufriedenstellend, schlecht.

- Das **Rangordnungs-Verfahren**, bei dem der zu beurteilende **Mitarbeiter** [⇨ 128] **paarweise** mit anderen Mitarbeitern **verglichen** wird. Für jedes einzelne Beurteilungskriterium werden also Rangordnungen der Beurteilten gebildet. Durch die Rangplätze für die betrachteten Beurteilungskriterien kann bei diesem Verfahren ein Gesamturteil ermittelt werden.

- Die **Methode der kritischen Vorfälle**, bei welcher der Beurteiler in einem festgelegten Zeitraum alle Vorfälle sammelt, die durch den zu Beurteilenden verursacht oder beeinflusst wurden. **Negative Vorfälle** sind z. B. Unpünktlichkeit, Fehlerverursachung und Aggressivität. **Positive Vorfälle** sind z. B. Verhandlungserfolge, Selbstständigkeit, Verbesserungsvorschläge. Diese Methode wird i. d. R. zusammen mit anderen Verfahren benutzt.

- **Vorgabevergleichs-Verfahren**, bei dem jedem Mitarbeiter quantitativ messbare Ziele [⇨ 216] vorgegeben werden, damit die Beurteilung in Form von prozentualen Werten erfolgen kann. Außerdem werden zwischen Vorgesetztem und Mitarbeiter Leistungsstandards (Sollwerte) vereinbart, die das Messkriterium der Leistung bilden.

Welches Verfahren jeweils zur Anwendung kommt, richtet sich nach den Anforderungen der Praxis.

Personalbildung	*Becker (2009); Mentzel (2008a); Olfert (2012a, 2012c); Olfert/Pischulti (2011); Peterke (2006)*	157

Die Personalbildung ist die Basisaufgabe der Personalentwicklung [⇨ 163]. Sie hat in den letzten Jahren erheblich an **Bedeutung** gewonnen. Gründe hierfür sind:

- Der rasche wirtschaftliche und technologische Wandel
- Die Notwendigkeit für immer mehr Entscheidungen in kürzeren Zeiteinheiten
- Das Erfordernis verstärkter Selbstkoordination der Mitarbeiter
- Die Notwendigkeit zur Steigerung der Innovationsbereitschaft.

Ziel der Personalbildung ist vor allem, **Handlungskompetenz** zu vermitteln, die als einzelne Kompetenzen [⇨ 101] umfasst:

Fachkompetenz	Methodenkompetenz	Sozialkompetenz	Führungskompetenz	Selbstkompetenz
• Fachliche Fähigkeiten und Fertigkeiten • Sachwissen • Fachwissen • Berufliche Erfahrungen	• Analysieren • Planen • Strukturieren • Koordinieren • Probleme lösen	• Kommunikationsfähigkeit • Kooperationsfähigkeit • Teamfähigkeit • Toleranz • Präsentation • Moderation	• Motivationsfähigkeit • Mitarbeiterführung	• Fähigkeit zur Selbstkritik • Unternehmensethisches Handeln • Auftreten nach innen und außen
⇩	⇩	⇩	⇩	⇩

Handlungskompetenz

Als **Arten** der Personalbildung können die Ausbildung [⇨ 042], Fortbildung [⇨ 072], Umschulung [⇨ 205] genannt werden.

Personalbogen	*Bröckermann (2009); Hauptmann (2007); Jung (2008); Olfert (2012a, 2012c); Schaub (2009)*	158

Der Personal(frage)bogen soll aus der Sicht des Unternehmens wichtige persönliche und berufliche Daten des Bewerbers in systematischer und auf einfache Weise auswertbarer Form darstellen. In ihm dürfen aber nicht alle interessierenden Fragen gestellt werden. Im Hinblick auf ihre Zulässigkeit ist insbesondere auch das **Gleichbehandlungsgesetz** zu beachten. Darauf können sich abgelehnte Bewerber ggf. berufen und gegen das einstellende Unternehmen rechtlich vorgehen. Zu unterscheiden sind:

- **Arbeitsrechtlich zulässige Fragen**, wozu z. B. zählen:

  - ► Persönliche Verhältnisse*
  - ► Beruflicher Werdegang
  - ► Schwerbehinderung
  - ► Gesundheitszustand*
  - ► Wehrdienst/Ersatzdienst
  - ► Wettbewerbsverbot

  * nur bei berechtigtem Interesse zulässig

  Erkennt der Arbeitgeber [⇨ 009] nach Einstellung des Bewerbers, dass diese Fragen unwahr oder unvollständig beantwortet wurden, hat er das Recht zur **Anfechtung** des Arbeitsvertrages [⇨ 028] nach §§ 119, 123 BGB sowie ggf. Schadenersatzansprüche.

- **Arbeitsrechtlich unzulässige Fragen**, die z. B. sein können:

  - ► Schwangerschaft
  - ► Vermögensverhältnisse
  - ► Gewerkschaftliche Zugehörigkeit
  - ► Parteipolitische Zugehörigkeit
  - ► Religiöse Zugehörigkeit

  Ihre unwahre/unvollständige Beantwortung darf keine nachteiligen Folgen für einen eingestellten Bewerber haben. Ihm darf weder fristlos gekündigt noch Schadenersatz gefordert werden. Unabhängig vom Fragerecht hat der Bewerber seinerseits jedoch eine **Offenbarungspficht**.

Personalcontrolling	*Hilb (2009); Jansen (2008); Lisges (2009); Olfert (2012a, 2012c); Wunderer/Jaritz (2007)*	**159**

Das Personalcontrolling verbindet den Prozess der Planung [⇨ 188], Kontrolle [⇨ 104] und Steuerung mit der Informationsversorgung in der Personalwirtschaft. Es bezieht sich auf alle Teilbereiche der Personalwirtschaft und kann nach seiner Ausrichtung sein:

- **Strategisches Personalcontolling**, das sich langfristig orientiert.
- **Taktisches Personalcontrolling**, das mittelfristig erfolgt.
- **Operatives Personalcontrolling**, das kurzfristiger Natur ist.

Nach den **Ebenen** des Personalcontrolling lassen sich unterscheiden:

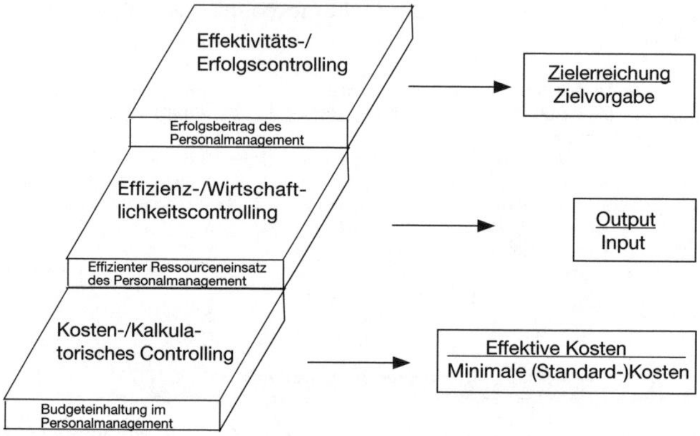

Im Rahmen des Personalcontrolling werden **Personal-Portfolios** [⇨ 177] eingesetzt.

Personaleinsatz	*Albert (2009); Bartscher (2007); Oechsler (2006); Olfert (2012a, 2012c)*	**160**

Der Personaleinsatz ist die **Zuordnung der Mitarbeiter** [⇨ 128] zu den verfügbaren Stellen oder Arbeitsplätzen eines Unternehmens. Der Personaleinsatz erfolgt **zeitpunktbezogen** als:

Qualitative Zuordnung	Sie ist für den Einsatz geeigneter Mitarbeiter in den Organisationseinheiten bedeutsam. Ihre Planung [⇨ 188] kann mithilfe der **Laufbahnplanung** [⇨ 117] erfolgen. Beim Auslandseinsatz ist u. a. zu prüfen, ob die Mitarbeiter die nötigen Sprachkenntnisse mitbringen.
Quantitative Zuordnung	Sie besteht darin, die Zahl vorhandener **Stellen** und **Arbeitsplätze** mit der Anzahl entsprechend geeigneter Mitarbeiter in Verbindung zu bringen. Mitarbeiter, die z. B. in einem Bereich nicht mehr einsetzbar sind, sind nach Möglichkeit in anderen Bereichen einzuplanen. Kündigungen [⇨ 108] sollten erst erwogen werden, wenn keine anderen Einsatzmöglichkeiten bestehen.
Zeitliche Zuordnung	Sie bezieht sich auf die **Termine** des Mitarbeitereinsatzes in den Organisationseinheiten, z. B. Einsatz einer Teilzeitkraft am Vormittag, Einsatz im Schichtbetrieb in der Nacht.

Zeitraumbezogen beginnt der Personaleinsatz nach der Personalbeschaffung [⇨ 147] mit der Probezeit [⇨ 191] und endet mit dem letzten Tag der Anwesenheit der Mitarbeiter im Unternehmen. **Phasen** des Personaleinsatzes sind danach:

Personalzugang	Er ist die erste Phase des Personaleinsatzes, z. B. wird der Neuling während der **Probezeit** eingewiesen und eingearbeitet, z. B. nach der 4-Stufen-Methode als Möglichkeit der Unterweisung [⇨ 206].
Personalleistung	Sie stellt die zentrale Phase des Personaleinsatzes dar, in welcher der Mitarbeiter nach Ablauf der Probezeit seine Leistungsfähigkeit und Leistungsbereitschaft zeigen muss.
Personalabgang	Er ist die letzte Phase des Personaleinsatzes, z. B. durch Pensionierung, Vertragsablauf, Personalfreistellung [⇨ 166] durch Kündigung [⇨ 108] des Arbeitgebers [⇨ 055] oder Arbeitnehmers [⇨ 010].

Die gedankliche Vorwegnahme des zukünftigen Personaleinsatzes im Unternehmen geschieht im Rahmen der **Personaleinsatzplanung** [⇨ 161].

Personaleinsatzplanung	*Albert (2009); Hentze/Kammel (2001); Jung (2008); Olfert (2012a, 2012c); Scholz (2000)*	**161**

Die Personaleinsatzplanung ist die qualitative, quantitative und zeitliche Vorwegnahme des Personaleinsatzes [⇨ 160], durch den die Zuordnung der Mitarbeiter [⇨ 128] auf Stellen bzw. Arbeitsplätze erfolgt. Dazu werden die Daten des Personalbestandsplanes bzw. des Personalbedarfsplanes verwendet. Es gibt:

- Die **qualitative Personaleinsatzplanung**, die den Vergleich von Anforderungsprofilen und voraussichtlichen Fähigkeitsprofilen der Mitarbeiter zum Planungszeitpunkt umfasst. Sind die gegebenen Kenntnisse, Fähigkeiten und Erfahrungen der Mitarbeiter größer als die Anforderungen, bieten sich Versetzungen als Maßnahmen der **Personalbeschaffung** an, im umgekehrten Fall sind Maßnahmen der **Personalentwicklung** [⇨ 163] empfehlenswert.
- Die **quantitative Personaleinsatzplanung** besteht in der Gegenüberstellung des voraussichtlich zum Vergleichszeitpunkt gegebenen Personalbestands [⇨ 151] mit dem zu erwartenden Personalbedarf [⇨ 143] als der benötigten Stellenzahl. Ist der künftige Personalbestand größer als der künftige Stellenbestand, sind Maßnahmen der **Personalfreistellung** [⇨ 166] zu ergreifen. Erweist er sich als größer, fallen Maßnahmen der **Personalbeschaffung** [⇨ 147] an. Beide Maßnahmen stellen demnach Personalveränderungen [⇨ 181] dar.
- Die **zeitliche Personaleinsatzplanung** berücksichtigt die Anfangs-, Zwischen- und Endtermine des Einsatzes der Mitarbeiter. Diese Termine geben Aufschlüsse über den Planungsrahmen und zu erwartende Fehlzeiten [⇨ 069].

Im Rahmen der Personaleinsatzplanung werden auch **Schicht(einsatz)pläne** erstellt. Dabei ist darauf zu achten, dass das Schichtpersonal hinreichend qualifiziert ist. Außerdem sind **Unregelmäßigkeiten** beim Arbeitsanfall sowie **Abwesenheiten** durch Urlaub, Krankheit usw. zu berücksichtigen. Fehler in Schicht(einsatz)plänen können zu empfindlichen Störungen der Produktion führen.

Personalentlohnung	*Ackermann/Eisele (2004); Bröckermann (2009); Franke/Zicke/Zils (2008); Kolb (2008); Olfert (2012a, 2012c)*	**162**

Die Personalentlohnung umfasst die **geldlichen Leistungen** an die Arbeitnehmer [⇨ 010], die in unmittelbarem Zusammenhang mit den von ihnen erbrachten Arbeitsleistungen [⇨ 021] stehen. Sie erfolgen grundsätzlich in Form des Lohnes [⇨ 119], können aber auch geldwerte Leistungen sein, z. B. ein privat nutzbares Dienstfahrzeug. **Probleme** bei der Personalentlohnung sind vor allem:

- Die **Lohngerechtigkeit** [⇨ 121], die es absolut nicht gibt und nur relativ erreichbar ist.
- Die **Lohnhöhe** als der den Arbeitnehmern für ihre Leistungen entgoltene Betrag.

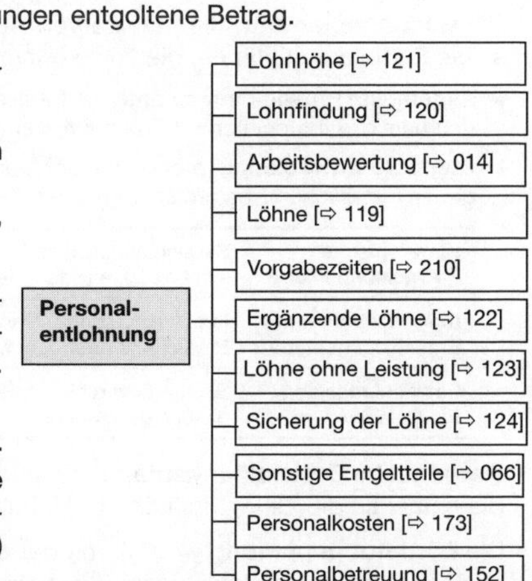

Die Entlohnung wird auch als **Entgelt** bzw. **Vergütung** bezeichnet. Sie setzt sich zusammen aus:

- Dem **Lohn** [⇨ 119] bzw. **Arbeitslohn**, der aus Grundlohn und ergänzendem Lohn besteht.
- **Sonstigen Entgeltteilen** [⇨ 066], die kein Lohn sind, z. B. als Erfolgsbeteiligung [⇨ 067].

Der Lohn, der dem Arbeitnehmer gezahlt wird, stellt Kosten dar. Für das Unternehmen fallen aber noch darüber hinausgehende personelle Kosten für den Arbeitnehmer an. Zusammen sind dies die **Personalkosten** [⇨ 173].

Der Lohn kann als **Einzellohn** bzw. **-entgelt** oder **Gruppenlohn** bzw. **-entgelt**, **Bruttolohn** bzw. **-entgelt** (ohne Abzug von Lohnsteuer und Arbeitnehmeranteil zur Sozialversicherung) oder **Nettolohn** bzw. **-entgelt** (nach Abzug) unterschieden werden.

Personalentwicklung	*Becker (2009); Berthel/Becker (2010); Mentzel (2008a); Olfert (2012a, 2012c); Riekhof (2006)*	163

Die Personalentwicklung umfasst alle Maßnahmen zur **Erhaltung und Verbesserung der Qualifikation** [⇨ 192] von Führungskräften [⇨ 079] und Mitarbeitern [⇨ 128]. Die wirtschaftlichen und technischen Wandlungen im Unternehmen und seiner Umwelt machen es erforderlich, das Personal frühzeitig und umfassend auf diese Entwicklungen einzustellen.

Unternehmen, die nicht in hinreichendem Umfang in die Entwicklung ihrer Mitarbeiter investieren, laufen Gefahr, ihre Wettbewerbsfähigkeit zu verlieren. **Arten** der Personalentwicklung sind:

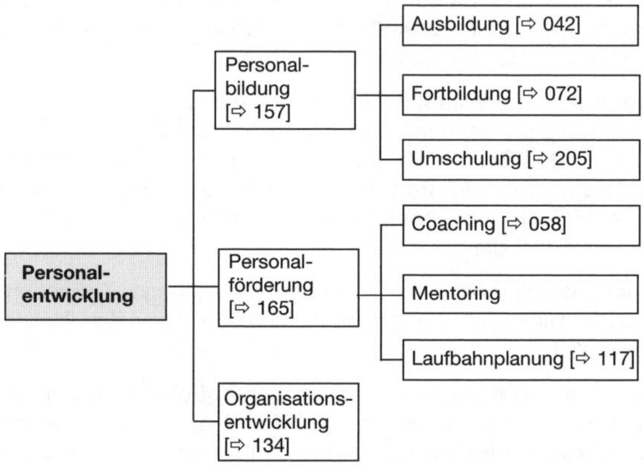

Die Personalentwicklung fördert die Leistungsfähigkeit der Führungskräfte und Mitarbeiter.

Personalentwicklungsplanung	*Becker (2009); Mentzel (2008a); Olfert (2012a, 2012c); Riekhof (2006); RKW (1996)*	164

Die Personalentwicklungsplanung ist die gedankliche Vorwegnahme der zukünftigen Gestaltung der Erhaltung und Verbesserung der Qualifikation [⇨ 192] von Mitarbeitern [⇨ 128]. Sie hat Vorsorge zur **Deckung des qualitativen Personalbedarfs** [⇨ 143] zu treffen, der sich aus der qualitativen Personaleinsatzplanung [⇨ 161] ergibt, wenn die Anforderungsprofile zum Vergleichszeitpunkt größer als die Fähigkeitsprofile der Mitarbeiter sind. Die Personalentwicklung [⇨ 163] erfolgt auf der Grundlage von Personalentwicklungsplänen. Zu unterscheiden sind als Personalentwicklungsplanungen:

- Die **Bildungsplanung**, die mithilfe von Ausbildungsplänen und Umschulungsplänen erfolgen kann sowie Fortbildungsplänen, die sein können:
  - ► **Allgemeine Entwicklungspläne**, die für alle Mitarbeiter angeboten werden, z. B. Kurse, Seminare. Sie werden häufig in firmeninternen Broschüren erfasst.
  - ► **Standard-Entwicklungspläne**, die für Mitarbeiter in bestimmten Hierarchiestufen bzw. mit bestimmten Aufgaben in zeitlichen Abständen immer wieder angeboten werden. Es gibt:

Hierarchische Entwicklungspläne	Sie sind auf bestimmte Ebenen des Unternehmens ausgerichtet, z. B. gelten sie für Abteilungsleiter, Gruppenleiter oder Meister, Sachbearbeiter.
Aufgabenbezogene Entwicklungspläne	Ihre Ausrichtung ist auf bestimmten Funktionen gerichtet, z. B. der Materialwirtschaft, der Produktion oder dem Marketing.
Entwicklungspläne für Trainees	Sie sind hierarchie- und funktionalorientierte Entwicklungsprogramme für Hochschulabsolventen, die das gesamte betriebliche Geschehen kennen lernen sollen.

- **Persönliche Entwicklungspläne**, die auf einzelne namentlich bestimmte Mitarbeiter bezogen sind. Sie enthalten die Ziele, Maßnahmen, Inhalte und Termine der Entwicklungsmaßnahmen.
- Die **Förderungsplanung** [⇨ 071], mit der einzelne Mitarbeiter vorangebracht, bzw. persönlich entwickelt aber auch Arbeitsplätze künftig optimal besetzt werden sollen.

Personalförderung	*Bröckermann/Müller-Vorbrüggen (2008); Mentzel (2004); Oechsler (2006); Olfert (2012a, 2012c)*	165

Die Personalförderung umfasst alle Maßnahmen, welche die **persönliche Entwicklung** der Führungskräfte [⇨ 079] bzw. der Mitarbeiter [⇨ 128] im Unternehmen unterstützen. Sie ist der Personalentwicklung [⇨ 163] zuzurechnen und bezieht sich insbesondere auf Veränderungen bei den Arbeitsplätzen und in den Arbeitsinhalten.

Den Ausgangspunkt der Personalförderung sollte das **Fördergespräch** bilden, das in Verbindung mit dem **Beurteilungsgespräch** geführt werden kann. Im Gegensatz zu ihm ist es auf die Zukunft gerichtet und dient dazu, die Förderungserwartungen der Mitarbeiter zu erkunden, die Förderungsmöglichkeiten für die Mitarbeiter zu erläutern sowie **Förderungsmaßnahmen** konkret aufzuzeigen.

Maßnahmen der Personalförderung können z. B. sein:

- **Coaching** [⇨ 058], das die persönliche und fachliche Unterstützung von Beschäftigten durch Vorgesetzte und/ oder externe Berater als Coaches umfasst, um diese im Umgang mit ihren beruflichen Problemstellungen zu unterstützen.
- Das **Mentoring**, das der Anleitung und Beratung neuer Mitarbeiter dient. Dies geschieht durch regelmäßige Gespräche [⇨ 089], deren Ziel [⇨ 216] es ist, den Mitarbeitern beim Finden von Rollen, Normen, Werten und Verhalten hilfreich zu sein. Als Mentoren kommen Kollegen, Vorgesetzte, hierarchiehöhere Mitarbeiter, Experten oder Mitarbeiter der Personalabtelung in Betracht. Mit dem Mentoring werden die Mitarbeiter integriert und in ihrer Entwicklung gefördert. Es lassen sich aber auch frühzeitige Kündigungen [⇨ 108] dadurch vermeiden.
- Die **Laufbahnplanung** [⇨ 117], die vom einzelnen Mitarbeiter ausgeht und die grundsätzliche Abfolge von Stellen zeigt, die er während seiner beruflichen Entwicklung einnehmen kann.

Als weitere Maßnahmen können der Personalförderung das **Job enlargement** als Aufgabenerweiterung (neue qualitativ gleich-/ähnlichwertige Aufgaben) und das **Job enrichment** als Aufgabenbereicherung (neue qualitativ höherwertige Aufgaben) zugerechnet werden.

Personalfreistellung	*Berthel/Becker (2010); Dopperphul (2008); Hentze/ Graf (2005); Oechsler (2006); Olfert (2012c)*	166

Die Personalfreistellung umfasst alle Maßnahmen, mit denen eine **personelle Überdeckung** in qualitativer, quantitativer, örtlicher und zeitlicher Hinsicht **abgebaut** wird. Es wird – teils auch mit anderem Inhalt – auch von **Personalfreisetzung**, **Personalanpassung**, **Personalentlassung**, **Personalaustritt**, **Personalabbau** und **Personalveränderung** [⇨ 101] gesprochen. Zu unterscheiden sind:

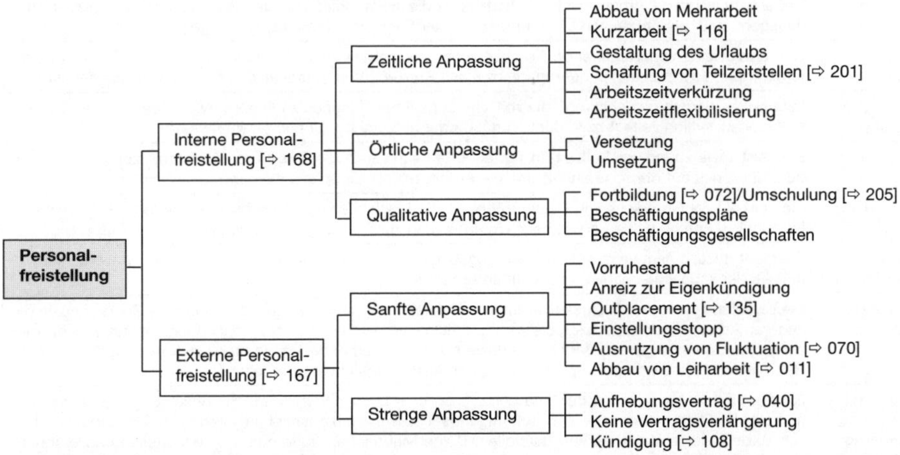

Nach gründlicher Analyse der betrieblichen Umstände hat jedes Unternehmen zu entscheiden, ob die Personalfreistellung – sofern zwingend nötig – intern oder extern zu vollziehen ist.

Personalfreistellung, *externe*	*Bröckermann (2009); Drumm (2008); Oechsler (2006); Olfert (2012a, 2012c); Wellinger (2008)*	**167**

Die externe Personalfreistellung umfasst Steuerungsmaßnahmen, die aus Unternehmenssicht nach außen gerichtet sind und zu einer **Reduktion des Personalbestandes** [⇨ 151] führen. Es gibt:

Vorruhestand	Er ist die vorzeitige Pensionierung als endgültige altersbedingte Beendigung der Berufsausübung älterer Arbeitnehmer [⇨ 010].
Anreize zu Eigenkündigungen	Das Unternehmen bietet bisherigen Mitarbeitern z. B. kurzfristig Honorarverträge an, wenn diese bereit sind, den Schritt in die Selbstständigkeit zu gehen.
Ausnutzen der Fluktuation [⇨ 070]	Wenn Mitarbeiter das Unternehmen verlassen, werden ihre Stellen nicht mehr besetzt und die dort anfallenden Aufgaben auf andere Stellen verteilt, wodurch eine Verringerung des Personalbestandes erfolgt.
Abbau von Leiharbeit [⇨ 011]	Die Kündigung oder Nichtverlängerung von Arbeitnehmer-Überlassungsverträgen führt zur Verminderung der im Unternehmen tätigen Personen und zum Abbau einer Personalüberdeckung.
Outplacement [⇨ 135]	Bei der einvernehmlichen Trennung aufgrund eines Aufhebungsvertrages [⇨ 040] wird der ausscheidende Mitarbeiter [⇨ 128] auf Kosten des Unternehmens von einem Berater bei einem eventuellen Stellenwechsel unterstützt.
Aufhebungsvertrag [⇨ 049]	Das bisherige Arbeitsverhältnis wird durch eine schriftliche Vereinbarung zwischen Arbeitgeber [⇨ 009] und Arbeitnehmer zu einem bestimmten Zeitpunkt beendet, was zu einem Personalabbau führt.
Keine Vertragsverlängerung	Durch die Nichtverlängerung befristeter Arbeitsverhältnisse werden Mitarbeiter extern freigestellt, und dadurch wird der Personalbestand [⇨ 151] reduziert.
Kündigung [⇨ 108]	Sie sollte, nach der Prüfung aller übrigen Möglichkeiten der Personalfreistellung, das letzte Mittel sein, externe Freistellung von Mitarbeitern zu betreiben.
Einstellungsstopp/-beschränkung	Das Unternehmen nimmt insgesamt oder bei bestimmten Stellen keine Einstellungen vor, auch wenn ggf. ein Bedarf besteht. Auch Einstellungsbegrenzung als gemilderte Maßnahme ist möglich. Beides ist eigentlich aber **keine Personalfreistellung**.

Personalfreistellung, *interne*	*Berthel/Becker (2010); Egermann (2008); Kadel (2004); Olfert (2012a, 2012c); Rohde (2008)*	**168**

Bei der internen Personalfreistellung wird personelle Kapazität durch die Änderung bestehender Arbeitsverhältnisse verändert, **ohne** dass es zu einer **Reduktion des Personalbestandes** [⇨ 151] kommt. Es sind zu unterscheiden:

Abbau von Mehrarbeit	Dabei geht es um die Arbeitszeit [⇨ 032], die über die meist tariflich festgelegte regelmäßige Arbeitszeit hinausgeht, z. B. als Abbau von Überstunden mit der Folge von Kosteneinsparungen.
Kurzarbeit [⇨ 116]	Hier erfolgt eine vorübergehende Herabsetzung der betriebsüblichen, regelmäßigen Arbeitszeit im Unternehmen, die mit Entgeltminderungen bzw. mit Senkung von Personalkosten [⇨ 173] verbunden ist.
Urlaubsgestaltung	Mitarbeiter werden dazu bewegt, die zeitliche Lage ihres Urlaubes zu ändern. Außerdem können die Betriebsferien zeitlich verlegt bzw. Sonderurlaub oder unbezahlter Urlaub gewährt werden.
Teilzeitstellen [⇨ 201]	Bei der Umwandlung von Vollzeit- in Teilzeitstellen kann z. B. die Teilung von Arbeitsplätzen (Jobsharing) oder die Arbeit auf Abruf vereinbart und die Arbeitszeit so angepasst werden.
Arbeitszeitverkürzung	Sie führt auf der Grundlage von Tarifverträgen [⇨ 200], ggf. auch von Betriebsvereinbarungen [⇨ 051] beim Personal zu Entgeltminderungen, beim Unternehmen zur Senkung der Personalkosten [⇨ 173].
Arbeitszeitflexibilisierung	Sie dient dazu, einem verminderten Leistungsbedarf im Unternehmen personell gerecht zu werden, z. B. mithilfe der kapazitätsorientierten variablen Arbeitszeit.
Versetzung/ Umsetzung	Die Versetzung wird am häufigsten als interne Freistellungsmaßnahme genutzt, indem die Zuweisung eines anderen Arbeitsbereiches erfolgt, die voraussichtlich die Dauer von einem Monat überschreitet *oder* die mit einer erheblichen Änderung der Umstände verbunden ist, unter denen die Arbeit zu leisten ist (§ 95 Abs. 3 BetrVG). Auch eine Umsetzung (innerhalb eines Arbeitsbereiches) ist möglich.
Fortbildung [⇨ 072] / **Umschulung** [⇨ 205]	Sie dienen der Qualifizierung der Mitarbeiter. Dies kann auch in Verbindung mit Beschäftigungsplänen (innerhalb des Unternehmens) und Beschäftigungsgesellschaften geschehen, die neu zu schaffende, rechtlich selbstsändige Unternehmen darstellen. Beide Maßnahmen führen zu Kostenvorteilen und erhöhen das Image der Unternehmen.

Personalführung

Bröckermann (2000); Olfert (2012a, 2012c); Rahn (2008a, 2012); Weibler (2004a+b); Wunderer (2009) **169**

Mithilfe der Personalführung werden die Ziele [⇨ 216] und grundlegenden Strategien bzw. Entscheidungen des Unternehmens auf den einzelnen hierarchischen Ebenen durch Vorgesetzte personenbezogen umgesetzt. Sie soll das Unternehmen in seinem Bestand sichern und den Arbeitskräften die Möglichkeit geben, sich zu erhalten und zu entfalten.

Die **Beteiligten** an der Personalführung sind:

- Die **Führungskräfte** [⇨ 079], die als Vorgesetzte für die Erreichung der betrieblichen Sachziele sowie die Motivation [⇨ 183] der Mitarbeiter und den Gruppenerhalt zu sorgen haben und über verschiedene Marktgrundlagen [⇨ 126] verfügen.
- Die **Mitarbeiter** [⇨ 128], die als einzelne Mitarbeiter oder Gruppen [⇨ 090] in Erscheinung treten und in entsprechender Weise zu führen sind.

Die **Bedeutung** der Personalführung ist in den vergangenen Jahren erheblich angewachsen, z. B. weil die Ausbildung [⇨ 042] sich verbessert hat, die Arbeitnehmer [⇨ 010] selbstbewusster geworden sind, die Informationsvorsprünge der Arbeitnehmer gegenüber ihren Vorgesetzten größer geworden sind und die Vorgesetzten zunehmend über weniger formale Sanktionsmacht verfügen.

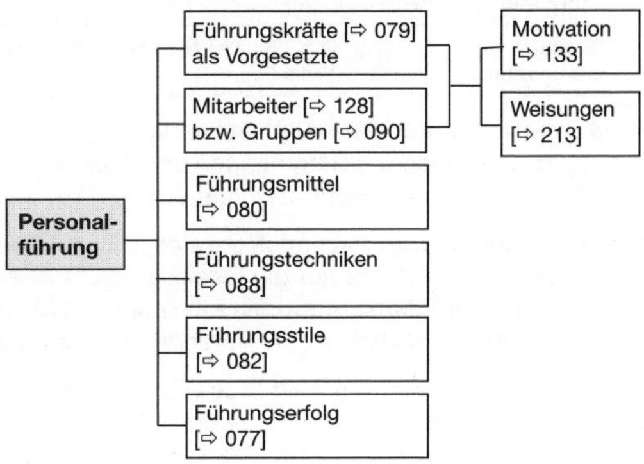

Personalhandbuch

Friedl (2004); Jung (2008); Olfert (2012c); Stopp (2006); Wagner/Zander/Hauke (1992) **170**

Die Personalarbeit ist ein komplexer Aufgabenbereich, der insbesondere dann um so schwerer überschaubar ist, je größer die Unternehmen sind und je mehr dezentralisierte Bereiche sie umfassen. Es ist nicht nur aus Gründen der Motivation [⇨ 133] der Mitarbeiter [⇨ 128], sondern auch aus rechtlichen Erwägungen erforderlich, ein einheitlich **geschlossenes Personalkonzept** im Unternehmen verfügbar zu haben.

Das Personalhandbuch dient der **Dokumentation** dieses Konzeptes, das sich z. B. auf die Personalpolitik, die Personalabteilung, Anstellungsbedingungen, Personalbeschaffung, Personalentlohnung, Personalcontrolling und Soziales bezieht. Seine **Aufgaben** sind:

- Betriebsinterne **Richtlinien** und **Regelungen**, die das Personal betreffen, in übersichtlicher Weise zu dokumentieren.
- Den **Handlungsspielraum** der Personalabteilung abzugrenzen, der z. B. durch rechtliche Bestimmungen und Unternehmensentscheidungen eingeschränkt wird.
- Eine **Arbeitsanweisung** für die in der Personalabteilung tätigen Mitarbeiter zu sein.
- Eine **Entscheidungsgrundlage** für die Personalabteilung bzw. Revisionsbasis darzustellen.
- Informationen über die **Organisationskultur** des Unternehmens zu vermitteln.

Das Personalhandbuch sollte **benutzerfreundlich** aufgebaut und gestaltet sein, d. h. es empfiehlt sich eine überschaubare, systematische Gliederung sowie eine knappe, klare Gestaltung des Textes. Sein Umfang sollte begrenzt sein. Es kann als Printfassung – meist in Loseblatt-Form – vorliegen oder EDV-mäßig abrufbar sein.

Personalinformation	*Olfert (2012a, 2012c); Olfert/Rahn (2010); Rahn (2008a, 2010); Rump (2004)*	171

Die Personalinformation kann als Inhalt einer Botschaft oder als Tätigkeit des Informierens verstanden werden. Sie wird auch als **Mitarbeiterinformation** bezeichnet. Als Führungsmittel [⇨ 080] steht meistens das Informieren im Vordergrund. Als Informationen [⇨ 094] sind zu unterscheiden:

- **Informationen *an* Personal** als formelle und informelle Informationen, die von Vorgesetzten ausgehen, z. B. als:

Längsinformationen	Sie können von »oben nach unten« als Befehle, Kommandos, Aufträge bzw. Anordnungen von weisungsberechtigten Vorgesetzten kommen.
Querinformationen	Sie erfolgen auf der gleichen Ebene und haben keinen Weisungscharakter, z. B. zwischen zwei Mitarbeitern [⇨ 128] einer Abteilung.
Diagonalinformationen	Sie sind mit begrenzter Weisungsbefugnis verbunden und können von einer Abteilung zu einer anderen Abteilung verlaufen.

- **Informationen *von* Personal** fließen in der Hierarchie »von unten nach oben«. Sie können auf Störungen, aber auch auf Stimmungen und Meinungen der Mitarbeiter hinweisen und werden auch als **Aufwärtsinformationen** bezeichnet.
- **Informationen *über* Personal**, die sich z. B. auf Personaldaten, Bewerbungsunterlagen [⇨ 056], Personalakten [⇨ 141] und auf die Qualifikation [⇨ 192] von Mitarbeitern beziehen können. Sie werden auch in **Personalinformationssystemen** [⇨ 172] erfasst, gespeichert, verarbeitet und übermittelt, die das Ziel [⇨ 216] haben, die Personalarbeit zu rationalisieren und zu systematisieren.

Das Betriebsverfassungsgesetz (BetrVG) überträgt dem Arbeitgeber [⇨ 009] eine Reihe von **Informationspflichten** gegenüber dem Betriebsrat [⇨ 050]. Pflichten zur Information bestehen aber auch gegenüber einzelnen oder sämtlichen Mitarbeitern, z. B. über die Wirtschaftslage.

Personalinformationssystem	*Bergmeier/Hoppe (2006); Heinecke (2003); Jung (2008); Olfert (2012c); Strohmeier (2008)*	172

Das Personalinformationssystem ist ein System der geordneten Erfassung, Speicherung, Transformation und Ausgabe der für die Personalarbeit bedeutsamen Informationen [⇨ 094]. Mit ihm lassen sich administrative Aufgaben (z. B. Lohn- und Gehaltsabrechnung [⇨ 125]) und dispositive Aufgaben (z. B. Personalbedarfs-, Personalkostenplanung [⇨ 174]) des Personalwesens bewältigen.

Mithilfe von Personalinformationssystemen wird es möglich, **Personalinformationen** [⇨ 171] schnell, aussagefähig und flexibel für die Steuerung und Kontrolle der Personalarbeit zur Verfügung zu stellen.

Vier **Datenbanken** werden dazu in Personalinformationssystemen miteinander verknüpft:

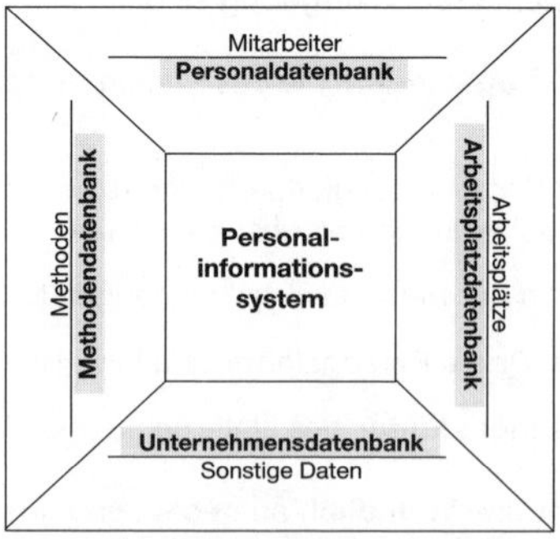

Personalinformationssysteme wurden in der Vergangenheit vor allem von großen Unternehmen genutzt. Inzwischen ist ihr Einsatz auch bei deutlich kleineren Unternehmen wirtschaftlich möglich.

Personalkosten	*Bröckermann (2009); DGFP (1988); Gutmann/ Kollig (2005); Olfert (2012a, 2012c)*	173

Personalkosten sind alle Leistungen des Unternehmens, die den Mitarbeitern [⇨ 128] direkt oder indirekt, geldlich oder geldwert gewährt werden. Sie werden auch als **Arbeitskosten** bezeichnet und umfassen:

- **Personal*basis*kosten**, die in unmittelbarem Zusammenhang mit der Leistungserstellung anfallen. Sie werden – inhaltlich nicht (immer) deckungsgleich – auch genannt:

▶ Direktvergütung	▶ Leistungsvergütung
▶ Direktgehalt	▶ Leistungsentgelt
▶ Direkter Lohn	▶ Personalbasisaufwand
▶ Leistungslohn	▶ Erster Lohn

In Anlehnung an die *DGFP* ergeben sich die Personalbasiskosten:

	Entgelt
–	Löhne ohen Leistung [⇨ 123]
–	Ergänzende Löhne [⇨ 122], soweit ohne Leistungsbezug
–	Ausbildungsvergütungen, soweit ohne Leistungsbezug
=	**Löhne für geleistete Arbeitszeit**
–	Löhne für geleistete Arbeitszeit in sozialen Einrichtungen
–	Löhne für geleistete Arbeitszeit der Mitarbeiter in der Aus- und Fortbildung
=	**Personalbasiskosten**

- **Personal*zusatz*kosten** [⇨ 185], die in keinem unmittelbaren Zusammenhang mit der Leistungserstellung stehen und rund 80 % der Personalbasiskosten zusätzlich verursachen, z. B. als Sozialabgaben, Lohn ohne Leistung, Gratifikationen, Beihilfen.

Personalkostenplanung	*Gutmann/Kollig (2005); Horsch (2000); Lautenbrunner (2009); Olfert (2012c); RKW (1996)*	174

Die Personalkostenplanung hat im Rahmen der Personalplanung [⇨ 175] eine überragende Bedeutung. Personalkosten [⇨ 173] umfassen alle Leistungen des Unternehmens, die den Mitarbeitern direkt oder indirekt, geldlich oder geldwert gewährt werden.

Personalkosten werden auch als **Arbeitskosten** bezeichnet und setzen sich aus dem Entgelt und weiteren Leistungen zusammen, z. B. Pflichtbeiträgen zur Renten-, Kranken-, Arbeitslosen-, Pflege-, Unfallversicherung. Dementsprechend sind zu unterscheiden:

- **Personalbasiskosten**, die in unmittelbarem Zusammenhang mit der Leistungserstellung stehen.
- **Personalzusatzkosten**, die über die Personalbasiskosten hinausgehen. Für ihre Gewährung sind gesetzliche Vorschriften und tarifliche Regelungen maßgeblich. Sie werden aber auch freiwillig von Unternehmen gewährt.

Bei industriellen Unternehmen betragen die Personalkosten etwa 20 % bis 40 % der Gesamtkosten. Im internationalen Vergleich lag Deutschland (West) im Jahr 2007 in der Höhe der industriellen Personalkosten an vierter Stelle (34,29 €/Std.), in Deutschland (Ost) an 17. Stelle (20,29 €/Std.).

Die **Planung** der Personalkosten muss deshalb sehr sorgfältig vorgenommen werden. Sie erfolgt auf der Grundlage:

- Des **zukünftigen Pesonalbestandes** [⇨ 151]
- Der **erwarteten Lohnentwicklung.**

Das Ergebnis der Personalkostenplanung ist häufig die Festlegung eines **Personalkostenbudgets**, das ein Gesamtbudget sein oder aus mehreren Teilbudgets für die einzelnen personalwirtschaftlichen Funktionen bestehen kann.

Personalplanung	*Berthel/Becker (2010); Drumm (2005); Olfert (2012a, 2012c); Gutmann/Terschüren (2004)*	175

Die Personalplanung ist die planvolle gedankliche **Vorwegnahme des zukünftigen Personalgeschehens** im Unternehmen. Sie kann sich auf einzelne Mitarbeiter [⇨ 128] oder auf Gesamtheiten der Mitarbeiter beziehen. Dementsprechend lassen sich unterscheiden:

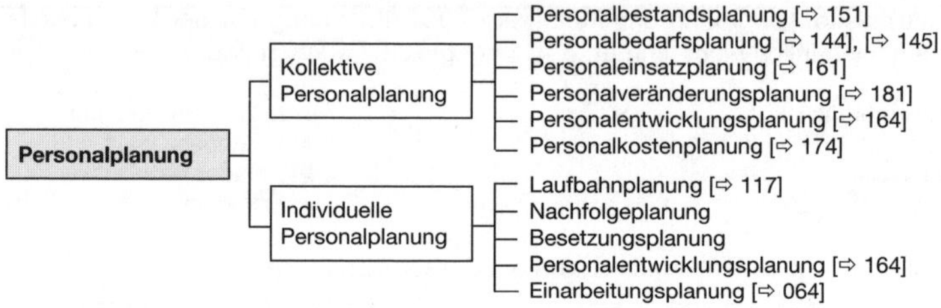

Ziele [⇨ 216] der Personalplanung sind:

- Die **Minimierung von Planungsfehlern**, d. h. Fehler sind möglichst zu vermeiden, sonst können Störungen des Betriebsklimas [⇨ 049] und eine Demotivation der Mitarbeiter entstehen.
- Die **Einflussnahme auf das Personalgeschehen**, d. h. der Personalplaner sollte sich nicht als Anpasser betätigen, sondern aktiv auf das personalwirtschaftliche Geschehen einwirken.
- Das **Beitragen zur Konfliktminderung**, d. h. Konflikte [⇨ 103] sollen planerisch begrenzt werden, z. B. durch Maßnahmen der Personalfreistellung [⇨ 166].

Die Personalplanung basiert auf den Unternehmenszielen und hat dafür zu sorgen, dass die Arbeitskräfte in der erforderlichen Qualität und Quantität am richtigen Ort und zum richtigen Zeitpunkt zur Verfügung stehen.

Personalpolitik	*Bühner (2004b); v. Eckardstein (2004); Hilb (2009); Olfert (2012a, 2012c); Rahn (2008a)*	176

Die Personalpolitik umfasst alle Grundsätze und Entscheidungen, die sich auf die **wechselseitigen Beziehungen** zwischen Vorgesetzten und Mitarbeitern [⇨ 128], zwischen Mitarbeitern untereinander und zwischen den Mitarbeitern und ihrer Arbeit [⇨ 008] beziehen. Ihre **Ziele** [⇨ 216] sind:

- Die Steigerung der **Leistungsfähigkeit** der Mitarbeiter, z. B. durch Personalentwicklung [⇨ 163].
- Die Steigerung der **Leistungsbereitschaft** der Mitarbeiter, z. B. durch kooperative Führung.
- Die Steigerung der **Leistungsmöglichkeit** der Mitarbeiter, z. B. durch Arbeitsplatzgestaltung.

Die Entscheidungen, die im Rahmen der Personalpolitik erfolgen, sind sowohl Zielentscheidungen als auch Mittelentscheidungen. Nach ihrem **Inhalt** gibt es:

- **Grundsatzentscheidungen**, die als personalpolitische Leitlinien für Personalstrategien [⇨ 180] von der Unternehmensleitung formuliert werden, z. B. die Entscheidung für das »Prinzip des Aufstiegs aus den eigenen Reihen«. Grundsatzentscheidungen sind **richtungsweisend**.
- **Einzelentscheidungen**, mit denen die Grundsatzentscheidungen durch die Vorgesetzten in den einzelnen Unternehmensbereichen ausgeführt und umgesetzt werden.

Personalpolitische **Festlegungen** können auf unterschiedliche Weise erfolgen, z. B. in einer Unternehmenssatzung, Geschäftsordnung, Arbeitsordnung oder Betriebsordnung bzw. in Form von schriftlichen (Arbeits)anweisungen, Grundsatzerklärungen oder Organisationsvorschriften, aber auch in mündlicher Form oder durch die Tradition des Unternehmens.

Die Personalpolitik besteht aus **Teilpolitiken**, die sich auf die personalwirtschaftlichen Instrumente beziehen können, z. B. als Arbeitszeitpolitik, Entgeltpolitik, Einsatzpolitik, Beschaffungspolitik, Entwicklungspolitik, Sozialpolitik.

Personal-Portfolio	*Bühner (2004b); Hilb (2009); Olfert (2012a, 2012c); Rahn (2008a); Wunderer/Jaritz (2007)*	177

Im Rahmen des strategischen Personalcontrolling [⇨ 159] werden Personal-Portfolios eingesetzt, die auch **Human-Resourcen-Portfolios** genannt werden. Sie sind als Ist-Portfolio und als Ziel-Portfolio erstellbar. Ihr Vergleich legt Abweichungen offen und bewirkt geeignete Maßnahmen. Ein Personal-Portfolio kann wie folgt aussehen:

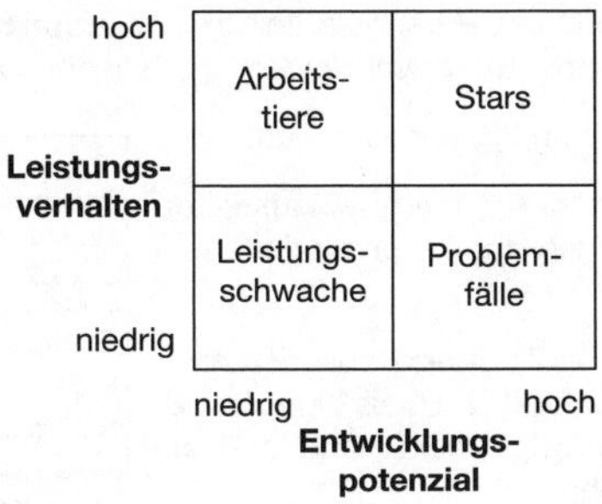

Daraus ergibt sich, dass **leistungsschwache Mitarbeiter** voraussichtlich auf unbedeutendere Stellen versetzt werden müssen, **Arbeitstiere** eine individuelle Führung benötigen, um nicht in den leistungsschwachen Bereich abzusinken, **Problemfälle** zur Verbesserung ihres Leistungsverhaltens angehalten werden und **Stars** besonders zu fördern sind, da sie herausragende Leistungsträger darstellen.

Das Personal-Portfolio unterstützt das Personalcontrolling vor allem in der Planungsfunktion und der Vorsteuerungsfunktion. Es ermöglicht eine rechtzeitige Identifikation von Stärken und Schwächen des vorhandenen Personals.

Personalrechnungswesen	*Bröckermann (2009); Conrad (2010); Enderes (2010); Janek (2010); Olfert (2012a, 2012c)*	178

Mithilfe des Personalrechnungswesens soll die Personalarbeit und deren Auswirkungen in quantifizierter Form dokumentiert werden. Es hat die **Aufgabe**, die erforderlichen **Informationen** [⇨ 094] bereitzustellen, die **intern** vor allem von den personalverantwortlichen Entscheidungsträgern und dem Betriebsrat, **extern** z. B. von Ämtern wie dem Finanzamt, Agentur für Arbeit sowie Verbänden und Gewerkschaften benötigt werden.

Außerdem ermöglicht das Personalrechnungswesen vergangenheitsbezogen eine Kontrolle der Zielerreichung und zukunftsbezogen die Erstellung von Prognosen und Planmengen. Es nimmt damit die Dokumentation, Information, Kontrolle und Disposition als **Funktionen** wahr.

Teilbereiche des Personalrechnungswesens sind:

- Die **Lohn- und Gehaltsrechnung** [⇨ 125], welche die Ermittlung des Entgeltes sowie alle weiterführenden Maßnahmen bis zu seiner Auszahlung an die Mitarbeiter umfasst.
- Die **Personalkostenrechnung**, die für eine ständige Erfassung, Kontrolle und kontinuierliche Analyse der Personalkosten unerlässlich ist. Zu ihr zählen:

  ► Die Personalkostenverrechnung auf Kostenstellen und Kostenträger
  ► Die Personalkostenplanung (Fortschreibung bisheriger, Erstellung neuer Pläne)
  ► Die Personalkostenkontrolle als permanenter Soll-Ist-Vergleich

- Die **Personalstatistik** [⇨ 179], deren Kennzahlen insbesondere im Rahmen des Personalcontrolling [⇨ 159] hilfreich sind.

Hinzu kommen beim Personalrechnungswesen neuere Bereiche, wie die **gesellschaftsbezogene Rechnungslegung** und die **Humanvermögensrechnung**.

Personalstatistik	*Göbel (1996); Gmelin (1995); Hilb (2009); Jansen (2008); Olfert (2012a, 2012c); Wunderer/Jaritz (2007)*	**179**

Die Personalstatistik ist ein wichtiges Instrument, das der Personalarbeit wie auch der Unternehmensführung dient. Insbesondere im Rahmen des **Personalcontrolling** [⇨ 159] können die im Rahmen der Personalstatistik ermittelten Kennzahlen zur Information [⇨ 094], Steuerung und Kontrolle [⇨ 104] dienen.

Die der Personalstatistik zu Grunde liegenden **Daten** können aus **unternehmensinternen Quellen**, z. B. Personalakten, Personalkartellen, Personaldateien sowie **unternehmensexternen Quellen**, z. B. Veröffentlichung von Forschungsinstituten, Verbänden, statistischen Ämtern gewonnen werden.

Die Personalstatistik bezieht sich häufig vor allem auf:

- Die **Personalstruktur**, die nach Arbeitern, Angestellten oder sonstigen Beschäftigungsgruppen gegliedert sein kann:

$$\text{Personalstruktur (\%)} = \frac{\text{Arbeiter bzw. Angestellte bzw. sonstige Mitarbeiter}}{\text{Gesamte Belegschaft}} \cdot 100$$

- Die **Personalbewegungen**, die **Zugänge** von Mitarbeitern z. B. vom internen Arbeitsmarkt, z. B. als Versetzung, und **Abgänge** z. B. an den externen Arbeitsmarkt, z. B. als Fluktuation [⇨ 070] sein können:

$$\text{Fluktuationsquote (\%)} = \frac{\text{Personalabgänge}}{\text{ø Personalbestand}} \cdot 100$$

$$\text{Versetzungsquote (\%)} = \frac{\text{Zahl der Abgänge}}{\text{ø Personalbestand + Zugänge zu Beginn}} \cdot 100$$

- Die **Personalkosten** [⇨ 173] als globale Strukturzahlen, differenzierte Strukturzahlen und Leistungszahlen.

- Die **Arbeitszeiten** [⇨ 032], bei denen vertraglich vereinbarte Zeiten von tatsächlich geleisteten Arbeitszeiten abweichen können, z. B. wegen krankheitsbedingter Fehlzeiten [⇨ 069] oder geleisteter Überstunden:

$$\text{Fehlzeitenquote (\%)} = \frac{\text{Fehlzeiten}}{\text{Soll-Arbeitszeit}} \cdot 100$$

$$\text{Überstundenquote (\%)} = \frac{\text{Zahl der Überstunden}}{\text{Soll-Arbeitsstunden}} \cdot 100$$

Personalstrategie	*Bühner (2004b); Dillerup/Stoi (2007); Rahn (2008a, 2012); Oechsler (2006); Ziegenbein (2012)*	**180**

Die Personalstrategie ist eine betriebliche **Handlungsanweisung**, die langfristig für den Bereich der Personalwirtschaft [⇨ 184] festgelegt bzw. auf die Verwirklichung von den Zielen [⇨ 216] ausgerichtet ist. Als Personalstrategien lassen sich unterscheiden:

- Das rechtzeitige **Beschaffen von Personal**, z. B. über ansprechende Stellenanzeigen am Arbeitsmarkt oder über die Anwendung des »Prinzips der internen Aufstiegsbesetzung«.
- Das **Einbringen von Sozialinnovationen**, z. B. über arbeitszeit-, sozialleistungs-, personaleinsatz-, führungs-, entwicklungsorientierte Innovationen, Prämiensysteme bzw. durch die Aktivierung des betrieblichen Vorschlagswesens [⇨ 211].
- Das **Flexibilisieren der Arbeitszeit** [⇨ 032], z. B. durch Freizeitausgleich, Freischichten, Einführung der Gleitzeit, Flexibilisierung der Schichtarbeit, Jobsharing als Aufteilung eines Arbeitsplatzes auf zwei oder mehr Personen, verbesserte Gestaltung des Personaleinsatzes [⇨ 160].
- Das **Verbessern der Produktivität**, z. B. durch verstärkten Einsatz der Kommunikationstechnologie, verbesserte Gruppenarbeit, mehr Verantwortung [⇨ 207] von Teams.
- Die **Erhöhung der qualitativen Mitarbeiterkapazität** durch Verbesserung der Leistungsfähigkeit und Leistungsbereitschaft einzelner Mitarbeiter [⇨ 128] bzw. deren Beziehungsgefüge, z. B. durch Kooperation [⇨ 106] zwischen Vorgesetzten und Mitarbeitern.
- Das **Senken der Personalkosten** [⇨ 173], z. B. durch Personalfreistellung [⇨ 116], Rationalisierungsmaßnahmen, weniger Fluktuation [⇨ 070] und Fehlzeiten [⇨ 069], bessere Personalplanung [⇨ 175].
- Das **Verbessern der Entgeltstruktur**, z. B. durch neue Systeme der Arbeitsbewertung [⇨ 014], Transparenz der Höhe und Zusammensetzung des Entgeltes.

Personalveränderung(splanung)	*Berthel/Becker (2010); Bröckermann (2009); Jung (2008); Oechsler (2006); Olfert (2012a, 2012c)*	181

Die Personalveränderung ist Ausdruck des qualitativen und quantitativen **Wandels personalwirtschaftlicher Gegebenheiten**. Sie basieren auf der Personaleinsatzplanung [⇨ 161] als:

- **Personalbeschaffung(splanung)** [⇨ 147], wenn der voraussichtliche Stellenbestand zum Vergleichszeitpunkt größer ist als der zukünftige Personalbestand [⇨ 151], d. h. dass Stellen personell neu zu besetzen sind. Folgen dieser **quantitativen Unterdeckung** können z. B. sein:
  - ▶ Versetzung von Mitarbeitern [⇨ 128] als interne Personalbeschaffung
  - ▶ Übernahme von Auszubildenden in ein Arbeitsverhältnis als interne Personalbeschaffung
  - ▶ Externe Personalbeschaffung [⇨ 148], z. B. mithilfe von Stellenanzeigen, Arbeitsvermittlung
- **Personalfreistellung(splanung)** [⇨ 166], wenn der voraussichtliche Stellenbestand kleiner ist als der zukünftige Personalbestand, d. h. ein Personalüberhang abzubauen ist. Einer **quantitativen Überdeckung** kann z. B. begegnet werden durch:
  - ▶ Versetzung von Mitarbeitern in ein anderes Werk als interne Personalfreistellung [⇨ 168]
  - ▶ Vorzeitige Pensionierung von Mitarbeitern als externe Personalfreistellung
  - ▶ Kündigung [⇨ 108] durch das Unternehmen als externe Personalfreistellung
- **Personalentwicklung(splanung)** [⇨ 163], wenn sich aus der qualitativen Personaleinsatzplanung [⇨ 161] ergibt, dass die Anforderungsprofile zum Vergleichszeitpunkt größer als die Fähigkeitsprofile der Mitarbeiter sind. **Qualitative Unterdeckungen** können z. B. beseitigt werden durch:
  - ▶ Maßnahmen der Ausbildung [⇨ 042] bei Jugendlichen ohne Berufsabschluss
  - ▶ Maßnahmen der Fortbildung [⇨ 072] bei Mitarbeitern mit Berufsabschluss
  - ▶ Maßnahmen der Umschulung [⇨ 205] bei Mitarbeitern, die einen neuen Beruf erlernen

Die Personalveränderungen können sich auf die Höhe der **Personalkosten** [⇨ 173] auswirken, z. B. bei externer Personalbeschaffung.

Personalverwaltung	*Albert (2009); Conrad (2010); Enderes (2010); Oechsler (2006); Olfert (2012a, 2012c); Scholz (2000)*	182

Die Personalverwaltung wickelt die administrativen, routinemäßigen **Aufgaben des Personalbereiches** ab, vom Personalzugang über Personalveränderungen bis zum Personalabgang. Dabei sind gesetzliche und tarifvertragliche Regelungen, Betriebsvereinbarungen [⇨ 051] und die Arbeitsverträge [⇨ 028] der Mitarbeiter zu beachten. Ihre wesentlichen **Ziele** [⇨ 216] sind Transparenz, Aktualität, Fehlerfreiheit, Aussagekraft und Wirtschaftlichkeit.

Aufgaben der Personalverwaltung sind:

- **Information** [⇨ 094], z. B. aus der Personalakte [⇨ 141] über einzelne Mitarbeiter [⇨ 128], über Gruppen [⇨ 090] oder über das gesamte Personal. Die Bereitstellung muss kurzfristig und mit aktuellen Daten erfolgen. Wertvolle Dienste leisten dabei Personalinformationssysteme [⇨ 172].
- **Abwicklung**, z. B. bei Einstellung, Versetzung, Beförderung, Veränderung und Austritten. Sie sind von der Personalverwaltung in allen ihren administrativen Erfordernissen durchzuführen.
- **Abrechnung**, z. B. Darlehensgewährung, Essengeldabzug, Reisekostenabrechnung, private Telefongespräche, Werksverkäufe. Die Personalverwaltung hat die Daten zu erfassen und ihre buchhalterische Bearbeitung zu veranlassen.
- **Meldung**, z. B. Arbeitsamtsmeldungen, Lohnnachweis für die Berufsgenossenschaften, IHK-Meldungen, Lohnsteueranmeldungen, Entgeltnachweise an die Sozialversicherungen.
- **Überwachung**, z. B. Kontrolle [⇨ 104] der Fluktuation [⇨ 070], der Fehlzeiten [⇨ 069], der Überstunden und der Urlaubsinanspruchnahme, Arbeitszeiterfassung bei Gleitzeit.
- **Schutz des Personals**, z. B. als Arbeitsschutz [⇨ 025] und der Daten, z. B. als Datenschutz [⇨ 059], dessen Regelungen sich aus dem Bundesdatenschutzgesetz (BDSG) ergeben.

Personalverwaltung, *Instrumente*

Bartosch (2010); Friedl (2004); Kos (2007); Olfert (2012a, 2012c, 2012f); Strohmeier (2008)

183

Um die Aufgaben der Personalverwaltung bewältigen zu können, bedient sie sich einer Vielzahl von Instrumenten bzw. **Hilfsmitteln**. Dazu zählen:

- Die **Personalakte** [⇨ 141], die das zentrale Hilfsmittel der Personalverwaltung ist. Sie stellt eine Sammlung schriftlicher Informationen [⇨ 094] über Mitarbeiter dar.
- Die **Personalkartei**, in der wichtige Daten auf Karteikarten konzentriert sind, z. B. als Fluktuations-, Fehlzeiten-, Ausbildungs-, Beurteilungskartei.
- Die **Personaldatei**, bei der die Daten EDV-mäßig gespeichert werden. Besonders bedeutsam sind die Personalstamm-, Arbeitsplatzstamm-, Führungsdatei.
- Das **Personalinformationssystem** [⇨ 172], das aus verschiedenen Datenbanken besteht, die miteinander verknüpft sind.
- Das **Personalhandbuch** [⇨ 170], in dem das gesamte Personalkonzept des Unternehmens in geschlossener Weise dokumentiert wird.
- **Weitere Instrumente** sind, z. B.:

► Stellenplan	► Stellenbeschreibung
► Stellenbesetzungsplan	► Anforderungsprofil
► Nachfolgeplan	► Fähigkeitsprofil

Die Personalverwaltung bedient sich vielfach standardisierter Formulare, Vordrucke und Musterbriefe. Sie wird durch das **Personalrechnungswesen** [⇨ 178], dem auch die Personalstatistik [⇨ 179] zuzurechnen ist, in ihrer Arbeit unterstützt.

Personalwirtschaft

Bartscher (2007); Berthel/Becker (2010); Gaugler/Oechsler/Weber (2004); Olfert (2012a, 2012c)

184

Die Personalwirtschaft ist die Gesamtheit der mitarbeiterbezogenen Gestaltungs- und Verwaltungsaufgaben im Unternehmen. Ihre **Träger** sind die betrieblichen Führungskräfte [⇨ 079] und die Personalabteilung als Organisationseinheit, die häufig auch als **Personalwesen** bezeichnet wird. Die Personalwirtschaft wird vielfach mit dem **Personalmanagement** oder **Personalmarketing** gleichgesetzt.

Die Personalwirtschaft umfasst:

- **Rahmenfunktionen**, welche den einzelnen Teilfunktionen übergelagert sind.
- **Kernfunktionen**, welche die Aufgaben der Teilbereiche der Personalwirtschaft bilden.

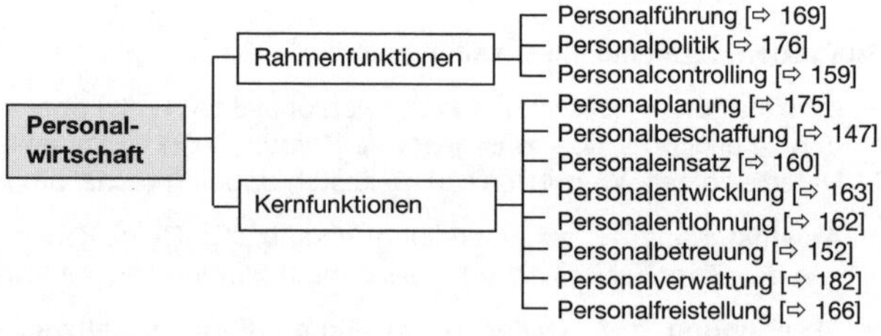

Die Personalwirtschaft sollte zwei **Prinzipien** gerecht werden:

- Dem **Wirtschaftlichkeitsprinzip**, das auch ökonomisches Prinzip genannt wird. Dabei soll ein möglichst günstiges Verhältnis zwischen dem Personalaufwand und dem daraus resultierenden Personalertrag erzielt werden. Ebenso wird nach einer günstigen Relation zwischen Personalkosten [⇨ 173] und Personalleistung gestrebt, um die Ziele [⇨ 216] des Unternehmens zu erreichen.
- Dem **Humanitätsprinzip**, das den Menschen in den Mittelpunkt des betrieblichen Leistungsprozesses stellt. Dieses Bestreben zeigt sich z. B. in menschengerechten Arbeitsbedingungen und kooperativem Führungsstil.

Personalzusatzkosten	*Albert (2009); DGFP (1988); Gutmann/Köllig (2005), Jung (2008); Olfert (2012a, 2012c)*	**185**

Die Personalzusatzkosten stellen den Teil der Personalkosten [⇨ 173] dar, der über die Personalbasiskosten hinausgeht. Sie beziehen sich auf die vom Unternehmen gewährten Zusatz- und Sozialleistungen und betragen heute zumindest **rund 80 %** der Personalbasiskosten. Sie können sein:

- **Gesetzlich bedingt**, z. B. indem Lohn in bestimmten Fällen auch ohne Arbeit zu zahlen ist oder bei den Sozialabgaben.
- **Tariflich bedingt** sein, z. B. in Bezug auf Familienzulagen, Urlaubsgeld, Gratifikationen, Kontoführungsgebühren.
- **Freiwillig gewährt** werden, z. B. als:

► Arbeitskleidung	► Belegschaftsverpflegung	► Fahrgeldzuschüsse	► Geschäftsjubiläen	► Mietbeihilfen
► Beihilfen	► Betriebssport	► Familenfürsorge	► Bezahlte Kurzpausen	► Werksarzt

Der hohe Anteil der Personalzusatzkosten an den Personalkosten ist vom Unternehmen dementsprechend nur in begrenztem Umfang reduzierbar. Als **Zusatz- und Sozialleistungen** können Personalzusatzkosten den Mitarbeitern somit in unterschiedlicher Weise gewährt werden. Es gibt geldliche Leistungen, Versorgung mit Sachmitteln, Verbilligung von Sachmitteln, unentgeltliche/günstige Nutzung von Sachmitteln, bereitgestellte Dienstleistungen.

Schwerpunkte der Personalzusatzkosten sind:

- Löhne ohne Leistung [⇨ 123]
- Ergänzende Löhne [⇨ 122], soweit nicht leistungsbezogen
- Soziale Abgaben [⇨ 001]
- Personalbetreuung [⇨ 152].

Persönlichkeit	*Asendorpf (2007); Crisand (2010a); Kastor (2003); Olfert (2012a, 2012c); Rahn (2008a, 2012)*	**186**

Eine Persönlichkeit umfasst die individuelle **Struktur der Eigenschaften** eines Individuums. Sie ist durch die Verwirklichung der personalen Identität sowie eigenständigen Verhaltens [⇨ 208] gekennzeichnet und findet ihren Ausdruck in richtungsweisenden Normen und Orientierungspunkten. Die vielfältigen Merkmale unterschiedlicher Persönlichkeiten [⇨ 186] zeigen sich in der **Menschentypologie**, die z. B. Gefühls-, Tat- und Verstandesmenschen bzw. Sanguiniker, Choleriker, Phlegmatiker und Melancholiker sowie extrovertierte und introvertierte Menschen unterscheidet.

Der Erfolg der Führung [⇨ 077] wird von der Persönlichkeit sowohl der Führungskraft [⇨ 079] als auch des Mitarbeiters [⇨ 128] beeinflusst. **Persönlichkeitsfaktoren** können sein:

- **Ausdrucksfähigkeit**, z. B. verbale Fähigkeiten, Redegewandtheit
- **Ausstrahlungskraft**, z. B. Charisma, Frohsinn, Heiterkeit
- **Begabung**, z. B. ein hohes Maß an Fingerfertigkeit
- **Belastbarkeit**, z. B. körperliche und geistige Beanspruchung
- **Intelligenz**, z. B. Abstraktionsfähigkeit, logisches Denken
- **Reife**, z. B. Erfahrung, Fähigkeiten und Bereitschaft
- **Selbstsicherheit**, z. B. Selbstwertgefühl, Selbstbewusstsein
- **Überzeugungskraft**, z. B. Sachlichkeit, Durchsetzungsfähigkeit
- **Verantwortungsbereitschaft**, z. B. Verantwortungsbewusstsein
- **Vitalität**, z. B. Antriebsstärke, Intensität des Wollens
- **Sonstige Faktoren**, z. B. Stabilität,Selbstwertgefühl, Temperament.

Das Wesen einer Führungskraft oder eines Mitarbeiters [⇨ 128] im Unternehmen lässt sich durch eine **Persönlichkeitsanalyse** näher bestimmen, z. B. können durch die Untersuchung der Persönlichkeit eines Menschen eine geringe oder hohe Reife, Selbstbewusstsein oder Zurückhaltung festgestellt werden.

Planspiel	*Blötz (2008), Mentzel (2008a); Olfert (2012c); Rebmann (2001); Rempe/Klösters (2006)*	187

Das Planspiel ist eine Variante der **Fallmethode** und bedient sich – wie das Rollenspiel – der Simulation. Es wird i. d. R. computergestützt durchgeführt. Seine Teilnehmer werden Mitarbeiter von im Wettbewerb stehenden **fiktiven Unternehmen** und verantworten betriebliche Funktionen. Sie entscheiden selbstständig, diskutieren über Aktionen und Konsequenzen, handeln aber ohne reales Risiko. Der **Ablauf** des Planspiels sieht wie folgt aus:

- Zu **Beginn** des Planspieles müssen von der Spielleitung die Spielregeln bekannt gegeben werden.
- Das Planspiel läuft dann über mehrere **Perioden**, die z. B. Quartale, Halbjahre oder Jahre darstellen.
- In jeder dieser Perioden werden **Entscheidungen** getroffen, die von den Spielern oder der Spielleitung dokumentiert werden, z. B. als Senkung der Verkaufspreise oder als Erweiterung der Fertigungskapazitäten.
- Nach Ablauf der einzelnen Perioden erhalten die Mitspieler **Informationen** [⇨ 094], wie sich ihre und die Entscheidungen der konkurrierenden Unternehmen auf die Lage ihres Unternehmens ausgewirkt haben. Sie fließen in die **Entscheidungen** für künftige Perioden mit ein.
- Im Verlaufe des Spieles können sich verschiedene **Daten** für die Unternehmen **verändern**, z. B. die Rohstoffpreise oder die Konjunktur, worauf die Spieler in geeigneter Weise zu reagieren haben.

Das Planspiel lässt Handlungen unmittelbar erkennbar werden und hilft, »praktische« Erfahrungen zu gewinnen. Die Teilnehmer müssen komplexe Situationen analysieren und innerhalb begrenzter Zeitvorgaben geeignete Lösungsvorschläge entwickeln.

Die Realität ist allerdings nur begrenzt durch das zu Grunde liegende Computerprogramm abbildbar. Auch verhalten sich die Spieler nicht immer realitätskonform, da ihr Handeln keine realen Konsequenzen zur Folge hat.

Plan(ung)	*Ehrmann (2006, 2007a); Olfert (2012a, 2012c); Olfert/Pischulti (2011); Rahn (2012); Ziegenbein (2012)*	188

Pläne sind das Ergebnis der gegenwärtigen gedanklichen **Vorwegnahme** zukünftigen wirtschaftlichen Handelns. Sie basieren auf den Zielen des Unternehmens, Informationen der Vergangenheit und Gegenwart sowie Prognosen als zukunftsorientierten Aussagen.

In den meisten Fällen dienen Pläne als **Vorgaben**, d. h. die Mitarbeiter [⇨ 128] werden durch sie zur Erfüllung ihrer Arbeitsaufgaben verpflichtet. Die Mitarbeiter können zur Planerfüllung **motiviert** [⇨ 133] werden, wenn sie in die Planerstellung einbezogen werden und die Pläne eindeutig, klar, anschaulich, übersichtlich, einleuchtend, erreichbar und kontrollierbar sind.

Die **Formulierung** von Plänen kann erfolgen:

- Nach dem **Top-down-Prinzip** von »oben« nach »unten«
- Nach dem **Bottom-up-Prinzip** von »unten« nach »oben«
- Im **Gegenstromverfahren** als Kombination beider Verfahrensweisen.

Nach ihrem unterschiedlichen Zeitbezug lassen sich unterscheiden:

- **Kurzfristige Pläne**, die einen Zeitraum von bis zu einem Jahr aufweisen und operative Pläne darstellen.
- **Mittelfristige Pläne**, die sich vielfach auf einen Zeitraum von einem bis fünf Jahren beziehen und taktische Pläne sind.
- **Langfristige Pläne**, die einen Zeitraum von mehr als fünf Jahren umfassen und den strategischen Plänen nahestehen.

Weiterhin gibt es **Teilpläne**, die sich auf betriebliche Funktionsbereiche beziehen, z. B. den Personalplan, und **Gesamtpläne**, die alle Bereiche des Unternehmens umfassen.

Prämienlohn	*Ackermann/Eisele (2004); Berthel/Becker (2010); Drumm (2008); Olfert (2012a, 2012c)*	**189**

Der Prämienlohn ist eine Form der Personalentlohnung [⇨ 162], bei der neben einem zeitbezogenen **Grundlohn** eine leistungsbezogene Prämie bezahlt wird. Er wird verwendet, wenn das Arbeitsergebnis vom Arbeitnehmer [⇨ 010] beeinflussbar ist, die Ermittlung genauer Vorgaben aber für das Unternehmen unwirtschaftlich oder unmöglich ist.

> Prämienlohn = Grundlohn + Prämie

Der **Grundlohn** ist meist ein Zeitlohn [⇨ 215]. Die **Prämie** wird planmäßig und zusätzlich für objektiv feststellbare Mehrleistungen qualitativer oder quantitativer Art gewährt, wobei ihr Verlauf meist degressiv ist. Damit wird der Leistungsanreiz mit zunehmender Leistung geringer. Es gibt:

- **Einzelprämien**, die einzelnen Arbeitskräften aufgrund ihrer Leistung gezahlt werden.
- **Gruppenprämien**, die mehreren Arbeitskräften gemeinsam gewährt werden.

Arten von Prämien können z. B. sein:

Mengenleistungsprämie	Mit ihr wird ein hohes quantitatives Arbeitsergebnis angestrebt, wenn eine Akkordentlohnung nicht möglich ist.
Güteprämie	Damit sollen ein hoher Qualitätsstandard gesichert und Ausschussproduktion, Ausfälle sowie Kosten für Nacharbeiten vermieden werden.
Ersparnisprämie	Sie hat den sparsamen Einsatz der Produktionsfaktoren zum Ziel [⇨ 216], z. B. Roh- und Hilfsstoffersparnis, geringer Energieverbrauch, sinkende Wartungskosten.
Nutzungsgradprämie	Mit ihr soll die Ausnutzung der Betriebsmittel durch Verringerung der Nutzungsnebenzeiten verbessert werden. Sie ist bei anlageintensiver Produktion bedeutsam.
Termineinhalteprämie	Sie kann gewährt werden, wenn der Termindruck sehr stark ist und die Einhaltung der Produktionstermine im Vordergrund steht.

Print-Stellenanzeige	*Albert (2009); Bröckermann (2009); Olfert (2012a, 2012c); Stopp (2006); Widmer (2006)*	**190**

Die Stellenanzeige wird in einem **Print-Medium** – z. B. Zeitung – geschaltet und kann sein:

- Ein von einem Bewerber, der eine Arbeitsstelle sucht, aufgegebenes **Stellengesuch.**
- Ein von einem Unternehmen in Auftrag gegebenes **Stellenangebot**, das z. B. nach folgendem Schema erfolgen kann:

Wir sind ...	**Aussagen über das Unternehmen** **Beispiele:** Firmenname, Firmenzeichen, Branche, Standort, Größe, Mitarbeiterzahl, Führungsstil
Wir haben ...	**Aussagen über die freie Stelle** **Beispiele:** Ausschreibungsgrund, Aufgabenbeschreibung, Verantwortungsumfang, Vertretungsmacht, Entwicklungschancen
Wir suchen ...	**Aussagen über Anforderungsmerkmale** **Beispiele:** Berufsbezeichnung, Vorbildung, Ausbildung, Kenntnisse, Fähigkeiten, Berufserfahrung, persönliche Eigenschaften, Alter
Wir bieten ...	**Aussagen über die Leistungen** **Beispiele:** Hinweis auf Lohn/Gehaltshöhe, Wohnungshilfe, Fahrgeld (Zuschuss), Sozialleistungen, gleitende Arbeitszeit
Wir bitten ...	**Aussagen zur Bewerbung** **Beispiele:** Lebenslauf, Lichtbild, Zeugnisse, Hinweis auf persönliche Vorstellung, Ansprechpartner (ggf. mit Telefonnummer), schriftliche/Online-Bewerbung [⇨ 053].

Grundsätzlich kann die Stellenanzeige eine **offene Stellenanzeige** (mit Nennung des inserierenden Unternehmens) oder eine **Chiffreanzeige** (keine Namensnennung des Unternehmens) sein. Nach dem Satzverfahren gibt es **Wortanzeigen** (einspaltig, laufender Text) und **gesetzte Anzeigen** (mehrspaltig, Schrift/Gestaltung variabel gestaltbar).

Probezeit	*Hromadka/Maschmann (2008); Olfert (2012a, 2012c); Püttjer/Schnierda (2005); Schaub (2009)*	**191**

Die Probezeit bietet für Arbeitgeber [⇨ 009] und Arbeitnehmer [⇨ 010], die einen Arbeitsvertrag [⇨ 028] abgeschlossen haben, die Gelegenheit zum gegenseitigen Kennenlernen, wobei:

- Das **Arbeitsverhältnis** – für maximal sechs Monate – **befristet** abgeschlossen und durch ausdrückliche Vereinbarung in ein endgültiges Arbeitsverhältnis umgewandelt werden kann. Sollte es nach Ablauf der Frist mit Wissen des Arbeitgebers fortgesetzt werden, gilt es als unbefristet verlängert, sofern der Arbeitgeber gemäß § 625 BGB nicht unverzüglich widerspricht. Während der Dauer eines befristeten Probearbeitsverhältnisses ist die ordentliche Kündigung [⇨ 112] ausgeschlossen, dagegen ist die außerordentliche Kündigung [⇨ 109] möglich.
- Das **Arbeitsverhältnis unbefristet** abgeschlossen und eine Probezeit vereinbart werden kann, mit der das Arbeitsverhältnis beginnt. Ihre Länge ist im Arbeitsvertrag zu vereinbaren, sofern sie nicht tariflich oder in einer Betriebsvereinbarung [⇨ 051] festgelegt ist. Die **Dauer** der Probezeit beträgt regelmäßig drei bis vier Monate, nach Art der jeweiligen Tätigkeiten auch bis zu sechs Monaten, danach tritt der allgemeine Kündigungsschutz [⇨ 115] nach dem KSchG ein. Nur ausnahmsweise kann eine längere Probezeit bis zur Dauer eines Jahres zur Beurteilung der Arbeitsleistung [⇨ 021] vereinbart werden.

In den meisten Fällen wird ein Arbeitsverhältnis auf unbestimmte Dauer mit der Vereinbarung einer Probezeit zu Beginn des Arbeitsverhältnisses abgeschlossen, das während der Probezeit gem. § 622 Abs. 3 BGB mit einer Frist von zwei Wochen gekündigt werden kann.

In der beruflichen **Ausbildung** [⇨ 042] ist eine gesetzliche Mindestprobezeit von einem Monat zwingend vorgeschrieben, die bis zu einer Höchstdauer von vier Monaten verlängert werden kann (§ 20 BBiG). Während der Probezeit kann das Ausbildungsverhältnis jederzeit fristlos [⇨ 109] gekündigt werden (§ 22 Abs. 1 BBiG), danach vom Ausbildenden nur aus wichtigem Grund.

Qualifikation	*Berthel/Becker (2010); Oechsler (2006); Olfert (2012c); Olfert/Rahn (2010); Rahn (2008a)*	**192**

Die Qualifikation einer Person ist die Fähigkeit bzw. Eignung zur Bewältigung ihrer Arbeitsaufgaben. Sie schließt Fertigkeiten (Geschicklichkeiten und Kenntnisse/Wissen) ein. Zu unterscheiden sind:

- **Kognitive Qualifikation** als Inbegriff spezieller Kenntnisse bzw. Problemlösungsfähigkeiten
- **Affektive Qualifikation** als Einstellung, Werthaltung, Empfindung, Interesse
- **Körperliche Qualifikation** als Belastbarkeit, Ausdauer, Körperkraft, Sehen, Hören
- **Psychomotorische Qualifikation** als Handgeschick bzw. Reaktion auf Gegebenheiten.

Fähigkeiten als nicht in direkter Beziehung zu einer bestimmten praktischen Tätigkeit stehende generelle Verhaltensqualifikationen werden **Schlüsselqualifikationen** genannt, z. B. analytische Denkfähigkeit, Problemlösungsfähigkeit, Kooperationsfähigkeit, Selbstständigkeit.

Die Qualifikation eines Mitarbeiters kann in einem **Qualifikationsprofil** dargestellt werden, das auch als **Fähigkeitsprofil** oder **Eignungsprofil** bezeichnet wird – siehe Abbildung.

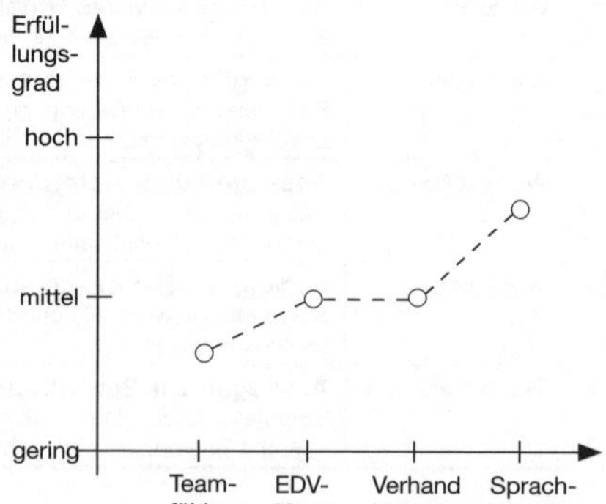

Quellen für die Erstellung eines Quaifikationsprofils kommen in Betracht:

- ► Leistungsbeurteilung
- ► Potenzialbeurteilung
- ► Personalakte [⇨ 141]
- ► Personalkartei/datei
- ► Mitarbeiterbefragung
- ► Vorgesetztenbefragung
- ► Personalinformations-system [⇨ 172]
- ► Tests [⇨ 062]

Qualitätszirkel	*Berthel/Becker (2010); Hentze/Kamel (2001); Jung (2008); Olfert/Pischulti (2011)*	**193**

Der Qualitätszirkel besteht aus einer kleinen Gruppe [⇨ 090] von meist 5 bis 15 Mitarbeitern [⇨ 128] eines Unternehmens. Sie versucht, die gemeinsam in ihrem Arbeitsbereich auftretenden Probleme kreativ zu lösen oder zu bewältigen. Die Gruppe trifft sich auf Dauer regelmäßig und ist weitgehend nicht hierarchiegebunden. Voraussetzung für ihre Kreativität ist ein weitgehend homogenes intellektuelles Niveau der Teilnehmer des Qualitätszirkels. **Merkmale** des Qualitätszirkels sind:

- Der Leiter wird von der Gruppe [⇨ 090] gewählt
- Die Mitglieder treffen sich auf freiwilliger Basis
- Die Treffen erfolgen regelmäßig, um Probleme zu lösen
- Anstehende Entscheidungen werden in der Gruppe erarbeitet.

Ziele des Qualitätszirkels können sein:

- Verbesserung der Produktivität im Arbeitsbereich
- Ausschalten von Fehlern in der Produktion
- Sicherung der Qualität in der Produktion
- Herausfinden neuer Einstellungen und Verhaltensweisen [⇨ 208]
- Entwicklung von mehr Selbstwertgefühl und Sozialkompetenz
- Verbesserung der gruppendynamischen Prozesse.

Die von der Arbeitsgruppe eines Qualitätszirkels vorgelegten **Problemlösungsvorschläge** können an das betriebliche Vorschlagswesen [⇨ 211] oder an die zuständigen Vorgesetzten weitergegeben werden. Die verwertbaren Lösungsvorschläge werden i.d.R. nach Absprache mit der Unternehmensleitung von den Mitgliedern des Qualitätszirkels in ihrem Arbeitsbereich umgesetzt. Eine **Prämierung** der Problemlösungsvorschläge ist möglich.

Rollenspiel	*Domsch/Regnet/Rosenstiel (2009); Mentzel (2008a); Olfert (2012c); Schaller (2006)*	**194**

Das Rollenspiel ist eine Simulationsmethode der **Verhaltensschulung** bei Konfliktsituationen, **Verhandlungsführung** und **Mitarbeiterführung**. Es ermöglicht das Reagieren auf konkrete Probleme. Dies geschieht nicht durch deren Diskussion, sondern durch problemlösendes Denken und Handeln.

Die Teilnehmeer schlüpfen in die Rollen der Kontrahenten. Damit wird das Verständnis für Standpunkte geweckt, die von den Eigenen abweichen.

Das Rollenspiel läuft typischerweise in drei **Phasen** ab:

Einführungsphase	Die Mitwirkenden werden über das Ziel des Rollenspiels und ihre Rollen informiert. Außerdem wird die Bereitschaft zum Rollenspiel geweckt.
⇩	
Durchführungsphase	Die Teilnehmer schlüpfen in die Rollen der anderen Personen und stellen diese nach ihren Vorstellungen dar. Dabei werden **neue Verhaltensweisen** [⇨ 208] durch Wahrnehmung erlernt und unmittelbar angewendet. Die Teilnehmer haben die Chance, die Konsequenzen ihres Verhaltens zu erfahren und zu bewerten.
⇩	
Auswertungsphase	Das Rollenspiel wird hinsichtlich seines Verlaufes, des Rollenverhaltens der Mitwirkenden, der abgelaufenen Informationen [⇨ 094] sowie der emotionalen Wirkungen und Lerneffekte auf die Teilnehmer diskutiert.

Das Rollenspiel ist zeitaufwändig und erfordert umfassende Vorbereitungen.

Schwerbehindertenrecht	*Besgen (2009); Frank (2003); Müller-Wenner/ Schorn (2003); Olfert (2012c)*	**195**

Das Schwerbehindertenrecht ist seit 2001 im **Sozialgesetzbuch IX** (SGB IX) geregelt. Nach § 2 Abs. 1 des SGB IX sind Menschen behindert, wenn ihre körperliche Funktion, geistige Fähigkeit oder seelische Gesundheit mit hoher Wahrscheinlichkeit **länger als 6 Monate** von dem für das Lebensalter typischen Zustand abweichen und daher ihre Teilhabe am Leben der Gesellschaft beeinträchtigt ist.

Besondere Regelungen zum Schutz von Schwerbehinderten und ihnen gleichgestellten Personen (§ 2 Abs. 3 SGB IX) sind u. a.:

- Die **Pflicht** der Arbeitgeber zur **Beschäftigung schwerbehinderter Menschen**, die für Arbeitgeber [⇨ 009] mit mindestens 20 Arbeitsplätzen besteht. Seit 04/2004 haben sie mindestens 5 % der Arbeitsplätze mit Schwerbehinderten zu besetzen (§ 71 SGB IX).
- Eine **Ausgleichsabgabe**, die für jeden gemäß § 72 SGB IX unbesetzten Pflichtarbeitsplatz vom Arbeitgeber zu leisten ist. Sie beträgt je Monat und unbesetztem Pflichtarbeitsplatz (§ 77 SGB IX):

  - ► 105 € bei Beschäftigungsquote zwischen 3 % und 5 %
  - ► 180 € bei Beschäftigungsquote zwischen 2 % und unter 3 %
  - ► 260 € bei Beschäftigungsquote unter 2 %.

Eine Kündigung von Schwerbehinderten bzw. ihnen Gleichgestellter bedarf nach § 85 SGB IX der Zustimmung des **Integrationsamtes**. Die Kündigungsfrist beträgt mindestens 4 Wochen (§ 86 SGB IX).

Die Zustimmung zur Kündigung [⇨ 108] beantragt der Arbeitgeber bei dem zuständigen Integrationsamt schriftlich. Dieses holt eine Stellungnahme der zuständigen Agentur für Arbeit, des Betriebsrats [⇨ 050] sowie der Schwerbehindertenvertretung ein und hört den Schwerbehinderten an. Das Integrationsamt wirkt auf eine gütliche Einigung hin (§ 87 SGB IX).

Sozialplan	*Göritz/Hase/Rupp (2008); Olfert (2012c); Röder/Beck (2009); Schaub/Schindele (2010)*	**196**

Der Sozialplan ist das Ergebnis einer Einigung zwischen Arbeitgeber [⇨ 009] und Betriebsrat [⇨ 050] über den Ausgleich oder die Milderung wirtschaftlicher Nachteile, die Arbeitnehmern [⇨ 010] infolge geplanter **Betriebsänderungen** entstehen. Er kann zu diesem Zweck vom Betriebsrat gefordert werden, wenn das Unternehmen mehr als 20 wahlberechigte Arbeitnehmer beschäftigt.

Arbeitgeber und Betriebsrat beschließen den Sozialplan gemeinsam, der die **Wirkung einer Betriebsvereinbarung** [⇨ 051] hat (§ 112 Abs. 1 BetrVG). Er unterliegt dem Mitbestimmungsrecht [⇨ 130] des Betriebsrats. Können sich beide Parteien nicht einigen, entscheidet eine **Einigungsstelle** auf Antrag einer der Parteien mit verbindlicher Wirkung.

Inhalte eines Sozialplanes können sein:

- Abfindungszahlungen als einmalige finanzielle Entschädigungen, z. B. nach § 1a KSchG
- Sicherung der Altersversorgung, z. B. durch eine zusätzliche Betriebsrente
- Bezahlung von Umzugskosten, um Mehrbelastungen abzufangen
- Weitervermittlung, z. B. die Unterbringung von Mitarbeitern [⇨ 128] bei anderen Arbeitgebern
- Umschulung [⇨ 205], z. B. Kursgebühren werden vom Arbeitgeber getragen
- Umsetzung mit Lohnausgleich, z. B. bei Einsatz in anderen Niederlassungen des Unternehmens.

Wenn ein Unternehmen in **Insolvenz** gerät, kann ein Sozialplan zwischen dem Insolvenzverwalter und dem Betriebsrat vereinbart werden. Kommt keine Übereinkunft zu Stande, ist der Sozialplan von einer **Einigungsstelle** festzulegen. Für den Ausgleich oder die Milderung der wirtschaftlichen Nachteile, die den Arbeitnehmern infolge einer geplanten **Betriebsänderung** entstehen, kann ein Gesamtbetrag von bis zu zweieinhalb Monatsverdiensten (§ 10 Abs. 3 des Kündigungsschutzgesetzes) der von einer Entlassung betroffenen Arbeitnehmer vorgesehen werden (§ 123 InsO). Die Leistungen für die Mitarbeiter können z. B. aufgrund des Lebensalters, der Betriebszugehörigkeit und des Monatseinkommens berechnet werden.

Sozialrecht	*Aichberger (2010); Deinert/Kittner (2008); Muckel (2009); Waltermann (2009); Waschull (2010)*	**197**

Das Sozialrecht gehört zum Wirtschaftsrecht. Das Sozialstaatsprinzip des Grundgesetzes (Art. 20 GG) bildet die Grundlage des sozialen Auftrages des Staates. Zum Sozialrecht zählen:

- Das **Sozialgesetzbuch**, das aus dem allgemeinen Teil (**SGB I** seit 1976), der Grundsicherung für Arbeitssuchende (**SGB II** 2003), Arbeitsförderung (SGB III seit 1998), gemeinsame Vorschriften zur Sozialversicherung (**SGB IV** seit 1977), gesetzliche Krankenversicherung (**SGB V** seit 1989), gesetzliche Rentenversicherung (**SGB VI** seit 1992), gesetzliche Unfallversicherung (**SGB VII** seit 1997), Kinder- und Jugendhilfe (**SGB VIII** seit 1991), Rehabilitation und Teilhabe behinderter Menschen (**SGB IX** seit 2001), Sozialverwaltungsverfahren und Sozialdatenschutz (**SGB X** seit 1981), soziale Pflegeversicherung (**SGB XI** seit 1995), Sozialhilfe (**SGB XII** seit 2004) besteht. Weitere Gesetze sind für Wohngeld, Sozialhilfe und Kindergeld vorgesehen.

- Die **Sozialversicherung**, die eine gesetzliche Zwangsversicherung ist, mit der eine Mindestversicherung garantiert wird, die durch freiwillige Zusatzversorgung ergänzt werden kann:

Krankenversicherung	Ihre Träger sind die Orts-, Betriebs- und Innungskrankenkassen, die Seekrankenkasse und die Ersatzkassen, die z.B. bei Unfall, Krankheit, Schwangerschaft, Entbindung eintreten.
Pflegeversicherung	Sie wird von den Pflegekassen getragen, deren Aufgaben von den Krankenkassen wahrgenommen werden. Ihre Leistungen bestehen in häuslicher, teilstationärer, stationärer Pflege.
Rentenversicherung	Ihr Träger ist die Deutsche Rentenversicherung. Sie befasst sich mit Versicherungsfällen der Erwerbsunfähigkeit, Berufsunfähigkeit, des Alters und Todes.
Arbeitslosenversicherung	Sie wird durch die Bundesagentur für Arbeit getragen. Bei ihr haben die Versicherten Anspruch auf Arbeitslosengeld (I, danach II).
Unfallversicherung	Ihre Träger sind die Berufsgenossenschaften. Sie dienen der Verhütung von Arbeitsunfällen und der Hilfe nach Unfällen, auch gegenüber Hinterbliebenen.

Status(symbole)	*Olfert (2012c); Olfert/Rahn (2010); Rahn (2008a, 2012); Rosenstiel/Regnet/Domsch (2009)*	**198**

Der Status eines Mitarbeiters [⇨ 128] ergibt sich aus seiner organisatorischen Positionierung, z. B. als Abteilungsleiter. Die meisten Mitarbeiter sind bestrebt, einen möglichst hohen Status einzunehmen. **Motive** dafür sind u. a. Machtstreben, Profilierung, aber auch ein hohes Einkommen, finanzielle Unabhängigkeit.

Oft genügt es den Mitarbeitern nicht, nur einen bestimmten Status einzunehmen, sie wollen ihn unternehmensintern und unternehmensextern auch ausweisen und deutlich machen. Dazu dienen Statussymbole als wahrnehmbare Zeichen, z. B. als:

- **Firmentitel**, die zusätzlich zu Funktionsbezeichnungen wie Abteilungsleiter oder Bereichsleiter vergeben werden. Sie beinhalten keine Rechte und Kompetenzen. Vielfach vergebene Firmentitel sind z. B. Direktor, Obermeister.
- Die **Büroausstattung** kann ebenfalls als Statussymbol dienen, z. B. das Einzelbüro, die Fensterzahl, das Vorzimmer, die Exklusivität der Büromöbel, die verfügbaren Kommunikationsanlagen, die täglich frischen Blumen.
- **Benutzungsrechte** sind typische Statussymbole, die vielfach auch mit einem ökonomischen Nutzen einhergehen, z. B. das privat nutzbare Dienstfahrzeug, das Recht, im Gäste-Casino zu essen, das Diensttelefon auch privat zu nutzen, die Berechtigung, den Direktionsaufzug oder die kostenlose Autowäsche zu nutzen sowie auf dem Firmengelände zu parken.
- Die **Mitarbeiterausstattung**, die für die Leitungsfunktion unmittelbar zur Verfügung steht, wird häufig ebenfalls als Statussymbol gesehen, z. B. die Sekretärin, der Assistent, der Chauffeur.
- **Teilnahmen** und **Mitgliedschaften** sind eine weitere Form von Statussymbolen, z. B. die Teilnahme an einem Führungsseminar, die Einladung zur Party des Unternehmenschefs, die Teilnahme an einer Incentivreise des Unternehmens.

Systeme vorbestimmter Zeiten	*Blohm/Beer u. a. (2007); Bühner (2004a); Jung (2008); Oechsler (2006); Olfert (2012c)*	199

Die Systeme vorbestimmter Zeiten sind Verfahren, die der Ermittlung der Arbeitszeit [⇨ 032] dienen. Sie werden auch als **Mikrobewegungsstudienverfahren**, **Elementarzeitverfahren** und **Kleinstzeitverfahren** bezeichnet. Diese Verfahren gehen von dem Gedanken aus, dass der Zeitbedarf für manuelle Tätigkeiten, die vom Menschen beeinflussbar sind, systematisch festgestellt werden kann. Grundsätzlich wird in zwei **Schritten** vorgegangen:

- Zunächst erfolgt die **Analyse des Bewegungsablaufes**, mit der die in einem Ablaufabschnitt enthaltenen Bewegungselemente erfasst werden, z. B. Bringen, Hinlangen, Greifen, Loslassen, Vorrichten und Fügen.

- Danach erfolgt die **Zuordnung der Zeiteinheiten** zu den festgestellten Bewegungselementen unter Verwendung von Bewegungszeittabellen.

Verfahren, die den Systemen vorbestimmter Zeiten zugerechnet werden, sind:

Work-Factor-Verfahren	Es werden acht **Standardelemente** (Bewegen, Greifen, Loslassen, Vorrichten, Fügen, Demontieren, Ausführen, geistige Vorgänge) als Grundbewegungen mit ihren Unterelementen verwendet. Für diese Bewegungsarten finden sich in den **Bewegungszeittabellen** die jeweiligen Zeiten, wobei Einflussgrößen (Weg, Gewicht usw.) zu berücksichtigen sind. Außerdem ist die Bewegungsbeherrschung für die Festlegung der Zeiten von Bedeutung, z. B. Sorgfalt, Ziel [⇨ 216], Richtungskontrolle, Richtungsänderung.
Method-Time-Measurement-Verfahren	Bei diesem Verfahren wird – ähnlich wie beim Work-Factor-Verfahren – die manuelle Arbeit [⇨ 008] in **Grundbewegungen** zerlegt. Ihnen werden bestimmte Normalzeitwerte zugewiesen, die durch die Natur der Grundbewegung und die Einflüsse bestimmt sind, unter denen die Aktionen ausgeführt werden. Die jeweiligen Zeitwerte sind in **MTM-Normalzeitwerttabellen** vorgegeben.

Tarifvertrag	*Däubler (2010); Hromadka/Maschmann (2010); Olfert (2012c); Schaub (2009); Wiedemann (2007)*	200

Der Tarifvertrag ist ein schriftlicher Vertrag zwischen Arbeitgeberverbänden bzw. einzelnen Arbeitgebern [⇨ 009] und Gewerkschaften, in dem die **Bedingungen von Arbeitsverhältnissen** für einen bestimmten Zeitraum und für beide Seiten verbindlich festgelegt werden. Das Tarifvertragsgesetz (TVG) regelt das Recht der Tarifverträge. **Arten** von Tarifverträgen sind:

- Der **Lohn- und Gehaltstarifvertrag**, der die Vergütung tarifgebundener Arbeitnehmer regelt. Er wird i. d. R. jährlich neu abgeschlossen. Darin wird der **Ecklohn** als mittlerer Tariflohn von 100 % festgelegt, aus dem sich die individuelle Lohnerhöhung in %-Anteilen errechnen lässt.

- Der **Manteltarifvertrag**, in dem allgemeine Bedingungen der Arbeitsverhältnisse geregelt werden, z. B. Arbeitszeit [⇨ 032], Urlaub, Entgeltfortzahlung im Krankheitsfall. Er wird auch als **Rahmentarifvertrag** bezeichnet und für mehrere Jahre abgeschlossen.

- Der **Verbandstarifvertrag**, der zwischen einem oder mehreren Arbeitgeberverbänden und einer oder mehreren Gewerkschaft(en) vereinbart wird und für das Tarifgebiet gilt.

- Der **Firmentarifvertrag**, der zwischen einem Arbeitgeber und einer oder mehrerer Gewerkschaft(en) abgeschlossen wird. Er wird auch **Unternehmenstarifvertrag**, **Haustarifvertrag** und **Werkstarifvertrag** genannt. Der Arbeitgeber bleibt auch als Mitglied eines Arbeitgeberverbandes einzeln tariffähig.

Der Tarifvertrag regelt die Mindestbedingungen für die Arbeitsverhältnisse tarifgebundener Arbeitnehmer. Nach dem **Rangprinzip** verdrängt höher stehendes Recht das nachstehende Recht, d. h. der Tarifvertrag gilt grundsätzlich vor dem Arbeitsvertrag. Abweichungen zu Gunsten der Arbeitnehmer sind möglich **(Günstigkeitsprinzip)**. Arbeitnehmer dürfen nach dem Grundsatz der Unabdingbarkeit nicht auf tarifvertragliche Rechte verzichten. Für jeden Tarifvertrag wird ein räumlicher (z. B. Bundesland), fachlicher (z. B. Metall) und persönlicher (Arbeiter, Angestellte) Geltungsbereich festgelegt.

Teilzeitarbeit	*Berthel/Becker (2010); Jung (2006); Olfert (2012a, 2012c); Zwanziger/Winkelmann (2007)*	201

Bei der Teilzeitarbeit ist die vom einzelnen Arbeitnehmer [⇨ 010] zu erbringende Wochenarbeitszeit gegenüber der betriebsüblichen **Arbeitszeit** [⇨ 032] vergleichbar vollzeitbeschäftigter Arbeitnehmer **verkürzt**. Auch teilzeitbeschäftigt ist, wer eine geringfügige Beschäftigung (§ 8 Abs. 1 Nr. 1 SGB IV) ausübt. Die Teilzeitarbeit kann erfolgen:

- Mit **starren Arbeitszeiten**, z. B. an fünf Arbeitstagen zu je vier Stunden. Diese oder andere Regelungen können sich auf einen **einzelnen Mitarbeiter** [⇨ 128] beziehen, der an einem bestimmten Arbeitsplatz tätig ist.

  Möglich ist aber auch, dass **mehrere Mitarbeiter** sich einen Arbeitsplatz teilen, indem jeder von ihnen eine bestimmte Teilzeit dort tätig ist (§ 13 Abs. 1 TzBfG). In diesem Falle wird von **Job Sharing** gesprochen.

  Die **Grundform** des Job Sharing besteht darin, dass die betreffenden Mitarbeiter den Arbeitsplatz in Abstimmung miteinander auf der Grundlage eines von ihnen selbst vereinbarten Arbeitszeitplanes während der betriebsüblichen Arbeitszeit ausfüllen. Beim Ausfall eines Arbeitnehmers ist der andere Arbeitnehmer zur Vertretung nur verpflichtet, wenn dies vertraglich vereinbart ist.

  Es gibt **spezielle Formen** des Job Sharing, die von der Grundform abweichende bzw. ergänzende Regelungen enthalten.

- Mit **flexiblen Arbeitszeiten** [⇨ 033] die als gleitende Arbeitszeit, Jahresarbeitszeit und kapazitätsorientierte variable Arbeitszeit vorkommen.

Ein Arbeitnehmer, dessen Arbeitsverhältnis länger als sechs Monate bestand, hat einen **Anspruch auf Teilzeitarbeit**. Der Arbeitgeber [⇨ 009] muss der Verringerung der Arbeitszeit zustimmen, soweit betriebliche Gründe nicht entgegenstehen (§ 8 Abs. 1 und 4 TzBrG). Der Betriebsrat [⇨ 050] hat bei der Ausgestaltung von Teilzeitarbeit ein **Mitbestimmungsrecht** [⇨ 130].

Traineeprogramm	*Becker (2004); Olfert (2012c); Stopp (2006); Thom/Friedli/Kuonen (2002)*	202

Traineeprogramme stellen berufs- und unternehmensspezifische **Startprogramme** vorwiegend für Hochschulabsolventen dar, die zeitlich begrenzt sind und meist in verschiedenen betrieblichen Stationen durchgeführt werden, wobei das **On-the-job-Training** [⇨ 204] durch ein **Off-the-Job-Training** [⇨ 203] ergänzt wird. Mit ihnen sollen die Teilnehmer sich in unterschiedlichen Problemstellungen und Bereichen bewähren und dadurch unternehmensübergreifende Kenntnisse und Erfahrungen sammeln.

Arten der zwischen sechs und 24 Monate umfassenden Traineeprogramme sind:

- **Ressort übergreifende Traineeprogramme im »klassischen« Sinne**

4 Monate	4 Monate	4 Monate	4 Monate	
Beschaffung	Produktion	Absatz	Finanzen	16 Monate

- **Ressort übergreifende Traineeprogramme mit Fachausbildungsphase**

3 Monate	3 Monate	3 Monate	7 Monate	
Beschaffung	Produktion	Absatz	**Individuelle Fachausbildung**	16 Monate

- **Ressort begrenzte Traineeprogramme mit Vertiefungsphase**

10 Monate				6 Monate		
Personalplanung	Personalbeschaffung	Personalverwaltung	als **Grundausbildung**	Personalentwicklung	als **Vertiefung**	16 Monate

Training-off-the-job	*Berthel/Becker (2010); Bröckermann/Müller-Vorbrüggen (2006); Jung (2006); Olfert (2012a, 2012c)*	**203**

Das Training-off-the-job erfolgt **außerhalb des Arbeitsplatzes**. Es ist damit nicht den Zwängen des Arbeitsplatzes unterworfen, sondern kann den Bildungserfordernissen entsprechend gestaltet werden. Zu den zahlreichen möglichen **Maßnahmen** zählen:

- Die **Vorlesungsmethode** als passive Methode, mit der einer nicht begrenzten Zuhörerzahl ein relativ großes Wissensgebiet systematisch, zeitgünstig und kostengünstig vermittelt werden kann, wobei der Einsatz visueller Mittel zu empfehlen ist. Die Zuhörer haben keinen Einfluss auf den Lerninhalt und die Lerngeschwindigkeit.
- Das **Lehrgespräch** als aktive Methode, die der vertiefenden Unterweisung dient, wobei der Lehrende themenbezogen gezielte Fragen stellt, Denkanstöße gibt, die Antworten analysiert und diskutiert, um sodann ggf. selbst vorzutragen:

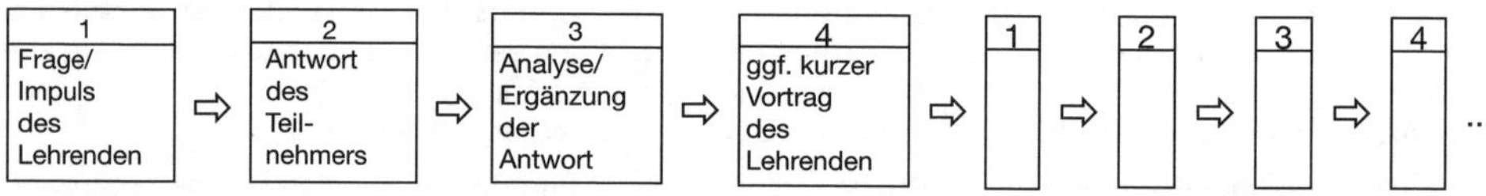

- Die **programmierte Unterweisung** als aktive Methode, die im Selbststudium vorgenommen werden kann. Sie ist in Form eines Buches oder Computerprogrammes möglich. Der **Lernprozess** umfasst die Phasen »Information ⇨ Frage ⇨ Antwort ⇨ Kontrolle«.

  Falsche Antworten bewirken, dass der Lernende auf die vorangegangenen oder ergänzende bzw. weitergehende Informationen [⇨ 094] zurückgeführt wird.

  Weitere häufig genutzte Maßnahmen des Trainings-off-the-job sind die **Fallstudie** [⇨ 068], das **Rollenspiel** [⇨ 194] und das **Planspiel** [⇨ 187].

Training-on-the-job	*Berthel/Becker (2010), Bröckermann/Müller-Vorbrüggen (2006); Olfert (2012a, 2012c)*	**204**

Beim Training-on-the-job erfolgt die Fortbildung [⇨ 072] **am Arbeitsplatz**. Dabei lernt der Mitarbeiter [⇨ 128] die praktischen Bedingungen »vor Ort« kennen. Er hat auf diese Weise die Möglichkeit, sich im Unternehmen selbst Erfahrungen anzueignen. Training-on-the-job kann z. B. erfolgen als:

- **Unterweisung** [⇨ 206], die der Vermittlung von Kenntnissen und Fertigkeiten bzw. Werthaltungen dient. Sie kann als **planmäßige Unterweisung** oder als Unterweisung mithilfe der **Leittextmethode** vorgenommen werden.
- **Übertragung begrenzter Verantwortung**, die auf unterschiedliche Weise möglich ist. Dabei kann der fortzubildende Mitarbeiter eingesetzt werden als:
  - ▶ **Nachfolger**, der die Aufgaben des Stelleninhabers später übernehmen soll
  - ▶ **Stellvertreter**, der die Aufgaben des Stelleninhabers bei Verhinderung erledigt
  - ▶ **Assistent**, der für eine bestimmte Zeit einem Stelleninhaber zuarbeitet
- **Übertragung von Sonderaufgaben**, mit denen der Lernende über sein Aufgabengebiet hinaus tätig wird. Sie eignet sich besonders für Führungs(nachwuchs)kräfte, die damit zur Lösung neuer Problemstellungen veranlasst werden. Die Sonderaufgaben können sein:
  - ▶ **Querschnittsaufgaben**, die Problemstellungen aus mehreren betrieblichen Bereichen umfassen, welche übergreifend miteinander zusammenwirken.
  - ▶ **Auslandseinsätze** [⇨ 043], die der Vermittlung fachlicher, sozialer und interkultureller Qualifikationen dienen.
  - ▶ **Projektarbeit**, die immer bedeutsamer wird und hilft, fachliche, methodische und soziale Qualifikationen zu fördern.
- **Geplanter Arbeitsplatzwechsel**, der als Job rotation oder Traineeprogramm [⇨ 202] möglich ist.

Umschulung	*Becker (2009); Jung (2008); Mentzel (2008a); Olfert (2012c); Peterke (2006)*	205

Die Umschulung umfasst Maßnahmen zur **Verbesserung der Qualifikation** [⇨ 192] von Beschäftigter sowie nicht in Arbeitsverhältnissen stehenden Personen, z. B. wegen einer Berufskrankheit. Mit der Umschulung soll der Übergang in einen anderen Beruf ermöglicht und die berufliche Beweglichkeit verbessert werden. **Gesetzliche Grundlagen** bilden das Berufsbildungsgesetz (BBiG), das Arbeitsförderungsgesetz (AFG) und die Handwerkerordnung (HWO). Die Umschulung erfolgt im Rahmen der Personalentwicklung [⇨ 163]. Ihre **Notwendigkeit** kann begründet sein in:

Einsatz neuer Technologien	Umschulung eines kaufmännischen Sachbearbeiters zum EDV-Sachbearbeiter
Berufsstrukturelle Veränderungen	Umschulung eines Bäckers zum »Betriebswirt des Handwerks«
Altersbedingte Umorientierung	Umschulung eines 45-jährigen Elektromechanikers zum Elektroniker
Unfall/krankheitsbedingte Veränderung	Umschulung eines Mitarbeiters mit Stauballergie
Fehlbedarf im ausgeübten Beruf	Umschulung eines Finanzbuchhalters zum Programmierer

Die Umschulung kann durchgeführt werden als:

- **Betriebliche Umschulung**, bei der Mitarbeiter [⇨ 128] z. B. für einen bestimmten betrieblichen Bedarf oder zur Abwendung von Entlassungen geschult werden können.
- **Überbetriebliche Umschulung**, die in privaten, gewerkschaftlich orientierten oder der öffentlichen Hand verbundenen Bildungszentren sowie in beruflichen Rehabilitationszentren erfolgen kann, z. B. in Berufsförderungswerken.

Die Umschulung kann nur wenige Monate dauern, oder sie umfasst eine verkürzte Ausbildungszeit und schließt in einem anerkannten Lehrberuf mit einem anerkannten Berufsabschluss bei der zuständigen Stelle ab, z. B. einer Industrie- und Handelskammer oder Handwerkskammer.

Unterweisung	*Becker (2009); Eiling/Schlotthauer (2009); Mentzel (2008a); Olfert (2012c)*	206

Die Unterweisung ist die Vermittlung von Kenntnissen und Fertigkeiten bzw. Werthaltungen. Sie hat den Zweck, die Qualifikation [⇨ 192] der Mitarbeiter [⇨ 128] zu verbessern. **Formen** sind:

- Die **planmäßige** Unterweisung als traditionelle Methode, die am Arbeits- bzw. Ausbildungsplatz bzw. in einem Unterweisungsraum erfolgt. Sie ist in Form einer Einzel- bzw. Gruppenunterweisung möglich. Als **Vier-Stufen-Methode** besteht sie aus:

1	Die **Vorbereitung** der Unterweisung umfasst: Unterweisungsplatz ordnen, Anfangskontakt herstellen, Groblernziel nennen, Zielbewusstsein vermitteln, Vorkenntnisse feststellen, Unfallbelehrung vornehmen, Unterweisungsmittel erläutern.
2	Das **Vormachen** und die **Erläuterung** des Unterweisungsvorgangs erfolgen durch den Unterweisenden unter Anwendung pädagogischer Prinzipien. Der Lernende beobachtet den Vorgang, der in kleinen Lernschritten zu vollziehen ist.
3	Der **Unterwiesene vollzieht den Vorgang selbst nach** und **erklärt sein Vorgehen**. Der Unterweisende nimmt eventuelle Korrekturen vor. Die Stufen 2 und 3 ergänzen sich dadurch, dass man die Unterweisungsvorgänge in kleinen Lernschritten vollzieht.
4	Sämtliche Lernschritte werden vom zu Unterweisenden selbstständig vollzogen. Das **Üben** soll seine Lernsicherheit erhöhen. Der Unterweisende nimmt eine abschließende **Lernerfolgskontrolle** vor, die Zusatzfragen hinsichtlich der Lernziele mit sich bringt.

- Die **Leittextmethode** als handlungsorientierte Unterweisung, mit deren Hilfe Aus- bzw. Fortzubildende so angeleitet werden sollen, dass sie möglichst viel selbstständig lernen. Die Aus- bzw. Fortzubildenden erhalten dabei schriftiche Anweisungen in Form von **Leittexten**, aufgrund derer sie einen Vorgang, ein Projekt oder einen Auftrag selbstständig erledigen können. Der Ausbilder bzw. der fortbildende Mitarbeiter ist fachlicher Berater und Ansprechpartner. Er schießt die verbleibenden Wissens- und Fertigkeitslücken.

Verantwortung	*Lenk/Maring (2004); Olfert (2009, 2012a, 2012c); Olfert/Rahn (2009); Vahs (2009)*	**207**

Verantwortung ist das **persönliche Einstehen** für die Folgen von Handlungen und Entscheidungen. Das Handeln und Entscheiden erfolgt durch Aktivitäten, aber auch dadurch, dass eine Person ein Tun unterlässt. Die Verantwortung bezieht sich auf erfolgreiches wie auch erfolgloses Handeln. **Arten** der Verantwortung sind:

- Die **Erfolgs-** bzw. **Ergebnisverantwortung**, bei der eine Führungskraft [⇨ 079] die Verantwortung dafür trägt, dass ein Erfolg eintritt, aber auch für einen Misserfolg.
- Die **Budgetverantwortung**, bei der eine Führungskraft die Verantwortung dafür trägt, dass Kostenvorgaben eingehalten werden. Sie hat Budgetüberschreitungen zu begründen.
- Die **Personalverantwortung**, bei der eine Führungskraft die Verantwortung für den Personaleinsatz [⇨ 160] und dessen Effizienz trägt.
- Die **Sachmittelverantwortung**, bei der eine Führungskraft oder ein Mitarbeiter für den ordnungsgemäßen Einsatz am Arbeitsplatz benötigten Sachmittel verantwortlich ist.
- Die **Terminverantwortung**, bei der eine Führungskraft oder ein Mitarbeiter die Verantwortung dafür trägt, dass festgesetzte Termine eingehalten werden, z. B. Termine im Fertigungs- und Marketingbereich.

Die Verantwortung muss übertragen werden, um eine Person verantwortlich machen zu können. Die **Übertragung von Verantwortung** führt beim Mitarbeiter [⇨ 128] zur Reduktion von Unsicherheit, weil der Vorgesetzte seinem Mitarbeiter mit dieser Maßnahme Vertrauen entgegenbringt. Sie kann aber auch zu psychischen Belastungen führen, wenn die Verantwortung objektiv nicht tragbar ist oder als subjektiv überhöht empfunden wird. Die Verantwortung soll in ihrem Umfang mit der Aufgabe und Kompetenz [⇨ 101] übereinstimmen.

Verhalten	*Franken (2010); Olfert (2012a, 2012c); Rahn (2008a, 2012); v. Rosenstiel (2007)*	**208**

Das Verhalten ist die **Gesamtheit** aller feststellbaren oder messbaren **Handlungsweisen** von Menschen, die aus eigenem Antrieb oder aufgrund von äußeren Einwirkungen erfolgen. Das Verhalten kann beeinflusst werden durch:

- Die **Führungskraft** [⇨ 079], die z. B. durch ihre Qualifikation [⇨ 192] und ihr Engagement das Verhalten des Mitarbeiters [⇨ 128] mitbestimmt. Ein Vorgesetzter mit Vorbildfunktion kann auf das Verhalten eines Mitarbeiters über das Erreichen der **Führungsziele** ganz erheblich einwirken.
- Die **Führungsinstrumente** [⇨ 078] der Führungskraft, z. B. Anreize oder Weisungen [⇨ 213] bzw. Kritik, die nicht immer anreizend ist. Interessante Arbeitsaufgaben können zu positivem Verhalten und unangemessene Kritik [⇨ 107] zu negativem Mitarbeiterverhalten führen.
- Die **Persönlichkeit** [⇨ 186] **des Mitarbeiters**, der die Informationen [⇨ 094] über seinen Organismus verarbeitet, um darauf positiv, negativ oder neutral zu reagieren. Ein Mitarbeiter mit hoher Leistungsbereitschaft und Qualifikation [⇨ 192] wird z. B. ein positives Verhalten zeigen. Bei geringem Reifegrad des Mitarbeiters ist negatives Verhalten möglich.
- Die **Situation des Mitarbeiters**, z. B. die Arbeits-, Privat-, Gruppen-, Unternehmens-, Umfeldsituation. Beträchtliche Privatprobleme können das Verhalten [⇨ 208] eines Mitarbeiters im Unternehmen erheblich beeinflussen.
- Der **Erfolg des Mitarbeiters**, z. B. der Leistungserfolg eines Menschen, dessen erfolgreiche Arbeit [⇨ 008] ihn zu weiteren Höchstleistungen anspornt. So gesehen ist außer den Individualzielen auch der Leistungserfolg ein separater Einflussfaktor auf das Arbeitsverhalten des Menschen.

Die eingesetzten Führungsstile [⇨ 082], Führungsmittel [⇨ 080] und Führungstechniken [⇨ 088] wirken sich auf das Verhalten des Mitarbeiters aus. Andererseits beeinflusst sein Verhalten auch den Einsatz der Führungsinstrumente.

Verhaltensgitter

Berthel/Becker (2010); Bröckermann (2009); Olfert (2012a, 2012c); Rahn (2008a, 2012) **209**

Das Verhaltensgitter der Führung gehört zu den **zweidimensionalen Führungsstilen**. Es wird auch als **Managerial Grid** bezeichnet. In der Vertikalen des Koordinatensystemes wird das personenorientierte Führungsverhalten, in der Horizontalen das aufgabenorientierte Führungsverhalten dargestellt. Mit dem Verhaltensgitter sind Führungsstile [⇨ 082] charakterisierbar:

- Der **1.1-Führungsstil**, der weder auf hohe Leistung noch auf die Pflege menschlicher Beziehungen ausgerichtet ist. Er entspricht dem **Laissez-faire-Führungsstil.**
- Der **1.9-Führungsstil**, bei dem zwar eine freundliche Atmosphäre entsteht, aber die Leistung gering ist.
- Der **5.5-Führungsstil**, der durchschnittliche Leistungen der Mitarbeiter [⇨ 128] erbringt. Er stellt nur einen Kompromiss dar.
- Der **9.1-Führungsstil**, bei dem eine hohe Leistung erwartet wird, ohne dass zwischenmenschliche Beziehungen gefördert werden. Er ist ein **autoritärer Führungsstil.**
- Der **9.9-Führungsstil**, der auf hohe Leistung und hohe Zufriedenheit abzielt. Er ist der **erstrebenswerte Führungsstil.**

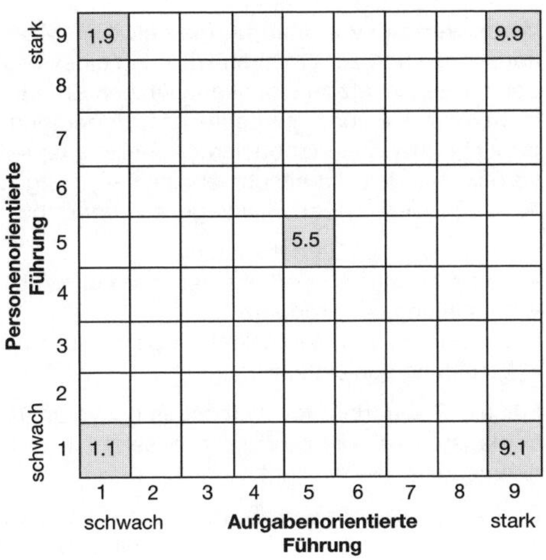

Vorgabezeit

Bröckermann (2009); Ebel (2008a, 2011); Hentze/Kammel (2001); Olfert (2012a, 2012c) **210**

Die Vorgabezeit ist eine Soll-Zeit für die ordnungsgemäße Auftragserledigung in der Produktion. Dabei wird eine **Normalleistung** zu Grunde gelegt, die meist mithilfe von **Arbeitszeitstudien** ermittelt wird.

Die Vorgabezeit ist nach *REFA* grundsätzlich:

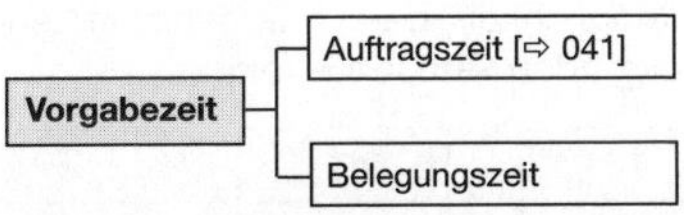

Die **Auftragszeit** ist die Vorgabezeit für das Ausführen eines Auftrages durch einen Menschen und dient als Vorgabezeit für den Akkordlohn [⇨ 004]. Die **Belegungszeit** als Vorgabezeit für die Belegung eines Betriebsmittels ist für personalwirtschaftliche Zwecke nicht von Interesse.

Die Ermittlung der Vorgabezeit hat den Zweck, die geplante **Dauer von Arbeitsgängen** zu ermitteln.

Möglichkeiten für die Ermittlung der Vorgabezeiten sind:

- Die **Ist-Zeitermittlung** [⇨ 097], bei denen die Messung der tatsächlichen Arbeitszeiten [⇨ 032] mithilfe von Zeitaufnahmegeräten, die der Arbeitsstudienkraft zur Verfügung stehen, erfolgt.
- **Systeme vorbestimmter Zeiten** [⇨ 199], bei denen genormte Zeitwerte für standardisierte Einzelbewegungen ermittelt werden, d. h. anhand von Bewegungs- und Zeitstudien.

In beiden Fällen gilt als Voraussetzung, dass **Gliederungen der Arbeitsabläufe** und der **Arbeitszeiten** [⇨ 032] vorliegen.

Vorschlagswesen, *betriebliches*

Brandt (2007); Jetgens/Kamp (2004); Schindelar (2010); Witt/Witt (2010) | **211**

Das betriebliche Vorschlagwesen ist eine Institution der organisierten Bewertung und Belohnung von Verbesserungsvorschlägen der Arbeitnehmer [⇨ 010]. Es dient dem **Ziel** [⇨ 216], die Leistungen des Unternehmens ständig zu verbessern, indem möglichst viele Mitarbeiter [⇨ 128] im Unternehmen Ideen äußern, mitdenken und verantwortlich handeln. Es wird auch vom **kontinuierlichen Verbesserungsprozess (KVP)** gesprochen.

Verbesserungsvorschläge sind freiwillige Mitarbeiterleistungen, die über deren Aufgabenbereiche hinausgehen und zur Weiterentwicklung eines bestehenden Zustandes im Unternehmen führen. Sie haben im Gegensatz zu den schutzfähigen Erfindungen nur **innerbetriebliches Gewicht**. Das heißt aber nicht, dass sie von untergeordneter Bedeutung sind. Bei Verbesserungsvorschlägen, die den Arbeitgeber [⇨ 009] eine monopolartige Stellung erwerben lassen, ist dieser gemäß § 20 Abs. 1, 9 ArbNErfG verpflichtet, dem Arbeitnehmer eine Vergütung zu gewähren, die einer Erfindungsvergütung entspricht. Als Verbesserungsvorschläge gelten verwertbare **Ideen** zur:

- Steuerung des Betriebsablaufes
- Vereinfachung von Arbeitsmethoden und Arbeitsverfahren
- Gestaltung der Produkte
- Einsparung von Material und Arbeitszeit [⇨ 041]
- Verhütung von Unfällen.

Für die Bewertung von Verbesserungsvorschlägen gibt es i. d. R. eine **Kommission für das Vorschlagswesen**, die paritätisch besetzt ist, d. h. zu gleichen Anteilen aus Arbeitgeber- bzw. Arbeitnehmervertretern besteht.

Die Grundsätze der **Vergütung** und des **Verfahrens** für das Vorschlagswesen sind oft in Tarifverträgen [⇨ 200] geregelt. Ist das nicht der Fall, empfiehlt sich der Abschluss von Betriebsvereinbarungen [⇨ 051]. Der Betriebsrat [⇨ 050] hat ein Mitbestimmungsrecht [⇨ 130] (§ 87 Abs. 1 Nr. 12 BetrVG).

Vorstellungsgespräch

Hesse/Schrader (2008a); Knebel (2003); Olfert (2012c); Rodatus (2010); Schuler (2002) | **212**

Das Vorstellungsgespräch, das auch als **Einstellungs-** bzw. **Bewerbungsgespräch** bezeichnet wird, dient der Personalauswahl [⇨ 142]. Es hat aus betrieblicher Sicht die **Ziele** [⇨ 216], sich einen persönlichen Eindruck vom Bewerber zu verschaffen, sein Eignungspotenzial festzustellen, Interessen und Wünsche zu ermitteln, eventuelle Lücken im Lebenslauf [⇨ 118] anzusprechen und den Bewerber zu informieren. Für ihn bietet es die Möglichkeit, das Unternehmen kennen zu lernen. Die Durchführung des Gespräches [⇨ 089] kann in folgenden **Phasen** erfolgen:

1	2	3	4	5	6	7
Begrüßung des Bewerbers →	Besprechung der Situation des Bewerbers →	Darlegung des Bildungsgangs des Bewerbers →	Besprechung der beruflichen Entwicklung →	Information des Bewerbers über das Unternehmen →	Vertragsverhandlung →	Abschluss des Gesprächs

Das Vorstellungsgespräch kann als **freies Vorstellungsgespräch**, bei dem der Gesprächsablauf und Gesprächsinhalt völlig frei sind, **standardisiertes Vorstellungsgespräch**, dessen Ablauf und Inhalt genau festliegen oder als **strukturiertes Vorstellungsgespräch**, bei dem Ablauf und Inhalt nur zum Teil festliegen, durchgeführt werden. Verschiedentlich erfolgt das Vorstellungsgespräch **stressorientiert**, was arbeitsrechtlich jedoch problematisch sein kann.

Schließlich kann das Vorstellungsgespräch ein **Zweier-Gespräch** (z. B. Bewerber, Personalleiter *oder* Abteilungsleiter), ein **Dreier-Gespräch** (z. B. Bewerber, Personalleiter *und* Abteilungsleiter) oder ein Gespräch mit weiteren Personen sein. Jedem Bewerber ist Wertschätzung entgegenzubringen, auch wenn er für das Unternehmen erkennbar nicht (mehr) infrage kommt.

Weisung	*Brunhöber (2005); Olfert (2012a, 2012c); Rahn (2008a, 2012); Schaub (2009)*	**213**

Die Weisung ist die Zuteilung einer Arbeitsaufgabe an oder die Forderung eines bestimmten Verhaltens [⇨ 208] vom Mitarbeiter [⇨ 128]. Sie zählt zu den Führungsmitteln [⇨ 080] und wird im Rahmen des Direktionsrechts von Vorgesetzten erteilt. **Arten** der Weisung sind:

- Der **Auftrag**, der die Veranlassung der Durchführung einer Arbeit [⇨ 008] für einen bestimmten Zeitabschnitt enthält. Der Mitarbeiter erfährt, *was* er *wann* und *warum* zu tun hat. Allerdings erhält der Auftrag keine näheren Angaben über das *Wie* seines Vorgehens. Das Verfahren zur Erfüllung des Auftrags wird als bekannt vorausgesetzt oder dem Mitarbeiter freigestellt.
- Das **Kommando**, bei dem z. B. gemeinsam – nach Zuruf – ein Gegenstand bewegt wird. Auch Handzeichen oder Signale können den Charakter eines Kommandos haben. Diese Weisungsform ist oft dann gegeben, wenn mehrere Mitarbeiter gemeinsam zupacken sollen.
- Der **Befehl**, der z. B. in Notsituationen oder bei Arbeitsverweigerung ausgesprochen wird. Der freien Entscheidung des Weisungsempfängers wird hier kein Raum gelassen. Ein Befehl erfolgt unpersönlich, ohne Begründung und lässt Einwendungen oder Widerspruch nicht zu.
- Die **Anweisung**, die nicht nur das *Was*, *Wann* und *Warum*, sondern auch das *Wie* der Arbeit bestimmt. Über die bloße Auftragserteilung hinaus wird also auch das Verfahren festgelegt. Anweisungen sind vor allem erforderlich, wenn Mitarbeitern die aufgetragenen Tätigkeiten noch nicht genau bekannt sind. Sie sollten höflich, ruhig und sachlich erfolgen.

Nicht jede Weisung von Vorgesetzten ist **zulässig**, selbst wenn sie sich innerhalb der arbeitsvertraglichen Pflichten bewegt. Denn die Weisung muss im Übrigen **billigem Ermessen** entsprechen, d. h. sie darf nicht willkürlich erfolgen, sondern hat die Interessen des Mitarbeiters angemessen zu berücksichtigen. Nicht zu befolgen sind Weisungen, die gegen Arbeitsverträge verstoßen.

XY-Theorie	*Bröckermann (2009); Olfert (2012a, 2012c); Rahn (2008a, 2012); Weibler (2001)*	**214**

Die XY-Theorie von *McGregor* basiert auf unterschiedlichen **Menschenbildern**. Die Theorie X sieht den Menschen negativ, die Theorie Y positiv:

Theorie X

- ▶ Der Durchschnittsmensch ist träge und geht der Arbeit [⇨ 008] soweit wie möglich aus dem Weg.
- ▶ Mitarbeiter haben nur wenig Ehrgeiz, scheuen Verantwortung [⇨ 207] und möchten angeleitet werden.
- ▶ Mitarbeiter [⇨ 128] sind durch ein dominantes Sicherheitsstreben gekennzeichnet.
- ▶ Durch Druck und mithilfe von Sanktionen muss versucht werden, die Unternehmensziele zu erreichen.
- ▶ Straffe Führung und häufige Kontrolle [⇨ 104] sind wegen der Trägheit des Menschen unerlässlich.

↓ Autoritärer Führungsstil

Theorie Y

- ▶ Arbeitsunlust ist nicht von Natur angeboren, sondern eine Folge schlechter Arbeitsbedingungen.
- ▶ Mitarbeiter akzeptieren Zielvorgaben [⇨ 216]. Sie besitzen Selbstdisziplin und Selbstkontrolle.
- ▶ Die Mitarbeiterpotenziale sind größer als vermutet und damit stärker als erwartet nutzbar.
- ▶ Durch Belohnung und die Möglichkeit zur Persönlichkeitsentfaltung werden die Unternehmensziele am ehesten erreicht.
- ▶ Bei günstigen Erfahrungen suchen die Mitarbeiter die Verantwortung [⇨ 207], wenn sie richtig geführt werden.

↓ Kooperativer Führungsstil

McGregor ist davon überzeugt, dass in der Führung von der Theorie Y ausgegangen werden sollte und empfiehlt, die Theorie X aufzugeben. Vorgesetzte, die ihre Mitarbeiter nach der Theorie X beurteilen, machen es sich häufig zu leicht. Andererseits werden nicht alle Mitarbeiter von einem kooperativer Führungsstil angesprochen. Darin liegt sicher ein Grund dafür, dass *Hersey* in seinem dreidimentionalen Führungsmodell den Einsatz des Führungsstils [⇨ 082] vom Reifegrad des jeweiligen Mitarbeiters abhängig macht.

Zeitlohn	*Drumm (2008); Oechsler (2006); Olfert (2012a, 2012c); Zander/Wagner (2005)*	**215**

Der Zeitlohn ist eine Form der **Personalentlohnung** [⇨ 162], bei der ein bestimmter Lohnsatz pro Zeiteinheit gezahlt wird. Er ist damit nicht unmittelbar leistungsorientiert, jedoch erwartet das Unternehmen zumindest das Erreichen einer **Normalleistung**. Der Zeitlohn ist als Stunden-, Tages-, Wochen- bzw. Monatslohn möglich. Es sind zu unterscheiden:

- Der **Zeitlohn ohne Leistungszulage**, bei dem ein bestimmter Lohnsatz pro Zeiteinheit gezahlt wird. Dabei besteht ein mittelbarer Leistungsbezug, der sich in einer konkreten Leistungserwartung ausdrückt. Seine Berechnung erfolgt:

  Zeitlohn = Lohnsatz je Zeiteinheit · Anzahl der Zeiteinheiten

- Der **Zeitlohn mit Leistungszulage**, die über den reinen Zeitlohn hinaus vielfach als Qualitäts-, Mengen-, Pünktlichkeits-, Anwesenheits- oder Ersparnisprämie gezahlt wird. Er soll damit aber kein Leistungslohn sein wie z. B. der Akkordlohn [⇨ 004] oder Prämienlohn [⇨ 189].

Grundsätzlich empfiehlt sich die **Anwendung** des Zeitlohnes insbesondere dann, wenn:

- Der unmittelbare Zusammenhang zwischen Mengenleistung und Entgelt nicht herstellbar ist.
- Die Leistung nicht oder nur mit großen Aufwand messbar ist, z. B. schöpferische Tätigkeit.
- Die Sorgfalt, Präzision, Qualität wichtiger sind als Schnelligkeit und Quantität.
- Überhöhtes Arbeitstempo zu Gesundheitsschäden oder Unfällen führen kann.
- Das mengenmäßige Arbeitsergebnis nicht durch das Tempo des Mitarbeiters beeinflussbar ist.

Die **Abrechnung** des Zeitlohns ist im Vergleich zu anderen Formen des Lohnes [⇨ 119] einfach. Das Unternehmen trägt jedoch das **Risiko** der Minderleistung von Arbeitnehmern [⇨ 010].

Ziel	*Berthel (2000); Olfert (2012a, 2012c); Olfert/Pischulti (2011); Olfert/Rahn (2010); Rahn (2012)*	**216**

Ziele sind **Aussagen mit normativem Charakter**, die einen gewünschten, zukünftigen Zustand der Realität beschreiben. Sie haben drei **Dimensionen**:

- **Inhalt** (Gewinnsteigerung um ...)
- **Ausmaß** (... 3 % ...)
- **Zeitbezug** (... im Jahre 2012).

Im Hinblick auf die Zielbildung sind von Bedeutung:

- Der **Zielbildungsprozess**, der den Weg von der Zielsuche bis zur Zielkontrolle zeigt. Er wird durch interne und externe Interessengruppen beeinflusst. **Phasen** sind:

Zielsuche	Bei der Suche nach Zielideen können Kreativitätstechniken eingesetzt werden.
Zielabstimmung	Es wird abgeklärt, in welcher Beziehung die Ziele zu bisherigen Zielen stehen.
Zielentscheidung	Die Unternehmensleitung wählt die Ziele für das Unternehmen aus.
Zielformulierung	Die Ziele sind nach Inhalt, Ausmaß und Zeit in messbarer Form verbindlich zu fixieren.
Zieldurchsetzung	Die Unternehmensleitung hat für die Realisierung der Ziele zu sorgen.
Zielkontrolle	Es ist zu prüfen, ob die gesetzten Ziele erreicht worden sind.

- Der **Motivationsprozess**, der mit der Zielvorgabe verbunden ist. Vorgegebene Ziele disziplinieren das Leistungsverhalten der Mitarbeiter [⇨ 128], da ihre Leistungen besser messbar sind. Einerseits wissen die Mitarbeiter, wo sie leistungsmäßig stehen, andererseits kann sich für sie ein Leistungsdruck ergeben, wenn die Ziele unerreichbar hoch gesetzt werden. Die Unternehmensziele sollten mit den Individualzielen der Mitarbeiter abgestimmt werden.

Ziele, *Arten*	*Ehrmann (2007); Olfert (2012a, 2012c); Olfert/Pischulti (2011); Olfert/Rahn (2010); Rahn (2012)*	**217**

Arten der Ziele eines Unternehmens können sein:

• **Ziele unterschiedlichen Formalisierungsgrades**	**Formalziele**	Sie beziehen sich nicht auf die konkrete Leistungserstellung, sondern sind z. B. **Erfolgsziele** wie Umsatz-, Kosten- bzw. Gewinnziele.
	Sachziele	Diese Ziele sind **Leistungsziele**, z. B. Beschaffungs-, Fertigungs- oder Finanzziele, d.h. konkrete Handlungsanweisungen im Leistungsprozess.
• **Hierarchiebezogene Ziele**	**Oberziele**	Sie sind von der Unternehmensleitung zu formulieren, z. B. Gewinnerhöhung oder Rentabilitätssicherung.
	Unterziele	Sie werden von der Bereichs- bzw. Gruppenleitung formuliert, z. B. Kostenreduzierung im Fertigungsbereich.
• **Bedeutungsbezogene Ziele**	**Hauptziele**	Sie sind besonders bedeutsam, z. B. das Gewinnziel.
	Nebenziele	Sie stehen hinter den Hauptzielen zurück.
• **Ausrichtungsbezogene Ziele**	**Monetäre Ziele**	Dazu zählen **Marktleistungsziele**, z. B. Umsatz und Gewinn, **Rentabilitätsziele** und **finanzwirtschaftliche Ziele**, z. B. Liquidität.
	Nicht-monetäre Ziele	Das können **ökonomische Ziele**, z. B. die Vergrößerung des Marktanteils, oder **soziale Ziele**, z. B. Arbeitszufriedenheit und Macht- bzw. Prestigeziele sein.
• **Fristenbezogene Ziele**	**Kurzfristige Ziele**	Sie umfassen einen Zeitraum von bis zu einem Jahr und können der operativen Planung zugerechnet werden.
	Mittelfristige Ziele	Sie gelten für einen Zeitraum von einem bis zu fünf Jahren und werden der taktischen Planung zugerechnet.
	Langfristige Ziele	Sie gehen über fünf Jahre hinaus und sind für die strategische Planung bedeutsam.

Ziele, *Beziehungen*	*Ehrmann (2007); Olfert (2012c); Olfert/Pischulti (2011); Olfert/Rahn (2010); Rahn (2012)*	**218**

Zielbeziehungen ergeben sich aus dem **Zielsystem** des Unternehmens, das eine Vielzahl von Zielen enthält, die in irgendeiner Weise zueinander in Beziehung stehen. Als Ziele mit unterschiedlichen Beziehungen können unterschieden werden:

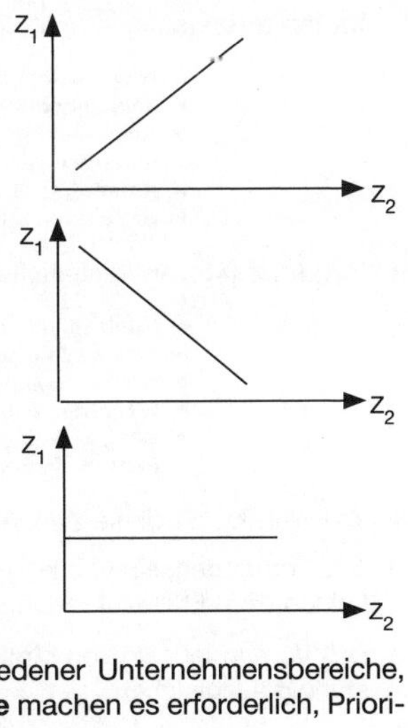

- **Komplementäre Ziele**, bei denen die Erreichung eines Zieles gleichzeitig zur Förderung oder Erreichung eines anderen Zieles führt, z. B. bringt eine Senkung der Personalkosten im Fertigungsbereich aufgrund von Rationalisierungsmaßnahmen bei sonst gleichen Bedingungen eine Verminderung der Gesamtpersonalkosten im Unternehmen mit sich.
- **Konkurrierende Ziele**, bei denen die Erreichung eines Zieles die Abnahme des Zielerreichungsgrades bei einem anderen Ziel bewirken, z. B. wenn eine Lohnerhöhung angestrebt wird, kann das Ziel, Personalkosten [⇨ 173] zu senken, nicht erreicht werden.
- **Indifferente Ziele**, bei denen die Erreichung eines Zieles keinen Einfluss auf den Zielerreichungsgrad eines anderen Zieles hat, z. B. sind die Senkung der Kosten für Betriebsstoffe und die Verbesserung des Kantinenessens völlig unabhängig voneinander zu sehen. Sie sind in der Praxis weniger bedeutsam als komplementäre und konkurrierende Ziele.

Zielbeziehungen bestehen nicht nur zwischen Zielen [⇨ 216] verschiedener Unternehmensbereiche, sondern auch zwischen Zielen innerhalb eines Bereiches. **Zielkonflikte** machen es erforderlich, Prioritäten zu setzen. Konfliktfreie Zielhierarchien gibt es in der Praxis nicht.

Ziele, *personalwirtschaftliche*	*Berthel/Becker (2010); Gaugler/Oechsler/ Weber (2004); Olfert (2012a, 2012c)*	**219**

Personalwirtschaftliche Ziele sind insbesondere:

- **Wirtschaftliche Ziele**, die sich darauf beziehen, ein möglichst günstiges Verhältnis zwischen Personalaufwand und Personalertrag bzw. Personalkosten und Personalleistungen herbeizuführen, z. B. als:

  ▶ Senkung der für das beschäftigte Personal anfallenden Personalkosten [⇨ 173]
  ▶ Senkung der Personalkosten durch Abbau nicht zwingend nötiger Stellen
  ▶ Qualifikationsbezogener Einsatz der Mitarbeiter
  ▶ Steigerung der Mitarbeiterleistungen durch verbesserte Leistungsprozesse
  ▶ Nutzung der Kreativität und Erfahrung der Mitarbeiter im Leistungsprozess

  Die wirtschaftlichen Ziele sind vorrangig Ziele des Unternehmens bzw. der Unternehmensleitung. Sie stehen vielfach zu den sozialen Zielen in **Konkurrenz**, die vor allem Ziele der Mitarbeiter sind.

- **Soziale Ziele**, welche auf die Menschen gerichtet sind, die im Unternehmen tätig sind und verschiedenartige Bedürfnisse [⇨ 045] und Erwartungen haben. Sie werden auch **humanitäre Ziele** genannt und beziehen sich auf die Umstände, unter denen die Arbeit zu leisten ist, z. B. als:

  ▶ Gestaltung der Arbeitsaufgabe (z. B. abwechslungsreich)
  ▶ Gestaltung des Arbeitsplatzes (z. B. sicher, menschengerecht)
  ▶ Gestaltung der Arbeitszeit [⇨ 032] (z. B. flexibel, Arbeitszeitverkürzung)
  ▶ Gestaltung der Personalentlohnung [⇨ 162] (z. B. Lohngerechtigkeit, Lohnsteigerung)
  ▶ Gestaltung der Personalentwicklung [⇨ 163] (z. B. Fortbildungsangebote, Karriere)
  ▶ Gestaltung der Personalführung [⇨ 169] (z. B. kooperativ, gutes Betriebsklima [⇨ 049])

Zwei-Faktoren-Theorie	*Berthel/Becker (2010); Jung (2008); Olfert (2012a, 2012c); Rahn (2008a, 2012)*	**220**

In der Pittsburgh-Studie hat *Herzberg* zahlreiche Führungskräfte danach befragt, welche Faktoren Unzufriedenheit vermeiden oder abbauen bzw. Zufriedenheit hervorrufen. Er unterscheidet:

- **Motivatoren** (satisfiers) als Zufriedenheitsfaktoren. Das sind:

  ▶ **Arbeit selbst**, z. B. Inhalt der Aufgabe des Mitarbeiters
  ▶ **Leistungserfolg**, z. B. Erfolgserlebnisse mit Selbstbestätigung
  ▶ **Anerkennung**, z. B. Lob des Vorgesetzten für gute Arbeit [⇨ 008]
  ▶ **Verantwortung**, z. B. aufgabenentsprechende Verantwortung [⇨ 207]
  ▶ **Aufstieg**, z. B. Beförderungsmöglichkeiten für Mitarbeiter [⇨ 128]
  ▶ **Entfaltung**, z. B. Möglichkeiten der Selbstentfaltung.

- **Hygienefaktoren** (dissatisfiers) als Unzufriedenheitsfaktoren. Zu ihnen zählen:

  ▶ **Unternehmenspolitik**, z. B. Betriebspolitik und Verwaltung
  ▶ **Personalführung** [⇨ 169], z. B. Art der Mitarbeiterführung
  ▶ **Arbeitsbedingungen**, z. B. physische Bedingungen am Arbeitsplatz
  ▶ **Sicherheit** des Arbeitsplatzes für Mitarbeiter
  ▶ **Geld**, z. B. Entlohnung des Mitarbeiters
  ▶ **Personelle Beziehungen**, z. B. zu Vorgesetzten und Kollegen.

Herzberg leitet für diese zwei Arten von Faktoren verschiedene **Wirkungen** ab:

- Das Vorhandensein von Hygienefaktoren wird von Mitarbeitern als selbstverständlich angesehen, ihr Fehlen bewirkt Unzufriedenheit.
- Das Vorhandensein von Motivatoren kann das Fehlen von Hygienefaktoren nur teilweise und unvollständig ausgleichen.
- Durch Motivatoren kann bei Vorliegen der Hygienefaktoren eine positive Wirkung erreicht werden.

Literaturverzeichnis

Literaturverzeichnis

Abate, J., Führungstheorie, Saarbrücken 2008

Ackermann/Eisele, Entgeltpolitik, in: HWP, Hrsg. Gaugler/Oechsler/Weber, 3. Aufl., Stuttgart 2004, Sp. 698-711

Aichberger, F. (Hrsg.), Sozialgesetzbuch, München 2010

Albert, G., Betriebliche Personalwirtschaft, 10. Aufl., Ludwigshafen/Rhein 2009

Allewell, D., Arbeitsteilung und Spezialisierung, in: HWO, Hrsg. Schreyögg/v. Werder, 4. Aufl., Stuttgart 2004a, Sp. 37-45

Allewell, D., Sozialpolitik, betriebliche, in: HWP, Hrsg. Gaugler/Oechsler/Weber, 3. Aufl., Stuttgart 2004b, Sp. 1774-1789

Asendorpf, J., Psychologie der Persönlichkeit, 4. Aufl., Berlin 2007

Backer, A., Arbeitszeugnisse, 5. Aufl., Freiburg i. Br. 2008

Badura/Litsch/Vetler (Hrsg.), Fehlzeiten-Report 1998, Berlin/Heidelberg/New York 2008

Baldegger, R., Führen mit Zielvereinbarung, Aarau 2006

Bartosch, D., Digitale Personalakte für Betrieb und Verwaltung, 2. Aufl., Frechen 2010

Bartscher, Th., Personaleinsatz, in: HWP, Hrsg. Gaugler/Oechsler/Weber, 3. Aufl., Stuttgart 2004, Sp. 1455-1469

Bartscher, T., Praktische Personalwirtschaft, 2. Aufl., Wiesbaden 2007

Bauer, J. H., Arbeitsrechtliche Aufhebungsverträge, 8. Aufl., München 2007

Bauer/Röder/Lingemann, Krankheit im Arbeitsverhältnis, 3. Aufl., Heidelberg 2006

Bea/Göbel, Organisation, 4. Aufl., Stuttgart 2010

Becker, L., Personalabteilung im Unternehmungswandel, Wiesbaden 2001

Becker, M., Personalentwicklung, 5. Aufl., Stuttgart 2009

Becker, M., Strategisch orientierte Auswahl und Qualifizierung von Nachwuchskräften, Halle/Saale 2004

Becker, M., Systematische Personalentwicklung, Stuttgart 2005

Becker, M., Werte-Wandel in turbulenter Zeit, München/Mering 2006

Beckerle, K., Die Abmahnung, 10. Aufl., Freiburg i. Br. 2008

Beer, U., Graphologie, 4. Aufl., München/Landsberg 2009

Belbin, R. M., Management Teams, 2nd ed., Oxford 2003

Bellavite-Hövermann/Liebich/Wolf (Hrsg.), Unternehmenssteuerung, Stuttgart 2006

Bendel/Hauske, E-Learning, Das Wörterbuch, Berlin 2004

Berg-Peer, J., Outplacement in der Praxis, Wiesbaden 2003

Bergmeier/Hoppe, Personalinformationssysteme, Frankfurt/M. 2006

Berkel, K., Konflikttraining, 9. Aufl., Heidelberg 2008

Berkowski, W., Die personen- und verhaltensbedingte Kündigung, 4. Aufl., München 2004

Berkowski, W., Die betriebsbedingte Kündigung, 6. Aufl., München 2008

Berthel, J., Ziele, in: LdB, Hrsg. H. Corsten, 4. Aufl., München/Wien 2000, S. 1072-1078

Berthel/Becker, Personal-Management, 9. Aufl., Stuttgart 2010

Besgen, N., Handbuch Betriebsverfassungsrecht, 2. Aufl., Stuttgart 2010

Besgen, N., Schwerbehindertenrecht, Berlin 2009

Birkenbihl, V. F., Kommunikationstraining, 29. Aufl., Heidelberg 2007

Bischof/Bischof, Besprechungen effektiv und effizient, 5. Aufl., Freiburg i. Br. 2010

Bitzer, B., Fehlzeiten als Chance, 5. Aufl., Renningen 2008

Blaeser, H.-O., Betriebliches Personalaktenrecht, 2. Aufl., Frechen 1999

Bleicher, K., Das Konzept integriertes Management, 7. Aufl., Frankfurt/Main 2004

Blessing/Otto, Arbeitsdirektor, in: HWP, Hrsg. Gaugler/Oechsler/Weber, 3. Aufl., Stuttgart 2004, Sp. 207-216

Blötz, U. (Hrsg.), Planspiele in der beruflichen Bildung, 4. Aufl., Bielefeld 2008

Blohm/Beer/Seidenberg/Silber, Produktionswirtschaft, 4. Aufl., Herne/Berlin 2007

Bolten/Pulte, Aufbewahrungsnormen und -fristen im Personalbereich, 4. Aufl., Frechen 1999
Böhme, K., Mobbing am Arbeitsplatz, Saarbrücken 2008
Brandenburg/Nieder, Betriebliches Fehlzeiten-Management, 2. Aufl., Wiesbaden 2009
Brandt, O., Das betriebliche Vorschlagswesen, Mehring 2007
Braun, E., Insolvenzordnung, (InsO), Kommentar, 4. Aufl., München 2010
Bregnard, J., Überstunden- und Überzeitarbeit, Bern 2006
Breisig, Th., Personalbeurteilung, Mitarbeitergespräch, Zielvereinbarungen, 3. Aufl., Frankfurt/Main 2005
Brinkmann/Stapf, Innere Kündigung, München 2005
Britzelmaier, B., Kompakt-Training Wertorientierte Unternehmensführung, Ludwigshafen/Rhein 2009
Bröckermann, R., Personalführung, Stuttgart 2000
Bröckermann, R., Personalwirtschaft, 5. Aufl., Stuttgart 2009
Bröckermann/Müller-Vorbrüggen, Handbuch Personalentwicklung, 2. Aufl., Stuttgart 2008
Brox/Rüthers/Henssler, Arbeitsrecht, 17. Aufl., Stuttgart/Berlin/Köln 2007
Brunhöber, H., Das Weisungsrecht im Arbeitsverhältnis, Berlin 2005
Burghaus, A., Auslandseinsatz von Mitarbeitern, Saarbrücken 2006
Buschmann/Ulber, Arbeitszeitgesetz, 6. Aufl., Frankfurt/Main 2008
Bühner, R., Betriebswirtschaftliche Organisationslehre, 10. Aufl., München/Wien 2004a
Bühner, R., Personalmanagement, 3. Aufl., München/Wien 2004b
Coelius, C., Bewerbungsbrief und Lebenslauf, Hamburg 2006
Conrad, C.-J., Lohn- und Gehaltsabrechnung in der Praxis, Freiburg 2009
Conrad, C.-J., Schnelleinstieg in die Lohn- und Gehaltsabrechnung, 12. Aufl., Freiburg/Br. 2010
Crisand, E., Psychologie der Persönlichkeit, 8. Aufl., Heidelberg 2010a
Crisand, E., Psychologie der Gesprächsführung, 8. Aufl., Frankfurt/Main 2010b
Daigeler, T., Führungstechniken, Freiburg i. Br. 2008
Däubler, W., Arbeitsrecht, 8. Aufl., Frankfurt/Main 2010
Demer/Soder, Stellenanzeigen richtig verstehen, Frankfurt/Main 2002
Deinert/Kittner, Arbeits- und Sozialrecht kompakt, 7. Aufl., Frankfurt/Main 2008
DGFP, Personalzusatzaufwand, Freiburg/Br. 1988
DGFP, Der internationale Einsatz von Fach- und Führungskräften, 2. Aufl., Köln 1995
Dillerup/Stoi, Unternehmensführung, 2. Aufl., München 2007
Dincher/Roth, Kurzarbeit, in: HWP, Hrsg. Gaugler/Oechsler/Weber, 3. Aufl., Stuttgart 2004, Sp. 1044-1052
Dörner/Luczak/Wildschätz, Handbuch Arbeitsrecht, 8. Aufl., Neustadt/Kriftel 2009
Doetsch/Oecking/Rhiel/Reichenbach/Rath, Betriebliche Altersversorgung, 2. Aufl., Freiburg/Br. 2009
Domsch/Regnet/Rosenstiel (Hrsg.), Führung von Mitarbeitern, 6. Aufl., Stuttgart 2009
Dopperphul, I., Personalfreisetzung, Saarbrücken 2008
Drees, B. J., Die Einarbeitung in die Praxis, Mering 2009
Drucker, P. F., Was ist Management?, 3. Aufl., Düsseldorf u. a. 2005
Drumm, H. J., Personalwirtschaftslehre, 6. Aufl., Berlin/Heidelberg/New York 2008
Ebel, B., Kompakt-Training Produktionswirtschaft, 2. Aufl., Ludwigshafen/Rhein 2008a
Ebel, B., Produktionswirtschaft, 9. Aufl., Ludwigshafen/Rhein 2008b
Eckardstein, D. v., Personalpolitik, in: HWP, Hrsg. Gaugler/Oechsler/Weber, 3. Aufl., Stuttgart 2004, Sp. 1616-1630
Edmüller/Wilhelm, Moderation, 4. Aufl., Planegg/München 2007
Egermann, I., Flexible Arbeitszeitmodelle, Saarbrücken 2008
Ehrmann, H., Kompakt-Training Strategische Planung, Ludwigshafen/Rhein 2006
Ehrmann, H., Unternehmensplanung, 5. Aufl., Ludwigshafen/Rhein 2007a
Eichhorn, P., Das Prinzip Wirtschaftlichkeit, 3. Aufl., Wiesbaden 2005
Eichhorn/Hickler, Handbuch Betriebsvereinbarung, 4. Aufl., Frankfurt/Main 2006
Eichhorn/Steinmann, Abmahnung – was tun?, Frankfurt/Main 2004

Eiling/Schlotthauer, Handlungsfeld Ausbildung, 4. Aufl., Hamburg 2009
Ems, G., Die Personalabteilung, Bonn 2002
Enderes, A., Einmaleins der Entgeltabrechnung, 7. Aufl., Frechen 2010
Femppel/Zander, Praxis der Personalführung, 2. Aufl., München 2008
Fischer-Epe, M., Coaching: Miteinander Ziele erreichen, Tübingen 2007
Fitting, K. u. a., Betriebsverfassungsgesetz, 25. Aufl., München 2010
Frank, A., Das Schwerbehindertenrecht, Berg 2003
Franke/Zicke/Zils (Hrsg.), Geprüfter Personalfachkaufmann/Geprüfte Personalfachkauffrau, 4. Aufl., Neuwied 2008
Franken, S., Verhaltensorientierte Führung, 2. Aufl., Wiesbaden 2010
Frese, E., Grundlagen der Organisation, 9. Aufl., Wiesbaden 2010
Freund/Knoblauch/Racké, Praxisorientierte Personalwirtschaftslehre, 6. Aufl., Stuttgart u. a. 2003
Frey/Wörl, Arbeitszeugnisse, München 2008
Freytag/Gmel/Grasmeher, Der Ausbilder im Betrieb, Teil 1, 31. Aufl., Kassel 2002
Friedl, S., Das operative Personalhandbuch, Wettenberg 2004
Friedl, S., Personalkostenplanung, Wettenberg 2006
Fröhlich/Holländer, Personalbeschaffung und -akquisition, in: HWP, Hrsg. Gaugler/Oechsler/Weber, 3. Aufl., Stuttgart 2004, Sp. 1403-1419
Füchtner/Wegerich (Hrsg.), Das Handbuch der Personalberatung, Frankfurt/Main 2008
Gaugler/Oechsler/Weber (Hrsg.), Handwörterbuch des Personalwesens, 3. Aufl., Stuttgart 2004
Gaugler/Oechsler/Weber, Personalwesen, in: HWP, Hrsg. Gaugler/Oechsler/Weber, 3. Aufl., Stuttgart 2004, Sp. 1653-1663
Geilhardt/Mühlbradt (Hrsg.), Planspiele im Personal- und Organisationsmanagement, Göttingen 1995
Gelhausen, S., Die betriebliche Altersversorgung, 7. Aufl., Karlsruhe 2008
Gerum, E., Betriebsverfassung, in: HWP, Hrsg. Gaugler/Oechsler/Weber, 3. Aufl., Stuttgart 2004, Sp. 605-613
Gitter, W., Sozialrecht, 5. Aufl., München 2001
Gmelin, K., Effizientes Personalmanagement durch Personalcontrolling, Renningen 1995
Göbel, M., Personalverwaltung, Wiesbaden 1996
Göbbels, F., Arbeitsverträge in Textbausteinen, 2. Aufl., Freiburg 2009
Goldmann/Reisch, Wie man Kunden gewinnt, 15. Aufl., Berlin 2008
Gordon, T., Managerkonferenz, 18. Aufl., München 2005
Göritz/Hase/Rupp, Handbuch Interessenausgleich und Sozialplan, 5. Aufl., Frankfurt/Main 2008
Graeßner, G., Moderation – Das Lehrbuch, Augsburg 2008
Gunkel, L., Führungskompetenz erstickt Mobbing, in: Personalwirtschaft 08/2000
Gutmann/Kollig, Personalkosten, Planegg 2005
Gutmann/Terschüren, Personalplanung, Freiburg i. Br. 2004
Gutschelhofer, A., Mitarbeitergespräch, in: HWP, Hrsg. Gaugler/Oechsler/Weber, 3. Aufl., Stuttgart 2004, Sp. 1221-1231
Hacker, W., Allgemeine Arbeitspsychologie, 2. Aufl., Bern 2005
Häfele/Häfele, 101 e-Lerning Seminarmethoden, 3. Aufl., Bonn 2008
Hagmann/Hagmann, Assessment Center, 3. Aufl. Freiburg i. Br. 2009
Hamer, W., Personalabbau/Betriebsbedingte Kündigung, Frankfurt 2004
Hamm/Rupp, Betriebsänderung, Interessenausgleich, Sozialplan, 2. Aufl., Düsseldorf 2004
Hanau/Louven, Abmahnung und Kündigung, 3. Aufl., München 2007
Hanau/Adomeit, Arbeitsrecht, 14. Aufl., Neuwied 2006
Hauptmann, P. H., Arbeitsrecht leicht gemacht, 6. Aufl., München 2007
Havranek/Freudhofmeier, Die optimierte Personalabteilung, Wien 2010
Heeper/Schmidt, Verhandlungstechniken, 2. Aufl., Berlin 2008
Heilmann, M., Die Betriebsvereinbarung, 4. Aufl., Frankfurt/Main 2008
Heinecke, A., EDV-gestützte Personalwirtschaft, München/Wien 2003

Heinrich/Stelzer, Informationsmanagement, 9. Aufl., München/Wien 2009
Heizmann, S., Outplacement, Bern 2003
Hentze, J., Lohnformen, in: HWP, Hrsg. Gaugler/Oechsler/Weber, 3. Aufl., Stuttgart 2004, Sp. 1104-1114
Hentze/Graf, Personalwirtschaftslehre 2, 7. Aufl., Bern/Stuttgart 2005
Hentze/Graf/Kammel/Lindert, Personalführungslehre, 5. Aufl., Bern/Stuttgart 2005
Hentze/Kammel, Personalwirtschaftslehre 1, 7. Aufl., Bern/Stuttgart 2001
Hesse, J., Das große Hesse/Schrader Bewerbungshandbuch, 5. Aufl., Frankfurt/M. 2007
Hesse/Schrader, Arbeitszeugnisse, Frankfurt/Main 2008
Hesse/Schrader, Assessment Center, 4. Aufl., Frankfurt/Main 2005
Hesse/Schrader, Das erfolgreiche Vorstellungsgespräch, Frankfurt/M. 2008a
Hesse/Schrader, Die überzeugende schriftliche Bewerbung, Frankfurt/M. 2008b
Hilb, M., Personalmanagement, 19. Aufl., Neuwied 2009
Hillebrecht, S. W., Grundkurs Personalberatung, 3. Aufl., Leonberg 2010
Hjort, J. P., Aufhebungsvertrag und Abfindung, 3. Aufl., Frankfurt/M. 2007
Hock, K., Lohnpfändung, 5. Aufl., Freiburg i. Br. 2005
Hofert, S., Praxismappe für die perfekte Internet-Bewerbung, Frankfurt/Main 2009
Hofert, S., Stellensuche und Bewerbungen im Internet, 6. Aufl., Berlin 2010
Holey/Welter/Wiedemann, Wirtschaftsinformatik, 2. Aufl., Ludwigshafen/Rhein 2007
Horsch, J., Auslandseinsatz von Stammhaus-Mitarbeitern, Frankfurt/M. 1995
Horsch, J., Personalplanung, Herne/Berlin 2000
Horváth, P., Controlling, 11. Aufl., München 2008
Hoyningen-Huene, G. v., Arbeitsrecht, individuelles, in: HWP, Hrsg. Gaugler/Oechsler/Weber, 3. Aufl., Stuttgart 2004, Sp. 358-368
Hoyningen-Huene, G., Betriebsverfassungsrecht, 6. Aufl., München 2007
Hromadka/Maschmann, Arbeitsrecht, Bd. 1, Individualarbeitsrecht, 4. Aufl., Berlin 2008
Hromadka/Maschmann, Arbeitsrecht, Bd. 2, Kollektivarbeitsrecht, 5. Aufl., Berlin 2010
Jahn, J., Führungserfolg durch soziale Kompetenz, Saarbrücken 2007
Janek, K., Lehrgang der Lohn- und Gehaltsabrechnung, 26. Aufl., Stuttgart 2010
Jansen, T., Kompakt-Training Personalcontrolling, Ludwigshafen/Rhein 2008
Jantzen, J., Onlinebewerbung, Saarbrücken 2008
Jeserich, W., Personal-Förderkonzepte, München/Wien 1996
Jetgens/Kamp, Betriebliches Verbesserungsvorschlagswesen, Frankfurt/Main 2004
Jetter, W., Effiziente Personalauswahl, 3. Aufl., Stuttgart 2008
Jetter/Skrotzki, Führungskompetenz, Regensburg 2005
Jiranek/Edmüller, Konfliktmanagement, 3. Aufl., Freiburg 2010
Jost, P. J., Konflikt- und Kooperationsmanagement, in: HWP, Hrsg. Gaugler/Oechsler/Weber, 3. Aufl., Stuttgart 2004, Sp. 1014-1025
Jung, H., Personalwirtschaft, 8. Aufl., München/Wien 2008
Junker, A., Grundkurs Arbeitsrecht, 9. Aufl., München 2010
Junker/Kamanabrou, Vertragsgestaltung, 3. Aufl., München 2010
Kadel, P., Personalabbau/-freistellungsplanung, in: HWP, Hrsg. Gaugler/Oechsler/Weber, 3. Aufl., Stuttgart 2004, Sp. 1357-1366
Kammel/Teichmann, Internationaler Personaleinsatz, München/Wien 1994
Kammerer, K., Personalakte und Abmahnung, 3. Aufl., Heidelberg 2001
Kanitz, A., Gesprächstechniken, 3. Aufl., Planegg 2008
Kastor, M., Psychologie der Individualität, Würzburg 2003
Kaufmann, S., Der Arbeitsvertrag, München 2008
Kiefer/Knebel, Taschenbuch für Personalbeurteilung, 11. Aufl., Heidelberg 2004
Kieser, A. (Hrsg.), Handwörterbuch Unternehmensführung und Organisation, 4. Aufl., Stuttgart 2004
Kieß, W., Die Personalabteilung als Service-Center, in: Personalführung, 07/1977
Kijek/Wagner/Weiß, Weiterbildung überprüfen, in: Personal 02/2006

Kipp, J. J., Erfolgreich online bewerben, Mannheim 2010
Kissel, O. R., Arbeitskampfrecht, München 2002
Kitter-Ohlms, O., Die Einstellungsuntersuchung, Berlin 2009
Kleinebrink, W., Abmahnung, 2. Aufl., Neuwied 2003
Kleinmann, M., Assessment-Center, Göttingen 2003
Klemm, B., Betriebliche Altersversorgung, 3. Aufl., München 2009
Knebel, H., Das Vorstellungsgespräch, 17. Aufl., Freiburg i. Br. 2003
Knörzer, M., Flexibilität und Lohngerechtigkeit, München 2008
Kolb, M., Sozialleistungen, betriebliche und Sozialeinrichtungen, in: HWP, Hrsg. Gaugler/Oechsler/Weber, 3. Aufl., Stuttgart 2004, Sp. 1741-1753
Kolb, M., Personalmanagement, Wiesbaden 2008
Kolodej, C., Mobbing, 2. Aufl., Wien 2005
Konegen/Genier, C., Trainee-Programme, Köln 1999
Kos, R., Die elektronische Personalakte, Saarbrücken 2007
Kotthoff, H., Betriebsrat, in: HWP, Hrsg. Gaugler/Oechsler/Weber, 3. Aufl., Stuttgart 2004, Sp. 585-596
Krause/Krause, Die Prüfung der Personalfachkaufleute, 8. Aufl., Ludwigshafen/Rhein 2010
Kreizberg, K., Arbeitsschutzrecht und Arbeitsverordnungen, Wiesbaden 2009
Krell, G., Arbeitnehmer, weilbliche, in: HWP, Hrsg. Gaugler/Oechsler/Weber, 3. Aufl., Stuttgart 2004, Sp. 112-120
Krzywinska, E., E-Resourcing, Saarbrücken 2006
Kühlmann, T. M., Auslandseinsatz von Mitarbeitern, Göttingen 2004
Lase/Stein, Personalfachkauffrau/Personalfachkaufmann, 10. Aufl., Hamburg 2008
Laufer, H., Personalbeurteilung im Unternehmen, Offenbach 2008
Lautenbrunner, A., Moderne Personalkostenplanung, Saarbrücken 2009
Lenhof, I., Moderne Personalrecruitinginstrumente, Saarbrücken 2008
Leßmann, M., Personalentwicklung als Unternehmensstrategie, Saarbrücken 2007
Leymann, H., Mobbing, 13. Aufl., Reinbeck 2006
Lipp/Will/Weidenmann/König/Heckmair, Workshops, Seminare und Besprechungen, Weinheim 2008
Lisges/Schübbe, Personalcontrolling, 3. Aufl., Freiburg/Br. 2009
Litzcke/Schuh, Stress, Mobbing und Burn-out am Arbeitsplatz, 5. Aufl., Berlin 2010
Loebe/Severing (Hrsg.), Bildungsbedarfsanalyse, Bielefeld 2007
Lohberg, S., Online-Recruiting, Saarbrücken 2006
Lohaus, D., Outplacement, Göttingen 2010
Lucas, M., Arbeitszeugnisse richtig deuten, 19. Aufl., Düsseldorf 2001
Mahlmann. R., Führungsstile flexibel anwenden, Weinheim 2002
Mauer, R., Personaleinsatz im Ausland, München 2003
Mehrmann, E., Der Weg in die Personalberatung, Wiesbaden 2005
Meier, R., Praxis Weiterbildung, Offenbach 2005
Mentzel, W., Personalentwicklung, 3. Aufl., München 2008a
Mentzel, W., Moderation, München 2008b
Mergelsberg, A., Lohn- und Gehaltsabrechnung, Berlin 2010
Mertel, B., Arbeitszufriedenheit, Saarbrücken 2007
Metze/Lenz, Empirische Untersuchung zur Einführung einer digitalen Personalakte, Berlin 2003
Meyer, W., Arbeitsrecht für die Praxis, 10. Aufl., Bad Wörishofen 2009
Migge, B., Handbuch Coaching und Beratung, 2. Aufl., Weinheim 2007
Muckel, S., Sozialrecht, 3. Aufl., München 2009
Mudra, P., Personalentwicklung, München 2004
Müller, J., Personalbeurteilung, Saarbrücken 2006
Müller-Wenner/Schorn, SGB IX, München 2003
Nehls, H., Berufsbildungsgesetz, 2. Aufl., Frankfurt/Main 2009
Neuberger, O., Führen und führen lassen, 6. Aufl., Stuttgart 2002

Neuhold, Y., Innere Kündigung, Saarbrücken 2006
Nieder/Brandenburg, Betriebliche Fehlzeiten, Wiesbaden 2009
Oechsler, W. A., Arbeitgeber-Arbeitnehmer-Beziehungen, in: HWP, Hrsg. Gaugler/Oechsler/Weber, 3. Aufl., Stuttgart 2004a, Sp. 45-62
Oechsler, W. A., Personal als Managementfunktion, in: HWO, Hrsg. Schreyögg/v. Werder, 4. Aufl., Stuttgart 2004b, Sp. 1123-1133
Oechsler, W. A., Personal und Arbeit, 8. Aufl., München/Wien 2006
Oeldorf/Olfert, Materialwirtschaft, 12. Aufl., Ludwigshafen/Rhein 2008
Olfert, K., Finanzierung, 15. Aufl., Herne 2011b
Olfert, K., Investition, 12. Aufl., Herne 2012d
Olfert, K., Kompakt-Training Einführung in die Betriebswirtschaftslehre, 3. Aufl., Herne 2011a
Olfert, K., Kompakt-Training Finanzierung, 7. Aufl., Herne 2011c
Olfert, K., Kompakt-Training Investition, 6. Aufl., Herne 2012e
Olfert, K., Kompakt-Training Kostenrechnung, 6. Aufl., Herne 2010c
Olfert, K., Kompakt-Training Personalwirtschaft, 8. Aufl., Herne 2012a
Olfert, K., Kompakt-Training Projektmanagement, 8. Aufl., Herne 2012b
Olfert, K., Kostenrechnung, 16. Aufl., Herne 2010a
Olfert, K., Organisation, 16. Aufl., Herne 2012f
Olfert, K., Personalwirtschaft, 15. Aufl., Herne 2012c
Olfert/Pischulti, Kompakt-Training Unternehmensführung, 5. Aufl., Herne 2011
Olfert/Rahn, Einführung in die Betriebswirtschaftslehre, 10. Aufl., Herne 2010
Olfert/Rahn, Kompakt-Training Organisation, 6. Aufl., Herne 2012
Osnabrügge, S., Kurzarbeit aktuell, Bonn 2009
Peterke, J., Handbuch Personalentwicklung, Berlin 2006
Peters, S., Umschulung, in: Wörterbuch der Erwachsenenpädagogik, Hrsg. Arnold/Nolda/Nuissl, Bad Heilbrunn 2001, S. 317-318
Ploog, H., Handschriften deuten, 6. Aufl., Baden-Baden 2008
Preis, U. (Hrsg.), Der Arbeitsvertrag, 3. Aufl., Köln 2008
Preis, U., Individualarbeitsrecht, 3. Aufl., Köln 2009
Preis, U., Kollektivarbeitsrecht, 2. Aufl., Köln 2009
Prollius, G., Das Personalhandbuch als Führungsmanagement, Heidelberg 1987
Püttjer/Schnierda, Das große Bewerbungshandbuch, 6. Aufl., Frankfurt/New York 2010
Püttjer/Schnierda, Erfolgreich in der Probezeit, Frankfurt/New York 2005
Püttjer/Schnierda, Überzeugen mit Anschreiben und Lebenslauf, Frankfurt/M./New York 2006
Pulte, P., Kündigung von Arbeitsverhältnissen, 12. Aufl., Frankfurt/M., 2009
Rahn, H. J., Führung von Gruppen, in: Personal, H 7, 52. Jg. (2000), S. 332-339
Rahn, H. J., Führung von Gruppen, 5. Aufl., Frankfurt/Main 2006
Rahn, H. J., Führung – wohin führt sie?, in: Der Betriebswirt, H 3, 48. Jg. (2007), S. 14-21
Rahn, H. J., Kompetenzen von Ausbildungsleitern, in: Personal, 53. Jg. (2001), S. 106-109
Rahn, H. J., Personalführung kompakt, München/Wien 2008a
Rahn, H. J., Unternehmensführung, 8. Aufl., Herne 2012
Rauchfleisch, U., Testpsychologie, 5. Aufl., Göttingen 2008
Rebmann, K., Planspiel und Planspieleinsatz, Hamburg 2001
Reddin, W. J., Das 3-D-Programm zur Leistungssteigerung des Managements, Landsberg/Lech 1981
REFA (Hrsg.), Arbeitsgestaltung in der Produktion, München 2000
Regnet, E., Kommunikation im Betrieb, in: HWP, Hrsg. Gaugler/Oechsler/Weber, 3, Aufl., Stuttgart 2004, Sp. 996-1005
Reineke/Damm, Signale im Gespräch, 6. Aufl., Heidelberg 2003
Rempe/Klösters, Das Planspiel als Entscheidungstraining, 2. Aufl., Stuttgart 2006
Ridder, H. G. (Hrsg.), Arbeitsbewertung, in: HWP., Hrsg. Gaugler/Oechsler/Weber, 3. Aufl., Stuttgart 2004, Sp. 197-206
Ridder, H. G., Personalwirtschaftslehre, 3. Aufl., Stuttgart 2009
Riekhof, H. C., Strategien der Personalentwicklung, 6. Aufl., Wiesbaden 2006

RKW (Hrsg.), RKW-Handbuch Personalplanung, 3. Aufl., Neuwied/Darmstadt 1996
Rodatus, A., Das erfolgreiche Vorstellungsgespräch, Mannheim 2010
Rohde, S., Flexible Arbeitszeitmodelle, Kissing 2008
Rohde/Küsters, Betriebliche Altersvorsorge, 2. Aufl., Berlin 2007
Rohrschneider/Lorenz (Hrsg.), Meine Bewerbung, Freiburg i. Br. 2009
Rosenstiel, L. v., Grundlagen der Organisationspsychologie, 6. Aufl., Stuttgart 2007
Rosenstiel, L. v., Motivation im Betrieb, 11. Aufl., München 2009
Rosenstiel v./Regnet/Domsch, Führung von Mitarbeitern, 6. Aufl., Stuttgart 2009
Röder/Beck, Interessenausgleich und Sozialplan, 4. Aufl., München 2009
Rump, J., Mitarbeiterinformation, in: HWP, Hrsg. Gaugler/Oechsler/Weber, 3. Aufl., Stuttgart 2004, Sp. 1231-1240
Ruschel, Die Ausbildereignungsprüfung, 4. Aufl., Ludwigshafen/Rhein 2009
Sader, M., Psychologie der Gruppe, 9. Aufl., München 2008
Sandner/Mayer, Macht in Organisationen, in: HWO, Hrsg. Schreyögg/v. Werder, 4. Aufl., Stuttgart 2004, Sp. 757-765
Schaller, R., Das große Rollenspielbuch, Weinheim/Basel 2006
Schanz, G., Personalwirtschaftslehre, 3. Aufl., München 2000
Schaub, G., Arbeitsrechts-Handbuch, 13. Aufl., München 2009
Schaub/Kreft, Der Betriebsrat, 8. Aufl., München 2006
Schaub/Schindele, Kurzarbeit, Massenentlassung, Sozialplan, 3. Aufl., München 2010
Schellhöh/Weber, Berufsbildungsrecht im Betrieb, Konstanz 2006
Scherm, E., Personalwesen, Organisation des, in: HWO, Hrsg. Schreyögg/v. Werder, 4. Aufl., Stuttgart 2004, Sp. 1133-1141
Schierenbeck, H., Grundzüge der Betriebswirtschaftslehre, 16. Aufl., München/Wien 2003
Schiermann, C., Berufliche Weiterbildung, Wiesbaden 2007
Schildt/Kürsteiner, 100 Tipps und Tricks für Overhead- und Beamerpräsentationen, 2. Aufl., Weinheim/Basel 2006
Schimpf, I., Innere Kündigung am Arbeitsplatz, München 2009
Schindelar, K., Betriebliches Vorschlagswesen, Saarbrücken 2010
Schleßmann, H., Das Arbeitszeugnis, 19. Aufl., Heidelberg 2009
Schliemann, H., Arbeitszeitgesetz mit Nebengesetzen, Neuwied 2008
Schliemann, H., Kündigung und Kündigungsschutz, in: HWP, Hrsg. Gaugler/Oechsler/Weber, 3. Aufl., Stuttgart 2004, Sp. 1034-1044
Schmeding, M., Wettbewerbsrechtliche Grenzen der Abwerbung von Arbeitskräften, Hamburg 2006
Schmidt, G., Methode und Techniken der Organisation, 14. Aufl., Wettenberg 2009
Schneider/Fritz/Zander, Erfolgs- und Kapitalbeteiligung der Mitarbeiter, 6. Aufl., Düsseldorf 2007
Schönfeld, W., Lexikon für das Lohnbüro, 52. Aufl., Heidelberg 2010
Scholz, C., Personalmanagement, 5. Aufl., München 2000
Schoof, G., Betriebsratpraxis von A bis Z, 8. Aufl., Frankfurt/Main 2007
Schreyögg, G., Organisation, 5. Aufl., Wiesbaden 2008
Schreyögg, G., Unternehmensführung (Management), in: HWO, Hrsg. Schreyögg/v. Werder, 4. Aufl., Stuttgart 2004, Sp. 1520-1531
Schuler, H., Beurteilung und Förderung beruflicher Leistung, 2. Aufl., Stuttgart 2004
Schuler, H., Das Einstellungsinterview, Göttingen 2002
Schulte, C., Logistik, 5. Aufl., München 2009
Schulte-Zurhausen, M., Organisation, 5. Aufl., München 2010
Schwarz, G., Konfliktmanagement, 8. Aufl., Wiesbaden 2009
Seifert, J. W., Visualisieren – Präsentieren – Moderieren, 26. Aufl., Offenbach 2009
Seufert/Euler, E-Learning in Wissenschaft und Praxis, München/Wien 2004
Söhner, M., Berufsbildungsgesetz, Saarbrücken 2008
Spona, H., Online bewerben, 2. Aufl., Osnabrück 2007
Staehle, W. H., Management, 8. Aufl., München 1999

Stahlhacke/Preis/Vossen, Kündigung und Kündigungsschutz im Arbeitsverhältnis, 10. Aufl., München 2010
Stahlknecht/Hasenkamp, Einführung in die Wirtschaftsinformatik, 11. Aufl., Berlin 2004
Staufenbiel, J. E., Berufsplanung für den Management-Nachwuchs, 24. Aufl., Köln 2003
Steckler, B., Kompendium Wirtschaftsrecht, 7. Aufl., Ludwigshafen/Rhein 2009
Stopp, U., Betriebliche Personalwirtschaft, 27. Aufl., Renningen 2006
Stroebe, R. W., Führungsstile, Management by Objectives, 8. Aufl., Heidelberg 2010
Strohmeier, S., Informationssysteme im Personalmanagement, Wiesbaden 2008
Ströker, D., Einarbeitung neuer Mitarbeiter, Saarbrücken 2007
Taeger/Gabel (Hrsg.), Datenschutzrecht, Frankfurt/Main 2010
Thom, N., Fehlzeiten, 2. Aufl., Bern 2004
Thom/Friedli/Kuonen, Trainee-Programme nach dem Wirtschaftsstudium, Bern 2002
Tippelt, R. (Hrsg.), Handbuch Erwachsenenbildung/Weiterbildung, 4. Aufl., Opladen 2010
Töpfer, A., Betriebswirtschaftslehre, 2. Aufl., Berlin/Heidelberg u. a. 2007
Tüssing/Laux/Lembke, Kündigungsschutzgesetz, Freiburg i. Br. 2007
Vahs, D., Organisation, 7. Aufl., Stuttgart 2009
Wagner, D., Partizipation, in: HWO, Hrsg. Schreyögg/v. Werder, 4. Aufl., Stuttgart 2004b, Sp. 1115-1123
Wagner/Zander/Hauke, Handbuch der Personalleitung, München 1992
Wallner/Joos/Gosemärker, Grundlagen und Methoden der Schriftpsychologie, Norderstedt 2006
Waltermann, R., Sozialrecht, 8. Aufl., Heidelberg 2009
Wank, R., Arbeitszeugnis, in: HWP, Hrsg. Gaugler/Oechsler/Weber, 3. Aufl., Stuttgart 2004, Sp. 454-461
Waschull, D., Sozialrecht, Baden-Baden 2010
Weibler, J., Führung und Führungstheorien, in: HWO, Hrsg. Schreyögg/v. Werder, Stuttgart 2004a, Sp. 294-308
Weibler, J., Führungsmodelle, in: HWP, Hrsg. Gaugler/Oechsler/Weber, 3. Aufl., Stuttgart, 2004b, Sp. 801-816
Weibler, J., Personalführung, München 2001
Weinert, A. B., Organisations- und Personalpsychologie, 5. Aufl., Weinheim/Basel 2004
Wellinger, S., Outplacement, Saarbrücken 2008
Wenchel, K., Psychologische Belastungen am Arbeitsplatz, 2. Aufl., Berlin 2005
Westerwelle/Westerwelle, Die schriftliche Bewerbung, München 2005
Wetter, R., Der richtige Arbeitsvertrag, 4. Aufl., München 2008
Weuster, A., Personalauswahl, 2. Aufl., Wiesbaden 2008
Weuster/Scheer, Arbeitszeugnisse in Textbausteinen, 12. Aufl., Stuttgart 2010
Widmer, T., Mit den besten Stellenanzeigen die besten Mitarbeiter gewinnen, Zürich 2006
Wiedemann, H., Tarifvertragsgesetz, 7. Aufl., München 2007
Wilbers, K., Stolpersteine beim Corporate E-Learning, München/Wien 2005
Witt/Witt, Der Kontinuierliche Verbesserungsprozess, 3. Aufl., Frankfurt/Main 2010
Wunderer, R., Führung und Zusammenarbeit, 8. Aufl., Stuttgart 2009
Wunderer/Dick, Personalmanagement, Quo vadis?, 5. Aufl., Neuwied/Kriftel 2007
Wunderer/Jaritz, Unternehmerisches Personalcontrolling, 4. Aufl., München 2007
Wurster, B., Berufsbildungsgesetz von A bis Z, Hrsg. DIHK, Bonn 2005
Zander/Wagner (Hrsg.), Handbuch des Vergütungsmanagements, München 2005
Ziegenbein, K., Controlling, 10. Aufl., Herne 2012
Ziegenbein, K., Kompakt-Training Controlling, 3. Aufl., Ludwigshafen/Rhein 2006
Zwanziger/Winkelmann, Teilzeitarbeit, Berlin 2007

Findex

FINDEX

123, 510, 732 **Fett gedruckte Zahlen in normaler Schrift** verweisen auf die Hauptstichworte.
220, 491, 604 ***Fett gedruckte Zahlen in kursiver Schrift*** verweisen auf weitere näher erläuterte Stichworte.
303, 506, 912 In magerer Schrift gedruckte Zahlen verweisen auf die Stichworte ohne nähere Erläuterung.